在江湖与庙堂之间

贬谪中的宋代文人

储劲松 著

河南文艺出版社
·郑州·

图书在版编目（CIP）数据

在江湖与庙堂之间：贬谪中的宋代文人/储劲松著. --
郑州：河南文艺出版社，2023.6
ISBN 978-7-5559-1468-6

Ⅰ.①在… Ⅱ.①储… Ⅲ.①文人-生平事迹-中国-宋
代 Ⅳ.①K825.4

中国国家版本馆 CIP 数据核字（2023）第 046746 号

策划编辑	杨　莉
责任编辑	穆安庆
责任校对	赵红宙
书籍设计	书籍/设计/工坊 刘运来工作室　徐胜男
责任印制	陈少强

出版发行	河南文艺出版社	印　张	10
社　　址	郑州市郑东新区祥盛街 27 号 C 座 5 楼	字　数	213 000
承印单位	河南瑞之光印刷股份有限公司	版　次	2023 年 6 月第 1 版
经销单位	新华书店	印　次	2023 年 6 月第 1 次印刷
开　　本	890 毫米 × 1240 毫米　1/32	定　价	68.00 元

印厂地址　河南省武陟县产业集聚区东区（詹店镇）泰安路
邮政编码　454950　　电话　0371-63956290

序

写完这本书稿，我回到了人间。

在这之前，有一年多时间我"身"在宋朝，奔走于汴京、洛阳、大名、应天、临安以及各个州郡，徘徊于廊庙之上、士大夫之家和江湖之远，忝列两宋大文人门墙，与他们诗酒酬唱、谈道论世、相呴以湿。我"见证"和"参与"了他们或长或短的贬谪生涯。有时候，甚至是以替身的形式，"体验"了他们在黜放期间曲折、复杂、幽微、细碎的心路历程。这是一段艰辛又奇妙的行旅，我非我，我无我，我是王禹偁、范仲淹、欧阳修、苏舜钦、王安石、苏轼，我是黄庭坚、秦观、陆游、杨万里、辛弃疾。我是十一颗耀眼文星中的任意一个，我是他们所有人。

那灿烂的两宋星空，一颗星就是一条银河。

2022 年 8 月 31 日，壬寅八月初五。薄暮时分，修改完最后一行字，最后一个标点，我合上书稿，整理好满屋零乱的书籍，然后轻轻掩上门，去衙前河边散步。

整理书籍的时候，我想到宋初的王禹偁。他从皇帝身边倍受宠遇的侍从之臣，贬到荒远的商州（今陕西商洛市商州区），身无长物，只有驴子拖着的一车书籍。经过灵宝稠桑坡，驴车碰到一块石头，要不就是一个沟坎，忽然驴仰车翻，线装古籍散落一地。他靠在一棵树上，苦中作乐写了一首《稠桑坡车覆》，说自己被文章所误，谪宦途中还带着一车书，真是可笑。

赋诗填词写文章的人，哪一个不是为文所误又自甘被误呢？他们来到人世，使命就是行道德著文章，哪怕为此吃大苦、受大罪、遍历人间诸般劫数，也不改其初志。一如孔子评价颜子："一箪食，一瓢饮，在陋巷，人不堪其忧，回也不改其乐。"苏轼因诗文惹祸，关进诏狱一百三十天，九死一生终于放了出来，回家当晚他技痒难耐，借着酒意作诗二首。杨万里晚年得了严重的肾结石，发作起来痛不欲生，大夫嘱咐要安心静养，切不可劳神焦思，尤其不可写诗作文。第二天一大早起来，为了戒掉诗癖，他特地写了两首诗。

都云作者痴。

《金瓶梅》一书，以孝哥儿幻化作结，"红楼"一梦，以贾宝玉出家收束。书中的人，万般富贵荣华细致演绎一遍，末了，要么一阵清风全都不见了，要么一场大雪纷纷扬扬尽数覆盖了。热起冷结，纷繁错杂，其中处处金箴，字字劝诫，句句警钟。然而，让书中人再活一辈子、五辈子、十辈子，他们还是会将那旧时事、往昔梦从头来过。让王禹偁、范仲淹、欧阳修、苏轼他们死而复生，他们仍然直躬行道、犯颜直谏，把大君子的事业从头来过。让时间重新回到去年、前年、撒尿和泥巴之年，我们这些凡夫俗子，也未必肯痛改前非或前是，重写一生行状。性格即命运，修为即道路。

痴人痴人，有痴心、痴气、痴态、痴言、痴行的人，才可称之。

为了两宋十一位痴人，我也痴了一载有余。

那天黄昏，出门望见大河那一瞬间，我如释重负，千斤重担就此卸除。于我而言，意味着愿望的达成，劳有所获，也意味着放下，与书中人就此别过。

秋风无声，吹面，拂臂，捋心，清凉顺滑如青丝。岳西雨后的山峦，腰间缠着薄薄几缕素纱，一如湖田窑白地青花，亲切又冷艳，高贵又朴素，望之杳然、旷然、怡然，有出尘之思。

我看见，宋人谓之白鸥、且在他们笔下经常出现、有归隐喻意的白鹭，夜幕降临时分格外恬静。它们一个个伫立在水边沙渚上，沉静如白玉梅瓶，如山中幽人，似无所思，无所念，甚至无所视。每日临水照影、闲闲迈步或者掠水翔舞。庄子所谓齐大小、齐物我、齐死生、齐贵贱、齐是非，它们近似之。老子所谓法地、法天、法道、法自然，它们就是了。它们活成了宋人向往的样子，也活成了我向往的样子。

在与它们不过一箭之遥的街市上，钻机哐哐嘟嘟捣碎地面，车辆按着喇叭东驰西奔，亢奋的商品叫卖声从大大小小的音箱里轰出来，无数人为了生存急匆匆奔走。他们的面目，有着相似的空洞与麻木，相似的焦虑与疲惫。我也是他们中的一员，拼尽全身气力，努力活在这珍贵的人间。只有在读书写文章的时候，我才暂脱尘网，像白鸥栖于苍苍林樾，心与古人同游。

自青葱少年时起，就将大把大把的年华付诸文章，迷恋这纸上的黑山白水已经整整三十年了。喜耶？悲耶？悲喜参半耶？意志稍颓时，偶尔也会对着孤灯白壁，如此轻声问自己。也只是淡淡一问而已。啜一口清茶，再看那纸上河山，又有持白拂尘的羽衣仙人招我、诱我、嗔我、劝我，于是我恍恍惚惚再堕其术，于是素履前往，于是虽九死其犹未悔。

写文章的人，日日埋首桌案，焚膏继晷兀兀穷年，看上去就像一尊泥胎一座木塑，发枯眼涩，骨瘦神癯，别人见了未免发笑，甚而心生同情："斯人痴傻如此，自苦如此，是哪个罚的！"自己有时候也不免犹疑自伤，以为大可不必。更多的时候，作家的内心一如大江大河，一路浩荡，纵意奔流，一路得大自在、大欢喜。其间乐，胜于豪竹哀丝，胜于佳人在抱，胜于在自家菜园子里挖出一罐金子。以文章自命的人，心中有天地覆载，下笔如汪汪千顷之波。

这一年多，我恍惚若在醉乡。十一个光芒万丈的宋人，面目不同，风度不同，神采不同，出身经历迥然相异，诗词文章各自华国。他们轮流与我做伴，晨昏密相过从，夤夜对榻私语，沾其雨露，染其风操，修其道德，阅其诗文。执帚清扫先生长者之门，我此生何其有幸！衣宋人衣，冠宋人冠，食宋人食，语宋人语，忧宋人忧，乐宋人乐，时日一久，以为自己就是一个宋人。

　　这一年多，我勤恳如乡间的老父老母。工作闲暇的碎片时间，节假日的囫囵光阴，以及出差行旅中的每一个间隙，我集中重读了关于两宋的青史、资料、私家著述，以及十一位文星的诗文、年谱、传记、行状、祭文、墓志。这些书一册册摞起来，足足有一腰深。不知寒暑易节，不知日月之行，不知草木荣衰，不知肌肤冷热，不知衙前河水涨落，全身心投入其中。其间虽清苦，我也不改其乐。

　　以王安石为例，除作品、史料和宋代以降相关私家著述以外，我又读其年谱和传记三种，分别是清代中叶蔡上翔的《王荆公年谱考略》，晚清民国梁启超的《王安石传》，当代崔铭的《王安石传》。他们三个人笔下，各有一个王安石，面相类似又骨相不同。在司马光、欧阳修、苏轼、苏辙、黄庭坚这些同时代人笔下，甚至在王安石自己的诗词文章里，其实也不止一个王安石：伟人王安石，奸人王安石；功在社稷的王安石，误国害民的王安石；刚愎自用的王安石，春风化雨的王安石；举贤荐能的王安石，任用宵小的王安石；一人之下万人之上的王安石，朝乾夕惕日忧夜虑的王安石……这个人是极其复杂的，有多种面目。我要做的，是在乱山迷雾中爬梳钩沉，用一万余字的不长篇幅，清晰勾勒他在两次罢相期间的作为和思想。这无疑是困难的，孤勇之外，尚需耐力和眼力。我在《江南多翠微》中所写的王安石，自然也不敢说就是王安石，若貌似之，乃至神似之，于我已经功德圆满。

　　写其他十位人物，难度稍低一些，但也各有艰难之处。一个人老了写自传，尚且与事实多有出入，何况是写八百到一千余年前的古人，何况是写学识渊深、经历坎坷、情感丰富、亦宦亦文的大诗人、大词人、大文豪。深入阅读他们，我才发现，即使自以为熟稔如苏轼，我对他也是一知半解，于王禹偁、秦观、杨万里诸人，所知所读更是连冰山一角也算不上。心理上，他们是可亲可敬的，实际上，他们是陌生的，至少是模糊的。这一次的探究，尤其是深入阅读其诗歌文章，他们才在我心中真正立起来。

自而立之年发愿勤读古人书，一册册读下来，自以为胸中渐有丘壑历历，周身日益元气淋漓。这本应编辑之约所写的书，似是一个意外，其实也是自然而然的事，仿佛树上一枚自然老熟的果子。写的时候，觉得这正是自己一直想写的一本书。写完之后又想到，限于学问和才华，它必定是有破绽的。这也是无可奈何的事。书中所写，不敢说字字句句精确无误，至少都有出处，不打诳语。

但愿此书不负如来不负卿，但愿自己渐近古人渐近自然，但愿笔下文章渐有自家头面和自家意思。

壬寅白露于岳西

储劲松

目　录

三黜赋
——王禹偁在商州、滁州与黄州

王禹偁（954—1001），字元之，济州巨野（今属山东）人。北宋诗人、文学家，宋初著名直臣、改革派先驱，宋代古文运动倡导者。家世务农，三十岁进士及第，历官成武县主簿、长洲知州、右拾遗、直史馆、左司谏、中书侍郎、直昭文馆、礼部员外郎、知扬州兼管内堤堰桥道事、工部郎中、刑部郎中等，其间三任知制诰，一入翰林。为官十八年，三起三落，先后被贬商州、滁州、黄州。著有《小畜集》《小畜外集》《承明集》等。

因缘际会，2021 年春我两次到安徽滁州，也两次访问琅琊山、醉翁亭、酿泉，以及醉翁亭后边的二贤堂。二贤者，北宋王禹偁、欧阳修也。他们都曾任滁州知州，并且都是放谪来此。堂中塑像高古端庄，左为王禹偁，右为欧阳修，一个执卷远望，一个拈须思索，见之心中肃然起敬。

二位文神在上，请接受晚生虔诚的膝盖。

慨叹一代文宗、宋初著名诤臣王禹偁身后之名，远不如他之后的欧阳修和苏轼。虽然欧、苏对王禹偁的道德义章推崇备至。欧阳修《书王元之画像侧》中说自己的文章远远不如王禹偁："想公风采常如在，顾我文章不足论。"苏轼《王元之画像赞并序》中评价王禹偁："以雄文直道，独立当世。"并说他是宋初独一无二的名臣。一千余年后，如我这般嗜读古人书并且以文章自命的人，对于王禹偁其人其事其诗其文，所知尚且甚少，何况他人。

第二次从滁州归来后，我将王禹偁的诗文供奉在案头，余暇时时研读。很显然，王禹偁的诗文尤其是窜逐商州、滁州和黄州期间的作品，像《离骚》一样，多是古时穷愁人之词、愤懑人之语、忧国忧民之言，不是用来消愁解闷的。偶尔也有例外，譬如写黄州小竹楼的文章。

又一个人间芳菲四月天，窗外柳条初绿，千花灿笑，春山春水骀荡多情，春烟春云从容纵横，我虔心诵读王禹偁《黄州新建小竹楼记》：

> 黄冈之地多竹，大者如椽。竹工破之，刳去其节，用代陶瓦。比屋皆然，以其价廉而工省也。

> 子城西北隅，雉堞圮毁，蓁莽荒秽，因作小楼二间，与月波楼通。远吞山光，平挹江濑，幽阒辽夐，不可具状。夏宜急雨，有瀑布声；冬宜密雪，有碎玉声；宜鼓琴，琴调虚畅；宜咏诗，诗韵清绝；宜围棋，子声丁丁然；宜投壶，矢声铮铮然。皆竹楼之助也。

> 公退之暇，披鹤氅，戴华阳巾，手执《周易》一卷，焚香默坐，消遣世虑。江山之外，第见风帆沙鸟、烟云竹树而已。待其酒

力醒，茶烟歇，送夕阳，迎素月，亦谪居之胜概也……

文章清丽自然，历千余年仍芬芳可人心意。当时心间欢喜如枝上群雀相呼，信手在书眉批点道：王禹偁文章，我最喜此篇，字字古淡萧疏，句句摇曳生姿，读来清香如品新茶，痛快如饮陈醪，真古文豪大手笔也。王安石说此文胜过欧阳修《醉翁亭记》，并非谀言。

只是，一代文豪王禹偁因直躬行道、锐于进言，又性格耿介、开罪宵小，一生三次遭遇黜放，经历了无尽的坎坷和耻辱，内心少有清虚畅朗之时，似《黄州新建小竹楼记》这般风流潇洒的作品难得一见。真是可惜。

王禹偁第一次被贬，起因是徐铉被诬案。

宋太宗淳化二年（991）春天，庐州尼姑道安来到京师，向开封府递交诉状，状告其表兄萧献臣和表嫂姜氏不孝，不赡养母亲（即道安的姑母）。开封府判官张去华讯问后，认为道安所告不实，驳回诉状，并将道安械送原籍。被戴上刑具押回庐州后，道安大跌脸面，又羞又恼，一直伺机报复。不久，她听人说，左散骑常侍徐铉与姜氏有亲戚关系，姜氏是徐铉妻子的侄女。仗着宋太宗礼遇佛门，秋天的时候，她再次来到京师，击响设在阙门前的登闻鼓，鸣冤叫屈。这一次，道安除继续状告表兄表嫂不孝之外，一并把张去华和徐铉也告了。状词中，她声称上次来京告状时，徐铉曾经给张去华写信，请他关照姜氏，所以张去华连查也不查，就把自己押回庐州。并且，她还状告徐铉与妻侄女姜氏通奸。

徐铉是南唐重臣，后来随南唐后主李煜归顺宋太祖。他也是五代宋初著名书法家，篆书和隶书尤其精妙。《宋史》说他性格简淡，质直寡欲，不喜释氏而好神怪。被道安控告时，他已经是一个七十六岁行将就木的老人。

经大理寺鞫问审理，并经刑部复审，认定道安所讼均是诬告，按法律应当反坐。这个时候，崇奉佛教的宋太宗出面干预，下了一道诏旨，命令不要追究道安的罪责。皇帝庇护僧尼，相关大臣私下虽然有意见，但既然案件已经查明，当事人还了清白，也就作罢了。时任左司谏、知制诰兼判大理寺事的王禹偁，却违抗圣旨，上书请求太宗严治道安。《宋史·王禹偁传》载："禹偁抗疏雪铉，请论道安罪。"王禹偁其时是宋太宗的侍从和词臣，代行中书侍郎之职，深得皇帝宠遇。太宗面赐紫金鱼袋，封其为柱国。柱国是宋代十二级勋阶的第二等，仅次于上柱国，向来，有大军功或大勋劳者，才有资格加封。王禹偁当时可谓春风得意，仕途光明，也因此遭到朝中小人的嫉恨。身为掌管刑狱案件的大理寺主官，按理来说，他请求为徐铉雪冤并将道安绳之以法，是依法履行职责。但太宗见到奏疏，怒火中烧，加上小人乘机谗间，于是削去王禹偁所有官职，将他贬为商州团练副使。同时免去所有涉案官员的现职，降一级使用，有的和王禹偁一样，也被放逐到边远之地。可怜的徐铉，风烛残年遭受如此诬陷，事情得以昭雪，反而无辜被贬邠州（今陕西彬州市），责授静难军节度行军司马，当年冬即病逝。

关于徐铉案，《宋史》徐铉、张去华、王禹偁三人本传都有零星记载，均否认徐铉与姜氏有奸情，但也都语焉不详，读来有迷云遮月之感，其中必有重大隐情。宋太宗借机将徐铉赶出朝廷，或许与徐铉是李煜的旧属有关，属于政治清算。王禹偁等人受案件牵连，不清楚其中奥妙，误打误撞冒渎天威，兼而得罪皇帝宠幸的僧人，被削职贬黜也就理所当然。

这年秋天，王禹偁携老父和妻儿，从京师赶赴商州贬所。出京路上，他不时依依不舍地回望京城，委屈的泪水打湿了衣襟。《初出京过琼林苑》："得罪縻山郡，携家出帝乡。何时重到此，驻马泪浪浪。"《阌乡旅夜》："行尽两京路，将登六里山。全家空洒泪，知是几时还？"王禹偁不是一个旷达的人，不像后来的范仲淹和欧阳修坦然面对贬谪，他在三次放黜期间所作的诗歌文章，都像用苦楝水泡过，充满了哀愁和苦闷，也充满了对重回朝廷的渴望。

王家世代务农，家境清苦，在王禹偁中进士入仕之前，父亲一直靠给人磨面为生，所以少年时代的王禹偁，被乡里称为"磨家子"。在单州成武县和苏州长洲县做地方官，王禹偁以风节自持，廉洁爱民，除了俸禄分文不取。入朝不久，他任知制诰，是清要之官，也是个肥差。按当时惯例，文学侍从之臣给加官晋爵者草拟制书，可以接受丰厚的润笔费，但他一概拒绝。譬如淳化二年（991）七月，朝廷为羁縻西夏李继迁，封之为银州观察使，并赐国姓，改名赵保吉，其制词出自王禹偁之手，李继迁送五十匹马为润笔费，王禹偁辞而不受。所以为宦八年，王禹偁家中仍然环堵萧然。家底子本来就薄，这回又遭贬谪，名为团练副使，实际上就是被看管，不得签署公事，俸禄也停止发放，一家老小吃饭穿衣都成了问题。

从京师到商州，途中要经过中牟、郑州、荥阳、新安、灵宝、阌乡等地。王禹偁的行李除了四季衣物、口粮和炊具，就是满满一车书。全家的财产，只有一匹马和一头驴。驴子拉书，马驮行李，老父亲坐轿子，自己和妻儿步行。经过灵宝稠桑坡，车子突然磕碰翻倒，望着散落一地的书籍，王禹偁苦笑之余，戏作《稠桑坡车覆》：

> 稠桑坡险忽摧车，悔戴儒冠出敝庐。
>
> 已被文章相错误，谪官犹载一车书。

一路上，他们跋山涉水吃尽苦头，夜里住在山中野店，经常听到老虎的咆哮，一家人吓得不敢睡觉。即便如此，王禹偁仍写了多首诗歌，如追昔感今的《荥阳怀古》《过鸿沟》等。历尽艰辛，他们终于走出陕州（今河南三门峡市陕州区），抵达商州地界。

位于秦岭东段南麓的商州，宋初属于陕西路，是一个军事要地。时任团练使翟守素是一个颇有军功和政绩的老将，与王禹偁是济州（治所时在今山东菏泽，后移今山东济宁）老乡。或许是轻视文官的缘故，他对贬到麾下的王禹偁很是冷落，非但不加以关照，还故意刁难，甚至不允许王禹偁住官舍。王禹偁一家只好借居州衙附近的妙高禅院。

妙高禅院里的僧人对王禹偁早有敌意，因为王禹偁向来排佛崇道，曾上书规谏太宗："少度僧尼，少崇寺观，劝风俗，务田农。"（《御戎十策》）所以禅院只给王禹偁安排了几间破烂不堪的下等僧舍。巧合的是，王禹偁在僧房的墙壁上，竟然看见自己三年前的诗作《应制皇帝亲试贡士歌》。那是端拱二年（989）春闱，太宗于崇政殿亲试进士，并令昭文馆、史馆、集贤院三馆臣僚赋诗助兴。王禹偁的诗得到太宗垂青，他欢喜地对臣僚们说："此歌不逾月遍天下矣。"这首诗果然传遍天下，只是在贬所见到，王禹偁心中五味杂陈。当年是皇帝身边的红人，多少人争着和自己结交，而今是放黜山野的罪人，连衣食住房都无法保障。

初到商州遭受的冷遇和窘境，王禹偁后来写进一百六十韵长诗《谪居感事》中："坏舍床铺月，寒窗砚结澌。振书衫作拂，解带竹为楴。呼仆泥茶灶，从僧借药筛。钟愁上寺起，角怨水门吹。旧友谁青眼，新秋出白髭。"又说："瘦妻容惨戚，稚子泪涟洏。暖怯蛇穿壁，昏忧虎入篱。松根燃夜烛，山蕨助朝饥。岂独堂亏养，还忧地乏医。"愁啊，刚三十八岁，王禹偁不但已经两鬓半凋，胡须也开始变白。这还不算，到商州几天后，陪伴他多年的老马因为旅途劳累，突然病死了。几年后，他在《酬种放征君》中追忆当时情境："逐臣自可死，何必在远恶。"

刚到贬所，除了同年进士、曾经同朝为官的商州通判冯伉，王禹偁举目无亲，无依无靠。远在故乡的兄长和弟弟，生活比自己更加困顿，特别是正在攻书应举的弟弟，还需要自己接济和照拂。为了养家糊口，王禹偁租了十亩地，一家人种菜自给。又给人写行状、祭文、碑记之类的应景文章，弄点生活费和买酒钱。他在商州的诗多次写到种菜和采蔬。《种菜雨下》："菜助三餐急，园愁五月枯。废畦添粪壤，胼手捽荒芜。"《偶置小园因题二首》其一："十亩春畦两眼泉，置来应得弄潺湲。"其二："从此商於地图上，画工添个舍人园。"《携稚子东园刈菜因书触目兼寄均州宋四阁长》："我携二稚子，东园撷春蔬。可以奉晨羞，采采供贫厨。"放逐商州的一年零七个月，五百多天，王禹偁无公事可办，极度无聊，种菜是主业，写诗、课子是副业。

他闲得很，看花观鸟，喝酒作诗，读《周易》《道德经》《庄子》《离骚》，自遣枯索生涯。《上元夜作》：

> 去年正月十五夜，乾元门上奉乘舆。
>
> 今年正月十五夜，商於郡中为贰车。
>
> 谪宦门栏偏冷落，山城灯火苦萧疏。
>
> 炉灰拨尽不成寐，赖有逍遥一帙书。

诗中的逍遥，指的是庄子的《逍遥游》。二车，即副车，引申为副职，指代做商州团练副使的自己。

谪人的心是分外细腻而敏感的。第二年初春，商州的杏花次第盛放，他的副使衙门前的杏花却迟迟不开，感物伤怀，王禹偁作《知州厅杏花昨日烂漫录事院今日零落唯副使公署未开戏题二韵》：

> 知州宅畔繁如雪，录事厅前落似梅。
>
> 副使官闲花亦冷，至今未有一枝开。

诗题虽然称戏作，字里行间其实有无尽的凄凉、落寞和酸楚：连杏花也冷冷淡淡，看不上自己这个贬谪闲居的冷官。

幸好商州山水大好，又与冯伉的情谊日渐款密，翠峰碧水可堪胜游，同道知己可慰寂寞，他在商州的日子才稍为好过一些。

州内有六百里商山，山势峻拔，草木葱茏，商山四皓《紫芝歌》所谓"莫莫高山，深谷逶迤"。其中一山尤其挺秀，形如"商"字，成汤以之为国号，州郡以之为名字。又有古丹水、南静川等明丽水景，其中的丹水，最早见于北魏郦道元《水经注》，因盛产丹鱼而得名。春秋宜游季节，王禹偁常常携一壶酒，在丹水之畔的桃花树下，独酌觅句、持竿垂钓，或者到附近高车山上的四皓庙，与古贤人的灵魂对话，赋诗并刻写碑文。

日子过得很慢，但磨磨蹭蹭也到了秋天，菊花开了。面对菜园篱下初开的黄菊，王禹偁忽然忆起去年秋天做过的一个梦。那天晚上，他梦见自己在太宗面前作诗，醒来后只记得"九日山州见菊花"这一句。隔了一天，他就被贬放到了商州，到商州时菊花正在盛开。梦有征兆，冥冥中的事有时候真是说不清。如今将近一年过去了，又快到重阳登高时节，王禹偁忆梦唏嘘，以此为题写诗道：

> 节近登高忽叹嗟，经年憔悴别京华。
>
> 贰车何处搔蓬鬓？九日山州见菊花。
>
> 梦里荣衰安足道，眼前杯酒且须赊。
>
> 商於邹鲁虽迢递，大底携家即是家。

诗的末句，明显是诗人自宽之辞，读来却更添几分苦涩。

王禹偁流传于世的诗歌作品有五百八十多首，作于商州的占了将近三分之一，有一百八十多首，商州是其诗歌创作的高峰期。其中多是自叹身世的愁苦之言，以《谪居感事》《清明日独酌》《弊帷诗》《七夕》为代表。此外，也多有关心民生疾苦之作，如写商州百姓刀耕火种的《畬田词》，写京兆长安八县大旱人民流离失所的《感流亡》，写商州大旱复大水米价上涨众生嗷嗷的《秋霖二首》和《雷》。他还写了不少讽刺诗和寓言诗，如《乌啄疮驴歌》《竹䶂》《金吾》，讥讽鱼肉百姓的达官权贵，控诉繁重赋役给人民带来的痛苦。他对自己这一时期的诗作是很满意的，淳化四年（993）秋，量移解州（今属山西运城市盐湖区）之后，他追忆商山的放黜生涯，作《览照》诗，说自己在商山的诗作数量众多、骨秀气清，并自信满满地说："他年文苑传，应不漏吾名。"意思是，将来修撰本朝历史、文苑人物传应当不会漏掉自己的名字。

在商州，王禹偁与冯伉来往频繁。家人之外，冯伉几乎是王禹偁唯一可以倾诉心声的对象。两人都好老庄，常着道服，戴华阳巾，把酒拥炉，互诉心曲，谈人生理想和世外之事。《岁除日同年冯中允携觞见访因而沉醉病酒三日醒而偶赠》："相逢不尽杯中物，何以支当寂寞州。"《和冯中允炉边偶作》："涧松陵柏有朽时，我约君心无改易。"《日长简仲咸》："风飘北院花千片，月上东楼酒一樽。不是同年来主郡，此心牢落共谁论。"一年多里，两人的酬唱诗累积达一百首，冯伉请王禹偁编成《商於唱和集》。

来商州第二年的秋天，团练使翟守素因病去世，冯伉继任，他让王禹偁一家从妙高禅院搬进了官舍。高山流水，知音做伴，逐臣的心才渐感温暖。

淳化四年（993）四月，朝廷举行南郊大礼，依例量移逐臣。此前，王禹偁委托大臣向太宗两上《陈情表》，说父亲日渐老迈，思念乡园，兄弟分散，远隔天涯，请求移官东土。太宗一直很器重王禹偁，见到《陈情表》，大为感动，令宰相将他移到解州，仍为团练副使。当年八月召回朝中，授左正言、直昭文馆。第二年三月任单州知州，刚到任半个月，又被召回朝，任礼部员外郎、知制诰。其间父亲去世，太宗特令夺情起复。至道元年（995）正月，拜翰林学士，知审官院兼通进、银台、封驳司长官。

王禹偁为官前后十九年，三知制诰，一入翰林。这回是他第二次知制诰。

太宗深知王禹偁秉性刚烈，眼中容不得灰尘，将其从解州召回时，曾经对宰相说："禹偁文章，独步当世，然赋性刚直，不能容物，卿等宜召而戒之。"此语载南宋李焘《续资治通鉴长编》。北宋僧人释文莹《玉壶野史》又说，太宗曾在御榻前对王禹偁说过这样的话："卿聪明，文章在有唐不下韩、柳之列。但刚不容物，人多沮卿，使朕难庇。"

但既然是秉性，天所赋之，轻易是改不掉的。此前量移解州，本来是好兆头，王禹偁却大失所望，作《量移后自嘲》："可怜踪迹转如蓬，随例量移近陕东。便似人家养鹦鹉，旧笼腾倒入新笼。"诗中以鹦鹉自比，说自己这次量移，不过是从旧笼子倒腾到了新笼子。古代大文人的诗，一经传出，口口相诵，不几日就传遍天下。试想，朝中小人见到这首诗，在皇帝面前是如何搬弄是非的？太宗读后，又作何种感想？

回朝后的王禹偁，完全没有因为贬黜学会明哲保身，仍然直道行事，对诏命不当者多所辩驳，其间所作诗歌文章也多讽喻，因而得罪了不少人，包括权贵和僧尼。《宋史》本传："禹偁词学敏赡，遇事敢言，喜臧否人物，以直躬行道为己任……其为文著书，多涉规讽，以是颇为流俗所不容，故屡见摈斥。"

太刚易折，亢龙有悔。至道元年（995），他再次因言获罪。

这年四月，宋太祖赵匡胤的最后一任皇后宋氏崩逝。于情于理，其丧事都应当隆重操办。但她的丧礼却未按礼制举行，群臣也未穿上丧服参加丧仪。王禹偁对此很不赞同，私下里对人说："后尝母仪天下，当遵用旧礼。"这话传到太宗的耳朵里，宠幸的大臣和僧尼又在耳朵边添油加醋百般口舌，赵光义龙颜大怒，对宰相说："人之性分固不可移，朕尝戒勖禹偁，令自修饬。近观举措，终焉不改。禁署之地，岂可复处乎？"（《续资治通鉴长编》）于是，做翰林学士刚刚百日的王禹偁，以谤讪、轻肆的罪名，被罢去翰林学士等职务，谪放滁州（今安徽滁州市）。《宋史》本传是这样记载的："孝章皇后崩，迁梓宫于故燕国长公主第，群臣不成服。禹偁与客言，后尝母仪天下，当遵用旧礼。坐谤讪，罢为工部郎中，知滁州。"

知州是地方大员，相当于商周时代的诸侯、汉代的刺史、唐代的太守，对于常人来说，做俸禄二千石的知州是光宗耀祖的事。但在唐宋时期，由知制诰或翰林学士出为知州，无疑是左迁。唐宋时代，文官最荣耀的事有六件：登进士，进馆阁，知制诰，入翰林，掌贡举，做宰相。知制诰和翰林学士对掌内外制：知制诰即中书舍人，为中书门下撰拟诏令，称为外制；翰林学士为皇帝起草诏令，称为内制。一般而言，做过知制诰才有入翰林院为学士的资格，而翰林学士极有可能做宰相。所以知制诰、翰林学士是贵重显要之官，又是皇帝的侍从，职位虽然不高，地位却十分尊崇。以两宋为例，朝会时，翰林学士和知制诰班行在秘书监、光禄寺、卫尉寺、太仆寺、大理寺诸监寺长官之上；举行大宴时，则在宰相、参知政事、枢密院正副使之下，众官之上。所以，王禹偁外放滁州，地位一落千丈。

更让王禹偁羞愧和愤懑的是贬谪制词："王禹偁顷以文词，荐升科级，而徜徉台阁，颇历岁时。朕祗荷丕图，思皇多士，擢自纶阁，置于禁林。所宜体大雅以修身，蹈中庸而率性。而操履无取，行实有违，颇彰轻肆之名，殊异甄升之意。宜迁郎署，俾领方州。勉务省躬，聿图改节。可工部郎中、知滁州。"（《宋大诏令集》）制词对王禹偁的操守、品格、行状极尽贬低。向来以风操自守的王禹偁见到后，不啻五雷轰顶，恨不能钻入地缝。两年后，太宗已经升天，王禹偁在《阙下言怀上执政》中，仍愤愤写道："诰词黜责子孙羞，欲雪前冤事已休。"其实，太宗是王禹偁的恩人，王禹偁在诗歌文章和表奏中，也常常直白表露对太宗的感恩之情。太宗在制词中如此严厉责备王禹偁，大约是恨铁不成钢。

王禹偁第二次被贬出京，时间是这年五月二十三日。再次从清华之地跌落尘埃，心中的怨气比被贬商州时更甚。尽管如此，其《滁州谢上表》仍感恩戴德："诸县丰登，苦无公事；一家饱暖，共荷君恩。"较之在商州被看管，缺衣少食，他这回主政一方，俸禄优厚，境况毕竟好得太多了。不过，话锋一转，他又在谢表中说："粗有操守，素非轻易，心常知于止足，性每疾于回邪。位非其人，诱之以利而不往；事匪合道，逼之以死而不随。"我猜想太宗当年读到此处，必是又好气又好笑。性格即命运，在王禹偁身上，表现得尤其明显。人无瑕疵，不可与之交，以其无真气、无深情也。这或许也正是王禹偁的可爱之处吧。

写过谢表，王禹偁意犹未尽，接着写了两首《诏知滁州军州事因题》。其一：

晓直银台作侍臣，暮为郎吏入埃尘。

一生大抵如春梦，三黜何妨似古人。

不称禁中批紫诏，犹教淮上拥朱轮。

时清郡小应多暇，感激君恩养病身。

　　诗中的"三黜何妨似古人"，本不是实指三次放黜，而是说自己像春秋时鲁国被多次贬谪的柳下惠。但王禹偁一语成谶，他一生果然三起三落。

　　唐宋两朝被贬放的臣子不计其数，其中有很多天真可爱的人。两宋三百二十年，一直恪守太祖遗训，礼遇士大夫，不杀上书言事之人，最严厉的惩罚，不过是谪往偏远的荒州予以编管，再远不过岭南，最远不过海南。相对于其他朝代，还是要温和许多。被贬谪之人，不但性命无虞，因谏言被谪往往还受到士林尊崇，虽贬犹荣，被贬谪的士大夫也就尽可率性行事、天真烂漫、出语无忌。生在宋初的王禹偁，无意中给后来诸多贬谪的名臣如范仲淹、欧阳修、苏轼等做了表率。

　　王禹偁不仅是谪臣的表率，也是疾恶如仇、宽简爱民的表率，还是诗歌文章的表率。后来迁谪滁州的欧阳修，依我看来，就像王禹偁的后身。

　　皖东滁州，人民勤劳淳朴，我两次在那里逗留，对此颇有感受。

　　北宋时代，只要饭饱衣暖，哪怕刚刚经历天灾人祸，稍得缓解，滁州人立即三五成群嬉戏于城墙之上，或者在田野里联袂踏歌，或者携酒盏到琅琊山，看山水听泉鸣。关于滁州人的旷达、友善，王禹偁和欧阳修在诗词、文章、书简中，一再称道。欧阳修在传世名篇《丰乐亭记》中说："舟车商贾、四方宾客之所不至，民生不见外事，而安于畎亩衣食，以乐生送死。"他之前的王禹偁在《唱山歌》中说："滁民带楚俗，下俚同巴音。岁稔又时安，春来恣歌吟。接臂转若环，聚首丛如林。男女互相调，其词非奔淫。"

当年，汪伦在泾县桃花潭送别李白，在岸上依依踏歌。皖南与滁州，战国时都属楚国。楚人好歌舞，常于酒后手拉手围成一圈，边唱歌边跳舞，谓之踏歌。生于齐鲁之地的王禹偁初次见到，未免惊奇。刚到滁州，当地人唱的山歌他听不懂，但他们欢快的情态，让王禹偁备受感染，抑郁的心情也渐渐明快起来。

滁州并非王禹偁自谦的小郡，而是军事重地，南邻南京，五代十国时期是兵家必争的军事要冲。故而宋朝建国三十六年来，仍在这里驻有大量地方部队，也即厢军。与后来的范仲淹一样，王禹偁奉能文能武的周公为祖师，文名满天下之外，重视武备，喜谈边事。端拱二年（989），契丹多次入侵宋朝北方边境，太宗下诏令文武百官各献备边御戎之计，王禹偁献上《御戎十策》。太宗阅后非常赞赏，宰相赵普对他刮目相看。后来，他在扬州给真宗上《应诏言事疏》，针对宋、契丹和西夏之间的形势变化，提出新的边事主张，料事多中。

在滁州，王禹偁时常穿上甲胄，威风凛凛地亲自教练兵士。《射弩》："罚郡在僻左，时清政多闲。戎装命宾侣，作此开愁颜。" 如他自己所言，不过是作个示范罢了。更多时候，他是文人本色，理政治郡之余，遍历滁州山水。

滁州山水有八绝，分别是庶子泉、阳冰篆、白龙泉、明月溪、垂藤盖、望日台、归云洞和清风亭。王禹偁多次游览后，作《八绝诗》逐一吟咏。诗前小序说："唐大历中，陇西李幼卿以宫相（左庶子）领滁州刺史，始游琅琊山，立宝应寺，故泉有庶子之号。李阳冰篆其铭，存诸石壁。白龙泉又次焉。由是亭、台、溪、洞，合垂藤盖，谓之八绝云。皇宋至道元年，予自翰林学士出官滁上，因作古诗八章，刻石于寺。寺名开化者，我朝改之也。"

过了一千年，滁州八绝仅存于方志和古人诗文。我在琅琊山下请教当地父老，已然无人知晓。我猜测，所谓垂藤盖，应当是楚地山野常见的油麻藤，春日盛开一串串紫色花朵，遮天蔽日，荫盖沟谷。而王禹偁亲眼见到的李阳冰手迹，以及后来欧阳修在旁边另外发现的李阳冰篆书十八个字，当年所在的位置，如今连本地的文人雅士也说不清了。

王禹偁贬谪滁州共十八个月，在此期间，他最大的贡献，不是治郡，不是练兵，而是奖掖后进、力倡古文，推动诗文革新。

宋初，晚唐体、西昆体文风一统文坛，其特点是讲究排偶、铺陈辞藻、气格卑弱、文字浮华、内容空洞，连章奏文书也是如此，读后但觉华丽艳冶，却不知所云。有识之士对此非常不满，认为不仅影响文字传播效用，还影响士气。北宋的古文运动，柳开、穆修等人首倡，王禹偁继之，后来的苏舜钦、石延年、范仲淹、欧阳修、尹洙、石介、梅尧臣、宋祁、王安石、苏氏父子、曾巩等前赴后继，经过诸多大文人数十年的努力，最终在欧阳修领导之下取得全面胜利。

王禹偁对当时颓靡、卑弱的文风深恶痛绝，锐意改革，力斥浮伪，务去陈言。他在《送孙何序》中说，自晚唐咸通年间以来，"斯文不竞，革弊复古，宜其有闻"。因此积极倡导以"六经"为典范、以平易质朴为特征的古文，且在创作中亲身实践，对宋初的古文运动起到了重要的引领作用。其文学创作，诗学白居易和杜甫，文章师法韩愈和柳宗元，取得很大成就，对后来者产生了深远影响。清人吴之振在《宋诗钞·小畜集序》中的评价很能说明问题："是时西昆之体方盛，元之独开有宋风气，于是欧阳文忠得以承流接响。文忠之诗，雄深过于元之，然元之固其滥觞矣。"元之是王禹偁的字，文忠是欧阳修的谥号。与王禹偁同时代的林逋，在《读王黄州诗集》一诗中，则直接说王禹偁就是当代的白居易："放达有唐惟白傅，纵横吾宋是黄州。"白居易晚年做过太子少傅，故称白傅，王黄州则是王禹偁贬放黄州以后的别号。

在朝期间，王禹偁因文学成就显著，又两知制诰，一入翰林，政治地位显赫，被士子奉为文坛领袖。持诗文登门请教、希望得到提携的年轻人非常多，王禹偁来者不拒，细细阅读，精心批点，以拔擢后生为己任。《送丁谓序》："入西掖掌诰，且二年矣。由是今之举进士者，以文相售，岁不下数百人。朝请之余，历览忘怠。"贬谪滁州期间也是如此，学子们或者远道来访，当面聆听教诲，或者投递书简，请求释疑解惑。《答郑褒书》："进士皆欲疾走淮上，以文求知。"王禹偁一如既往诲人不倦，认真加以点评，对优点不吝赞美之词，对缺点也从容指出。在这问道与解答的过程中，王禹偁的诗文创作理念也越来越明晰、系统。

他并没有撰写专门的文学批评理论文章来阐述自己的创作理念，其理论都夹杂在与士子们的来往书简中，以及给他们的临别赠序里，如《答郑褒书》《答张扶书》《再答张扶书》《答黄宗旦书》《送江翊黄序》《送丁谓序》等。他认为文章是贯道之器，写文章应当"师戴六经""传道明心"，也就是以"六经"为宗师，文以载道、兼明心性、文行合一。又指出，文章应当"句易读，义易晓"，且"不荡，不野"。也即：句子好读，含义好懂，文风质朴自然、简雅古淡，不放纵，不鄙俚。

经他点拨，众多士子文章日益精进，丁谓、孙何、孙仅、黄宗旦、朱严等先后金榜题名，有些日后还位居枢要。仅咸平元年（998）那场科举考试，状元孙何、榜眼黄宗旦、探花朱严，一甲进士前三元，尽是王禹偁的学生，朝野传为美谈。

对远道前来求知的士子，王禹偁不但悉心指授，还让他们住在官舍里，提供吃喝用度。莆田秀才郑褒是步行来的，临别时，得知其母在家中倚门望儿，王禹偁用俸禄买了一匹马相赠。其实即使做了知州，王禹偁的家境也不宽裕，一直蔬食粗衣，妻子从来不施粉黛，儿子们也不知鲜衣怒马是何物，并且没有房产，在朝为官都是租屋居住。

桃李不言，下自成蹊。前贤茂德，勋刻鼎彝。

至道二年（996）三月，朝廷加王禹偁朝散大夫。十一月二十四日，他奉诏移知扬州，兼管内堤堰桥道事。第二年三月，太宗崩逝，真宗即位，下诏求直言。王禹偁上《应诏言事疏》，建言五事：一曰谨边防，通盟好，使辇运之民有所休息；二曰减冗兵，并冗吏，使山泽之饶稍流于下；三曰艰难选举，使入官不滥；四曰沙汰僧尼，使疲民无耗；五曰亲大臣，远小人，使忠良謇谔之士知进而不疑，奸憸倾巧之徒知退而有惧。奏疏同时提出了具体的改革办法。其所言五事，均切中时弊，启发了后来的范仲淹、王安石等人，对"庆历新政"以及"熙宁变法"有深刻影响。

奏疏上达天听，当年，王禹偁就接到赴阙的诏令。抵京师后，任刑部郎中、知制诰。这是他第三次担任知制诰，而且官职已经有十年没有升迁了。

接到诏命，王禹偁正生着病，在《病中书事上集贤钱侍郎》诗中，他说："郎署领制诰，十年未上坡。冯唐空潦倒，卫绾是谁何。犹赖紫垣直，聊遮白发多。归田未有计，村树绿婆娑。"虽然再次回朝，他却高兴不起来，甚至还有些失落。至于归田之计，他不过是说说罢了。自商州之贬以来，特别是滁州之贬以后，王禹偁的诗随处可见归田、耕桑、解印、休致、林泉、水云间、归山等字样。不过，他的家底子太薄，居官又极清廉，失去俸禄何以为生？所以辞官退隐纯粹是梦想，过过嘴瘾而已。

王禹偁就吃亏在一张嘴以及一管笔上。已然遭受了两次贬谪，照理，他应当深刻吸取教训、遇事缄默不言了吧。然而，虽然皇帝换成了真宗，但王禹偁还是王禹偁，他的行直道、进直言永不会改。他在《答晁礼丞书》中道："某褊狷刚直，为众所知，虽强损之，未能尽去。"他如何不知道自己性格太过质直狷介？事实上，这些年他也刻意修炼，收敛个性锋芒，只是江山可以换主人，禀性难移如泰山。再次遭遇挫折，也就在所难免。

咸平元年（998），回朝才一年，王禹偁因参与修撰《太祖实录》，被贬黄州。这次被黜，原因很蹊跷，史书记载也下字模糊。《宋史》本传："咸平初，预修《太祖实录》，直书其事。时宰相张齐贤、李沆不协意，禹偁议论轻重其间。出知黄州。"其实就是当事人自己也莫名其妙。王禹偁到黄州之后，就曾经写诗给宰相李沆，询问自己的罪名。

细细品味《宋史》本传，参读释文莹《玉壶清话》等书，再看后来真宗奖赏包括王禹偁在内所有参与修撰《太祖实录》的官员，大致可以推断：王禹偁贬谪黄州，也许并非因为修史秉笔直书、不知避讳，犯了皇家大忌，而是因为无意中得罪了宰相张齐贤。《玉壶清话》一语中的："（王禹偁）撰太祖玉册，语涉轻诬，时相不悦，密奏黜黄州。"

本来，修《太祖实录》不关王禹偁的事，但他强烈请求参与修撰。《请撰大行皇帝实录表》："倘得措一辞于帝典之中，署一名于国史之后，臣虽死之日，如生之时。至于褒善贬恶之文，编年纪传之例，备尝探讨，粗见指归。况端拱元年春季日历是臣编修。如蒙帝谕，不辱君命。"请求再三，又托人说情，真宗只好同意。

斯人质直，奈何好名；斯人好名，奈何质直。

贬谪诏命下达那天，正是除夕。自先秦起，被贬谪的臣子无法计数，除夕之日被贬的，除了王禹偁，前不见古人，后不见来者。连春节也不让他好好过，可知王禹偁遭朝中重臣忌恨的程度，到了何等地步。

第三次被黜这一年，王禹偁四十五岁，离生命终结已经不远。

离京赴黄州之前，王禹偁实在难抑内心的孤愤，作《三黜赋》，回望自己百般蹭蹬的为宦经历，兼以明志。赋中长叹曰："一生几日，八年三黜。始贬商於，亲老且疾。儿未免乳，呱呱拥树。六百里之穷山，唯毒蛇与赞虎。历二稔而生还，幸举族而无苦。再谪滁上，吾亲已丧。几筵未收，旅榇未葬……今去齐安（黄州），发白目昏。"又以子文和柳下惠自比，"令尹无愠，吾之所师；下惠不耻，吾其庶几。"春秋时期楚国的子文三次做令尹，又三次被罢黜，入朝无喜色，出朝无愠色；鲁国的柳下惠直道事君，多次贬黜。卒章云："夫如是，屈于身兮不屈其道，任百谪而何亏？吾当守正直兮佩仁义，期终身以行之。"曲终奏雅，读之令人骨秀神清。古往今来，佩仁义而行直道者，经历无不坎坷淹蹇，思及至此，又叫人心悲神伤。

这次贬谪出京，来相送的亲友和同僚很少，他们怕得罪宰相。但枢密副使宋湜、秘书监杨徽之还是亲自来到王禹偁家中，再三抚慰。礼部员外郎窦元宾拉着他的手，送到皇城侧门外，激愤大叹道："天乎，天乎，得非命欤！"王禹偁感动之余，作诗相赠。这首诗已经残缺，只剩下零句："惟有南宫窦员外，为予垂泪阁门前。"

天乎？命欤！

咸平二年（999）闰三月二十七日，正值壮年却老态龙钟的王禹偁，踉踉跄跄来到黄州。想哭，眼里却再也没有泪水。

抵达不久，他在奏疏中向真宗表达了不愿做地方官，希望再回朝中担任两制职务的愿望。《谢加朝请大夫表》："臣业文之外，蔑有器能，知命之年，别无嗜好。才思未减，笔力尚雄。驰于文翰之场，犹能识路；责以循良之政，恐误分忧。倘用所长，期不辱命。"真宗和太宗一样，也爱惜王禹偁的才华，然而看完谢表，长叹息而已。显然，与在朝任词臣相比，让王禹偁领郡做知州更合适一些。

黄州在今湖北黄冈，和商州、滁州一样，也是个军州，但比商州和滁州离京师更为遐远，破败荒凉。人丁也稀薄，户口不足一万。《黄州谢上表》："伏以黄州，地连云梦，城倚大江。唐时版籍二万家，税钱三万贯。今人户不满一万，税钱止及六千。虽久乐升平，尚未臻富庶。"由王禹偁的谢表可知，宋初的黄州，因晚唐五代之乱，人口锐减，衰败贫瘠。其实，即使是八十年后，苏轼贬到此地时，黄州的面貌也没有多大改变。繁重的赋役导致民不聊生，是根本原因。

在谢表中，王禹偁接着表示："谨当勤求人瘼，遵奉诏条，窒塞嚣讼之民，束缚悁猾之吏……必为无害之政。"

不久，他又上疏直言太祖、太宗治国的过失："虽则尊京师而抑郡县，为强干弱枝之术，亦非得其中道也。"建议真宗"改辙更张，因时立法"。(《续资治通鉴长编》)

王禹偁数次主政地方，务从宽简，吏治清明，尽量减轻百姓负担，所到处人民安居乐业。他在黄州也确实政绩卓著。修补城池，检阅弓马，整顿武备，训练厢军，严防盗贼劫掠。同时重修境内的文庙，弘扬教化，修葺月波楼，保护文化古迹。又建议朝廷在各路设置病囚院，收留有疾病的囚犯在院中治疗。这些举措深得民心，黄州百姓敬称他为"王黄州"，又亲切称他"吾元之"。多年以后，黄州人在州学建三贤堂，纪念王禹偁、韩琦和苏轼。韩琦曾寓居黄州护国寺读书，苏轼曾贬黄州任团练副使。

元丰七年（1084）十月，苏轼在黄州，思及前贤，作《书韩魏公黄州诗后》。文章中说："黄州山水清远，土风厚善。其民寡求而不争，其士静而文，朴而不陋。虽闾巷小民，知尊爱贤者，曰：'吾州虽远小，然王元之、韩魏公尝辱居焉。'以夸于四方之人。元之自黄迁蕲州，没于蕲，然世之称元之者，必曰黄州，而黄人亦曰'吾元之也'。"又说："元之为郡守，有德于民，民怀之不忘也固宜。"苏轼和欧阳修一样，与王禹偁无交集，但他们修身、行道、从政、作文章都以王禹偁为榜样。

黄州是个下等小州，与滁州比起来，政务更少，闲暇更多。接连经历三次迁谪的王禹偁，既不能回朝做大官经济天下，又不能辞官归乡当逍遥隐士，旧疾更添新症，也就慢慢接受了命运的安排，牢骚之语、愤慨之言，在诗歌文章中虽然仍不时见到，但较之在商州和滁州，明显少了很多。他一生不曾达观，但在黄州，意气渐平，胸次渐开，由在黄州所作诗文《月波楼咏怀》《瑞莲歌》《黄州新建小竹楼记》可知。

黄州城的月城（也即子城），城墙依山而筑，起伏屈曲，有古城楼名月波楼。登临其上，大江横流，青山迤逦，极是开阔。王禹偁很喜欢这座楼，政暇时常登楼游赏，听雨看雪、弹琴下棋、饮酒作诗。《月波楼咏怀》："齐安古郡废，移此清江头。筑城随山势，屈曲复环周。兹楼最轩豁，旷望西北陬。武昌地如掌，天末入双眸。"他将这首长诗刻石嵌于月波楼的墙壁上。诗前小序说："月波之名，不知得于谁氏，图经故老，皆无闻焉。因作古诗一章，凡六百八十字。陷于楼壁，庶使兹楼之名与诗不泯也。"

不久，他又在州衙西侧靠近月波楼处，盖了两间小竹楼，一间做书斋，一间做寝室。两楼之间有幽径相通，方便来往。他为书斋取名"无愠斋"，语出《论语》："人不知而不愠，不亦君子乎。"大约也有向令尹子文致敬的意思。又为寝室取名"睡足轩"，语出杜牧诗《忆齐安郡》："平生睡足处，云梦泽南州。"竹楼易朽，肉身也易朽，但先贤诗文如日月星辰，经历千百年漫漫岁月，仍然光华灿烂。

王禹偁出身穷苦，自幼体弱多病，又历尽挫折，心情阴郁的时候多，所以虽值盛年，却衰朽如同老翁。他深知自己不久于人世，在黄州的第二年，就着手整理自己的作品，编为《小畜集》。小畜之名，出自《周易·小畜卦》，其《象辞》云："风行天上，小畜，君子以懿文德。"大意是：和风行走在天上，微畜未发，象征小有畜聚，君子因此修美文章道德以待时。集子共三十卷，包括赋二卷、诗十一卷、文十七卷。在他生前，《小畜集》并未雕版印刷，但有手抄本流传于世。直到南宋绍兴十七年（1147），沈虞卿来黄州做知州，仰慕王禹偁为人，才予以点校刊印。

古人信奉天人感应之说，重视自然征兆，王禹偁也是如此。

刚到黄州，才五月初，关城东南水池中的莲花就开了，官吏和百姓都来向王禹偁道贺，认为知州贤明，所以池生瑞莲。王禹偁也喜滋滋地作《瑞莲歌》记载其事。诗中说："江城五月江雨晴，荷花到处红交横。宋家池上瑞莲生，袅袅出丛抽一茎。"又说："吏民归美贺郡守，敢贪天功为己有？古来善政数杜诗，桑无附枝麦两歧。瑞莲信美产兹土，起予谩作闲歌辞。"

但从这年底一直到第二年，黄州屡现灾异。先是州中两虎相斗，一死一伤，伤的把死的吃掉了一半。然后，连续一个多月，成群的鸡半夜叫个不停。再接着，才入冬，这个江边小城竟然开始结冰，并且冬雷一阵接一阵。熟读古书的王禹偁，认为这些都非吉兆：虎相食，冬打雷，预示着黄州将有大饥荒；鸡夜鸣，主兵革。他不敢隐瞒，赶紧上书真宗报告情况，并引用《尚书·洪范》深自引咎，认为这些灾异都是自己这个知州德不配位、政事不修引起的，请皇帝严厉惩罚自己。《上真宗论黄州虎斗鸡鸣冬雷之异疏》："此皆臣化人无状，布政失和，合置常刑，亦当自劾。又虑他人陈奏，臣则有昧蔽之愆。”

真宗并未惩罚王禹偁，反而派内侍乘传车来黄州慰问。为避免王禹偁再次遭受谗言攻击，真宗随即又下诏，将他移到蕲州（今湖北蕲春）任知州。

咸平四年（1001）四月，王禹偁抵达蕲州，谢表中说：“宣室鬼神之问，不望生还；茂陵封禅之书，止期身后。”真宗见到如此不祥之语，大感骇异。果然，王禹偁到蕲州不足一个月就病逝了，春秋四十八岁。临终给真宗的遗表，无一字涉及家事，也无一言为子孙乞官。

在生命行将结束时，他仍在忧国忧民。譬如作于离开黄州时的《十月二十日作》：

重衾又重茵，盖覆衰懒身。

中夜忽涕泗，无复及吾亲。

须臾残漏歇，吏报国忌辰。

凌旦骑马出，溪冰薄潾潾。

路傍饥冻者，颜色颇悲辛。

饱暖我不觉，羞见黄州民。

昔贤终禄养，往往归隐沦。

谁教为妻子，头白走风尘。

修身与行道，多愧古时人。

　　一生如春梦，梦的尽头，他心心念念的，不是家人今后的生计，不是子孙的前程，也不是自己身后的哀荣，而是路旁忍饥挨饿的苍生、衣衫单薄的黎民，是自己无所作为对不起地方百姓。

　　师法先贤，秉持大道，三起三落而气节不改，宦海沉浮仍骨鲠塞谔，蔚为两宋名臣之首。壮哉，王禹偁！

　　深研儒家，笃学嗜古，词诰醇深而诗文典雅，拔擢晚生乃不遗余力，堪称一世文章宗师。贤哉，王禹偁！

履霜操

——范仲淹在睦州和饶州

范仲淹（989—1052），字希文，苏州人，唐朝宰相范履冰后裔。北宋杰出的政治家、文学家，宋代诗文革新运动的倡导者、开风气之先的文化学术思想界领军人物。二十七岁登进士第，历官广德军司理参军、集庆军节度推官、谯郡从事、秘书省校书郎、监泰州西溪镇盐仓、兴化令、大理寺丞、河中府通判、右司谏、睦州知州、苏州知州、判国子监、吏部员外郎、知开封府、饶州知州、润州知州、越州知州、龙图阁直学士、户部郎中兼延州知州、邠州观察使、枢密副使、参知政事等。先后被贬河中府、睦州、饶州三地。著有《范文正公集》《丹阳编》等。

春乍来，地气尚未萌动，风峭如鞭雨似冰，一只木舟孤零零地漂荡在淮河上。春水泛滥，洪波涌动，两岸田园草木仍旧荒芜。视野里只有枯索，毫无生气和趣味。四十六岁的范仲淹头戴竹笠身披蓑衣，坐在船头的交椅上呆呆望水，像一个歇息中的渔夫。妻儿和童仆在船舱中避雨，或攻书，或女红，或做饭，聊以打发漫漫行程。汴京越来越遥远，皇帝的面目越来越模糊，一年多来朝廷里发生的诸多事情恍如梦烟。想起《周易·夬卦》，他喃喃自语道：《夬》，一阴处高而群阳伐之，以大制小、以正黜邪之时也。此卦一柔而乘五刚，危可知矣。

年轻的舟子好奇地问："知州大人，您在念避水咒吗？小人听老辈说，淮神的名字叫无支祁，向他虔诚祷告，风浪就会平息。您多念几句吧，让神保佑我们顺利到达睦州（今浙江建德、淳安、桐庐一带）。小人又听说，祷神要上供，不然神不高兴。他老人家要是不高兴就麻烦了……"舟子的话在风雨中听来断断续续，范仲淹听得不耐烦。

这时候，一个大浪劈头打来，船身顿时剧烈颠簸，继而醉酒似的打着旋儿，随时有可能倾覆。舟子的一只桨被风浪卷走，人也差点葬身鱼腹。范仲淹被掀到船的一侧，头上的斗笠无影无踪，衣衫鞋袜湿了个透。船舱里，大人惊呼，孩儿啼号，锅碗瓢盆叮当哐啷一阵子乱响，幸好人都没事。半刻后，风渐止浪渐平，惊魂甫定，范仲淹爬将起来，理了理乱发，回到船舱中换了身衣服，然后从容铺纸，提笔写道：

> 一棹危于叶，旁观亦损神。
>
> 他时在平地，无忽险中人。

赴睦州经过淮河，范仲淹写了三首诗，总题为《赴桐庐郡淮上遇风三首》，这是第三首。北宋陈辅在《陈辅之诗话》中评价此诗："虽弄翰戏语，猝然而作，其济险加泽之心未尝忘也。"身处险境，自顾尚且不暇，反而想到今后通达之时，一定要善待危难中人，范仲淹的君子风范、道德仁心由此可见。难怪欧阳修说他"学古居今，持方入圆"，司马光说他"天生俊贤，为国之纪"，王安石说他"一世之师，名节无疵"，张方平说他"玉气千寻，金精百炼"，朱熹说他"我朝第一流人物"。

北宋明道二年（1033）十二月，右司谏、同管勾国子监范仲淹，因谏阻仁宗皇帝废黜皇后郭氏，批逆龙鳞，违迕大臣，左迁为睦州知州。这是他第二次被贬，召回朝中还不足两年，就再次因为犯颜极谏被逐出朝廷，远放睦州。

范仲淹第一次被窜黜，是天圣七年（1029）底。其时仁宗十九岁，尚未亲政，皇太后刘氏实际执掌皇权，她也是北宋历史上第一位临朝称制的女主，史称章献明肃太后。

这年十一月冬至日，皇太后大寿。之前她暗示宰执大臣，让皇帝届时率领文武臣工在会庆殿列班朝拜，为自己祝寿。时任秘阁校理的范仲淹闻言，上疏极力反对。他说："天子有事亲之道，无为臣之礼；有南面之位，无北面之仪。"又说，天子为母亲祝寿，在内宫行家人之礼即可。让天子率领百官为皇太后祝寿，有亏君主体面，有损朝廷威严，违反祖宗成宪，万万不可开此先河。

奏疏呈上，"不报"，也就是无只字回应。史书中，大凡记载臣子"疏入不报"，就是奏疏中的话不中听，懒得回复，甚至大大逆反上意，惹得人主怒火中烧。上书人自讨没趣，要么识机闭嘴，要么硬着头皮，冒着极大的风险继续赴汤蹈火。以范仲淹之明敏，他不可能不知道皇太后的意思。但他以为，君子为了道，舌可割，头可断，但决不可以缄默。于是接着又上一疏，奏请皇太后拆帘，还政于皇帝。《乞太后还政奏》：

> 陛下拥扶圣躬，听断大政，日月持久。今上皇帝春秋已盛，睿哲明发，握乾纲而归坤纽，非黄裳之吉象也。岂若保庆寿于长乐，卷收大权，还上真主，以享天下之养？

他的意思是太后执掌皇权很久了，现在皇帝已经长大，请太后将军国大权交还真龙天子，退居深宫，安心颐养天年。与上一道尚算克制的奏疏相比，这道奏疏更加直白露骨。他要把皇太后拉下龙椅。

资政殿学士、翰林侍读学士、兵部侍郎、秘书监晏殊得知，大惊失色，严厉责备范仲淹说：这是你一个小小秘阁校理该说的话吗？如此狂妄自大，如此强词邀名，不单你自己将要大祸临头，还要连累到我。晏殊是范仲淹的大恩人，范仲淹入朝任职是他所荐，之前也多次称誉和帮助范仲淹。终其一生，范仲淹对比自己小两岁的晏殊恭持门生之礼。面对恩师的指责，范仲淹正色抗言道："仲淹受明公误知，常惧不称，为知己羞，不意今日更以正论得罪于门下。"大言炎炎，无可辩驳。正在气头上的晏殊听了这一番话，顿时哑口无言。在随后的《上资政晏侍郎书》中，范仲淹又用洋洋四千字，再次向晏殊申述自己冒死谏诤的正大理由，说不如此则耻列门墙，愧对恩师栽培。晏殊读后，感愧莫名。

皇太后见到这两道奏疏，内心的愠怒自然是一次甚于一次，但她很有涵养，并未立即发作。脱脱主持编撰的《宋史》说，真宗崩逝时，遗诏尊刘氏为皇太后，令她权取处分军国重事，也就是让她代皇帝暂时执掌天下。刘氏是一个非同凡响的女人，系宋朝著名贤后之一。《宋史》评价她："初，仁宗即位尚少，太后称制，虽政出宫闱，而号令严明，恩威加天下。"又说："当天圣、明道间，天子富于春秋，母后称制，而内外肃然，纪纲具举。"在她执掌国家期间，宋家天下大体上堪称治世。

皇太后仍然"不报"。只是寿仪照样进行，皇权仍然紧紧攥在她手中。范仲淹的两道奏疏石沉大海，无一字回复。皇太后的意思已经很明了，范仲淹再不识趣，下场就会很惨。范仲淹只好自己找台阶下，请求调到外地任职。皇太后巴不得如此，很快批准他的请求，命他到河中府（治所在今山西永济市蒲州镇）任通判。范仲淹这次外放，名为自请补外，实际上就是贬谪。

明道二年（1033）三月，章献明肃太后崩逝，仁宗亲政，终于当上了真正的天子。即位之后，他立即启用贤良，压制佞幸，因言获罪的范仲淹也被召回朝廷，任右司谏。

自少小苦读圣贤书、大通"六经"之旨起，范仲淹就以兴王道、致太平为己任，以经世济民、福泽天下为使命。少年时，他就对人说，此生不为良相，便为良医。二十七岁中进士走上仕途之后，无论任朝官还是地方官，对于朝政缺失、民生疾苦、官员任用不当等，他随见随谏，终其一生从不缄默，先后四次被贬也毫无悔意。他存世的文章，奏疏占了一大半。这次回朝任谏官，他感激仁宗的赏识和拔擢，因而知无不言，言无不尽，进谏更加频繁也更加直接。

第二年年底，宫中发生了一件轰动朝野的大事，皇后郭氏被废。

这个郭皇后，是平卢节度使郭崇的孙女，当初与已故左骁卫上将军张美的曾孙女张美人同时入宫。仁宗宠爱张美人，想立她为皇后，但章献太后为巩固政权，做主立郭氏为后。郭皇后生性忌妒，又有皇太后撑腰，在后宫颇为傲慢专横，其他嫔妃难得有与皇帝亲密相处的机会。仁宗怀恨在心，又拿她没有办法，只能忍气吞声。章献太后归天之后，仁宗这才解脱束缚，可以随心所欲。失了势的郭氏，虽然贵为后宫之主，却不被仁宗待见，自然是满腹牢骚。又见仁宗宠爱尚美人和杨美人，尚美人的父亲恩宠冠于京师，比自己的父亲威风多了，醋意于是时常发作，经常不顾场合当面辱骂两位美人，甚至在皇帝临幸她们时，打上门去。

某日，郭皇后与尚美人当着仁宗的面再生口角，尚美人对郭皇后出言不逊。郭皇后不胜愤恚，动手去扇尚美人的脸，仁宗护着尚美人，起身去阻拦，郭皇后这一扇，就扇到了仁宗的脖颈上，留下几道鲜红的指痕。仁宗大怒，拂袖而去。内侍阎文应深知皇帝早有废后的心思，于是鼓动仁宗把指痕给宰相吕夷简看。吕夷简与郭后早有矛盾，趁机力劝仁宗将她废黜。他说，汉武帝刘彻是一代明主，他的皇后陈阿娇只因心怀怨望就被废黜，何况郭氏竟敢抓伤至尊？

吕夷简又暗示谏官范讽向仁宗进言："后立已有九年，尚无子，义当废。"本来还有所顾虑的仁宗，决意废后。

禁中之语外泄之后，朝野议论纷然。范仲淹风闻此事，坐卧不安，立即上疏谏阻。其《谏废郭后奏》云：

> 后者，所以掌阴教而母万国，不宜以过失轻废之。且人孰无过？陛下当谕后失，置之别馆，择嫔妃老者劝导之，俟其悔而复宫。

老谋深算的吕夷简，料到谏官和御史会上疏进谏，早就知会中书门下，不得接受台谏官谏阻废后的章奏，范仲淹的奏疏也就不得其门而入。言路不通，范仲淹只好联合御史中丞孔道辅，率知谏院孙祖德，侍御史蒋堂、郭劝、杨偕、马绛，殿中侍御史段少连，左正言宋郊，右正言刘涣等人，齐跪在垂拱殿门外，乞求仁宗召见，听他们陈述皇后不当废黜的理由。仁宗充耳不闻，被烦扰不过，令吕夷简面见范仲淹等台谏官，申谕皇后当废之因。争论中，吕夷简败下阵来，只好说，老夫的话既然听不进去，那就请诸君到天子面前说吧。但垂拱殿大门紧闭，天子拒不纳谏。范仲淹等人无奈，只好讪讪退出宫禁，路上相约第二天一早集体到宰相府再次论争。

谁知翌日天未亮，诏书就下达了，对强行进谏的台谏官，重者放黜，轻者罚钱。孔道辅贬泰州知州，范仲淹贬睦州知州，孙祖德等人各罚铜二十斤。诏书还说，自今往后，谏官和御史不得相率请对。随即，侍卫就将范仲淹等人逐出京师，喝令他们立即前往贬所，不得羁迟，并且不准回家准备行装。

郭皇后自然被废掉了，废后诏书说："皇后以无子，愿入道观，特封其为净妃、玉京冲妙仙师，赐名清悟，别居长宁宫以养。"两年后，郭氏小病，莫名其妙暴死于长宁宫。有人说是阎文应所为，因为他曾领太医为郭氏治病。但找不到他下毒的证据。南宋王称《东都事略》说，皇后位置空缺，仁宗欲立民间女陈氏为皇后，因吕夷简强烈反对而作罢。

范仲淹和吕夷简他们争论的，当然不只是皇后当不当废黜本身。其实那是皇权、相权以及台谏官三者之间的相互牵制与博弈。

景祐元年（1034）正月，范仲淹被驱离京师，前往贬所睦州。

范仲淹携一家十口，乘船由北往南，沿颍水、淮河而下，入富春江，历尽风涛险恶，于三月中旬到达桐庐，四月抵州治建德。途中作《出守桐庐道中十绝》，其一云："陇上带经人，金门齿谏臣。雷霆日有犯，始可报君亲。"其七云："万钟谁不慕，意气满堂金。必若枉此道，伤哉非素心。"由这组诗可知，当时范仲淹的被黜心态是很复杂的，但大体上落实在"素心"二字。所谓素心，就是儒家尊崇的道，就是初心。

素心无瑕，纯白如圭。

范仲淹抵达桐庐后的第一件事，是依例给仁宗上谢表。一番真真假假的客套言辞之后，他用了一大段文字，重述对废黜郭皇后的反对意见，并以历史上汉武帝废黜陈皇后立卫子夫、魏文帝杀甄皇后立郭妃、唐高宗废黜王皇后立武昭仪等为例，说明轻易废立皇后，极有可能导致后院起火，甚至导致江山板荡，再次劝说仁宗收回成命。谏语谔谔，奈何无益。

其《谪守睦州作》说："重父必重母，正邦先正家。一心回主意，十口向天涯。"前两句，暗含规劝仁宗之语：君为父，后为母，正邦国必先正后宫。后两句，则是自己心曲的表露：他的谏诤，上为君主，下为黎民，哪怕窜逐远方也不悔恨。

多年以后的庆历六年（1046），范仲淹在邓州，应贬谪岳州的同年好友滕宗谅（字子京）之约，为重修岳阳楼作记，文章中说："居庙堂之高则忧其民，处江湖之远则忧其君。"又说："是进亦忧，退亦忧。然则何时而乐耶？其必曰'先天下之忧而忧，后天下之乐而乐'乎！"他先忧后乐的"古仁人之心"，来自儒家经典，并且一生始终不渝地践行。

君子之道，如阳春白日，照临苍生。

睦州在浙西，为江左偏州，离京师有千里之遥，境内有富春江、分水江、富春山、桐君山、乌龙山、严子陵钓台、方干处士旧居、承天寺等风景名胜和文化古迹。

古代人口稀少，交通不便，除了京师所在地和边防重地，一般州郡的事务本就不多，主要是征收赋税、分配徭役和维持地方稳定。右文抑武的北宋更是如此，边远州郡的长官是闲差事。以范仲淹允文允武的大才，治理一个小州无异于牛刀宰鸡。当时，两浙民风轻躁而不刚。范仲淹治理睦州，对州中豪横如虎者，以文化之，对弱小的平民百姓，则多方救济。一文一仁，不久睦州大治。

通与塞，擢与贬，达与穷，于凡庸之辈，无不喜前者而厌后者。但心怀天下的仁人志士，在逆境也能履险如夷，淡然处之。

范仲淹刚到睦州，就爱上了这里的山川风土。他在给恩师晏殊的书简中说，睦州满目奇胜，渔钓相望，群峰四来，翠盈轩窗，同僚中有章、阮两位擅文章、能弹琴的雅人，林中僧人乡间野客也往往上门来讨论诗歌，门生在这里做知州，大得隐者逍遥之乐。又半真半假地说，自己生怕有一天蒙恩被调离。在给其他友朋的信中，他一再说，睦州江山清绝，明丽照人，风月有旧，使人愉然。《与曹都官书》："大为拙者之福。"《与谏院郭舍人书》："曾不知通塞之如何。"《与王状元书》："某四月半到郡，重江乱山，目不可际……而水石琴书，日有雅味，时得佳客，相与咏歌。"又在《和章岷从事斗茶歌》中说："不如仙山一啜好，泠然便欲乘风飞。"

公务之暇，范仲淹或研读《周易》，或援琴抒怀，或者与同僚和当地雅士遍览州内的奇山胜水，写了不少诗歌文章，如《新定感兴五首》《游乌龙山寺》《江干闲望》《斋中偶书》《和章岷推官同登承天寺竹阁》等，多是抒怀之作。

他在睦州写的诗歌，最有名的是《潇洒桐庐郡十绝》。这十首诗的第一句，都以"潇洒桐庐郡"起首。潇洒的，既是山川，也是他这个知州。诗中说："劳生一何幸，日日面青山。""人生安乐处，谁复问千钟。"又说："相呼采莲去，笑上木兰舟。""使君无一事，心共白云空。"细细品来，全然是遁世无闷之语，其清逸、喜乐自内心天然生发，较之后来欧阳修在滁州写的《醉翁亭记》，更无一丝造作。

范仲淹在睦州所作文章，以《桐庐郡严先生祠堂记》为第一。这篇文章和《岳阳楼记》是范仲淹的代表作。范仲淹传世作品，诗以《江上渔者》《河朔吟》为代表，词以《渔家傲·秋思》《苏幕遮·怀旧》为代表，政论以《上执政书》《答手诏条陈十事》为代表，另外还有为数众多的赋、义、论、议、赞、颂、述、序、跋、牒、祭文、墓志铭、表、状、奏、札子、书简、榜约……文学成就可谓辉映日月。范仲淹是北宋继王禹偁之后的第二代文坛盟主，但客观而言，在大文人层出不穷的北宋，与欧阳修、苏轼、梅尧臣、尹洙、苏舜钦、黄庭坚诸人相比，其成就到底还是逊色一些。清人蔡铸在《蔡氏古文评注补正全集》中说，范仲淹"不以文章见长，而文章自堪千古，所谓有德者必有言也"。这话初看，像是冒犯，其实是很高的评价。明代周孔教为万历本的范仲淹文集作序，说范仲淹的文名为功德所掩盖，流传天下的只有《岳阳楼记》和《桐庐郡严先生祠堂记》二篇。确乎如此。时至今日，现代人所熟知的范仲淹文章，则只剩下《岳阳楼记》一篇了，还是教科书的功劳。

对于胸有开物成务之略、怀有安邦定国之志的范仲淹来说，文学、书法和琴艺之类，只是余事、闲事、末事。出仕以来，他从没想过要以诗文名世。他认为，诗歌文章是明道、载道、贯道之器，所以从不为诗而诗、为文而文、为书而书、为琴而琴，更不刻意经营。他还在家书中，劝诫子弟不要迷恋书法，以免把自己的志向养小了，虽然他的书法端雅沉着，深得晋人笔意，备受晏殊、杜衍、蔡襄、黄庭坚、王世贞等人称道。因从不刻意，其文章自然工巧。范仲淹文章之妙，由这篇"祠堂记"可知，实在是"圣贤经济"与"才子文章"兼得之。正如蒙古耶律楚材所言："夫文章，以气为主，浩然之气养于胸中，发为文章，不期文而文有余矣。古之君子，其文见于简策，宏深浑厚，言近而旨远，辞约而义深，非后世以雕篆为工者所能比，盖其浩然之气贯于中也。"北宋文坛公认的盟主，首先是王禹偁，接着就是范仲淹，后来是欧阳修，再后来是苏轼，四位"文章丈人"的盟主之名名副其实。

睦州文化古迹，以桐庐严子陵钓台为最。严子陵名严光，是东汉著名隐士，《后汉书·严光传》所谓"有一男子，披羊裘钓泽中"。他与汉光武帝刘秀是同窗也是好友。刘秀开创东汉，握赤符，穿龙袍，仍然不忘这个少年知己，曾多次派人专程到严光隐居的富春山看望他，并恳请他出山做官，帮助自己治理天下。严光被逼无奈，到过洛阳一次，刘秀与他像从前一样睡在一张床上。半夜，严光故意把脚放到刘秀的肚子上，留下"客星犯帝座"的著名典故。刘秀请他做谏议大夫，他不肯，执意回到富春山麓，以耕读垂钓为乐。他垂钓的地方，原名七里濑，后来称作严陵濑；他垂钓的大石头，称严子陵钓台。

时间过去了千年，范仲淹来此地做知州，景慕严子陵为人，在钓台下专门建了一座严子陵祠堂，并亲自写了祠堂记。不足三百字的《桐庐郡严先生祠堂记》，文情峻丽，淳重清劲，浩然正大，我以为是范仲淹文学成就之集大成者，虽然远不如后来的《岳阳楼记》有名。就像苏轼的赤壁二赋，固然是上佳之作，我以为其神采和意味，不如他那篇只有百十来字的《记承天寺夜游》。

范仲淹在《桐庐郡严先生祠堂记》中说："盖先生之心，出乎日月之上；光武之量，包乎天地之外。微先生，不能成光武之大；微光武，岂能遂先生之高哉！"在无数文人墨客吟咏刘秀与严光的诗词文章中，他独发卓见。末了，他高度评价严光："云山苍苍，江水泱泱。先生之风，山高水长。"每每读这十六个字，我总在想，它们恰恰也是范仲淹一生的传神写照，比富弼、韩琦、苏轼、欧阳修、王安石、司马光、张方平、朱熹等人对范仲淹道德、政绩、经术、文章的评价更为契合。刘秀与严光少年时"相尚以道"，隔着千年的漫长光阴，范仲淹引前贤严光为知音，也有"相尚以道"的意思。或许，在当时的逆境中，他也是以严光后身自许的。

《桐庐郡严先生祠堂记》写好后，他给篆书名家邵𫗧写了一封信，请求他书丹，再刻于石上。在《与邵𫗧先生书》中，范仲淹先是向邵𫗧说明了构建严子陵祠堂的用意："既抵桐庐郡，郡有严陵钓台，思其人，咏其风，毅然知肥遁可尚矣。能使贪夫廉、懦夫立，则是有大功于名教也。构堂而祠之，又为之记，聊以辨严子之心，决千古之疑。"接着是请他来书丹："今先生篆高四海，或能枉神笔于片石，则严子之风复千百年未泯，其高尚之为教也，亦大矣哉！"邵𫗧接到书简，欣然从命。

范仲淹又请来擅长画古衣冠人物的会稽僧人悦躬，画了一幅严子陵像，恭恭敬敬张挂在祠堂中，接受香火供奉。

除了《桐庐郡严先生祠堂记》，范仲淹还以刘秀和严光故事为题材，写了一首《钓台诗》："汉包六合网英豪，一个冥鸿惜羽毛。世祖功臣三十六，云台争似钓台高。"诗中，他把严光比作高飞天宇的鸿雁，并说画有开国功臣像的云台阁也没有严子陵钓台高，突出赞扬了严光的品格高尚。关于这首诗，释文莹在《湘山野录》中说其原委："范文正公谪睦州，过严陵祠下，会吴俗岁祀，里巫迎神，但歌《满江红》，有'桐江好，烟漠漠。波似染，山如削。绕严陵滩畔，鹭飞鱼跃'之句。公曰：'吾不善音律，撰一绝送神。'吴俗至今歌之。"其记载真实性不详，只可参读。

严子陵钓台，此前人迹罕至。自从范仲淹构建严子陵祠堂，为之写记，并且免除了严光后代四户人家的赋税，让他们专心奉祠之后，这里才成为著名的人文景观。时间又过去了一千年，今天的人，无论雅俗老幼，到桐庐必游钓台，必观瞻严子陵祠堂。

桐庐境内，又有唐代诗人、处士方干的旧居，在严子陵钓台东面的青山之中。范仲淹由睦州移守苏州途中，曾经到访过。在《留题方干处士旧居》诗前小序中，范仲淹说，他去姑苏赴任途中，从钓台下经过，因而登台观览。极目四望，忽然看见东面的群峰一片翠碧，悠悠白云徐徐而生，桐庐父老说，白云生处是方干处士的旧草庐，于是慕名前去造访。那个时候，方干的后代子孙仍有许多人以儒学为事业，八世孙方楷刚刚登进士科归来。范仲淹于是留诗一首，并请人画方干处士像，挂在严子陵祠堂东面的墙壁上。又应方楷的请求，将诗写在画像的左侧。诗云："风雅先生旧隐存，子陵台下白云村。唐朝三百年冠盖，谁聚诗书到远孙。"

范仲淹谪守睦州，包括路上行程耽搁，前后不到半年，朝廷就调他任苏州知州。苏州是他的故乡，那里有很多他从未见过面的远房亲人，而且正在发生严重的水涝灾害，公私事务繁杂，他沽酒听渔歌、吏隐白云边的生活仅得半载。

景祐元年（1034）六月，离开睦州那一天，范仲淹身穿白衣，在钓台上抚琴一曲，舞剑一回，依依惜别而去。

琴与剑，古代君子随身佩饰之物，一柔一刚，取《周易·蒙卦》刚柔相济之意。

范仲淹一生怀王佐之才，出将入相，琴、剑、书从不离身。按南宋楼钥所修《范文正公年谱》所记，范仲淹不到两岁，父亲就去世了，母亲带着他改嫁山东淄州长白山朱文翰，并把他的名字改成朱说。二十三岁，他无意中知道了自己的身世，"感愤自立，决欲自树立门户"，于是"佩琴剑"，径自往南都商丘求学。母亲得知后，赶紧派人去追，范仲淹托那人告诉她：儿子打算用十年时间刻苦攻读，登进士第后，再来迎接母亲。

范仲淹喜欢弹古琴，但平常只演奏《履霜操》这支曲子。司马光《涑水记闻》："范文正公喜弹琴，然平日止弹《履霜》一操，时人谓之范履霜。"《履霜操》是古乐府琴曲名。按东汉蔡邕《琴操》的说法，这首著名的古琴曲，是西周名臣尹吉甫的儿子伯奇所作：

"伯奇无罪，为后母谗而见逐，乃集芰荷为衣，采楟花为食。晨朝履霜，自伤见放，于是援琴鼓之而作操……曲终，投河而死。"唐代的韩愈曾以此为题，写诗道："履朝霜兮采晨寒，考不明其心兮听谗言，孤恩别离兮摧肺肝。何辜皇天兮遭斯愆，痛殁不同兮恩有偏，谁说顾兮知我冤。"《履霜操》是遭谗被逐者的心声。我以为，范仲淹平生爱弹这首曲子，应当与其屡次因言事被谗言攻击、一再遭遇贬谪有关。

履霜，行于霜上，其寒可知，其危可知。

景祐二年（1035）十月，朝廷除范仲淹尚书礼部员外郎、天章阁待制，随即从苏州召还朝中，判国子监。还朝后，身为皇帝身边的侍从之臣，他论事更加急切，多次与宰相吕夷简发生冲突。吕夷简对他既敬又惮，故意擢升他为尚书吏部员外郎、权知开封府。开封府是京师所在地，事多任重，吕夷简的本意，是让范仲淹陷于事务的罗网，无暇频繁进言论事，同时希望他出点什么差错，以便顺理成章地罢去其职。但范仲淹却很快将开封治理得井井有条，以至京师传出歌谣："朝廷无忧有范君，京师无事有希文。"希文是范仲淹的字。

第二年五月，范仲淹根据当时形势，建议仁宗尽快修缮巩固西京洛阳，以防西夏、契丹入侵中原。他说，洛阳十分险固，而汴京是四战之地，天下太平时天子居汴京，假如发生战事，天子可以移居洛阳，因而要赶紧修缮西都，储备物资。吕夷简则坚决反对，嘲讽范仲淹"迂阔，务名无实"。范仲淹听说后，连上《帝王好尚论》

《选任贤能论》《近名论》《推委臣下论》四论，主张强化皇权，削弱相权，四论的矛头均直指吕夷简，揭露他擅权市恩。

接着，范仲淹又给仁宗上《百官升迁次序图》，对朝中现任官员一一进行分析，说某某是按照次序正常升职，某某是吕夷简超擢任用。他强烈指责吕夷简在朝中任意安插亲信，暗自结党营私，建议近臣进退之权应当由皇帝做主，不应当让宰相把持。并且，他还把吕夷简比作西汉的张禹。张禹是汉成帝时的丞相，当时外戚王氏擅权，引起汉成帝的猜疑，但张禹阿附王氏，力劝汉成帝信任王氏，为王莽篡汉埋下伏笔。范仲淹《指陈时政奏》：

"汉成帝信张禹，不疑舅家，故有王莽之乱。臣恐今日朝廷亦有张禹坏陛下家法，以大为小，以易为难，以未成为已成，以急务为闲务者，不可不早辨也。"

据史实而论，吕夷简是北宋名相之一，并非章惇、蔡京、童贯、高俅这样的奸臣。他担任宰相多年，三次罢相又三次复相，任宰执期间，天下号称太平，仁宗对他很是器重和信赖。宰相有用人之权，偶尔重用亲信也属正常，范仲淹把他比作张禹，确实过分了。并且，范仲淹与韩琦后来经略西北、对抗西夏时，吕夷简在朝中鼎力相助。其间，范仲淹频遭谗言陷害，吕夷简在仁宗面前百般周旋，维护范仲淹，蔼然有长者之风。他们后来握手言和，勠力国事。

范仲淹屡次剑指吕夷简，吕夷简当然怒不可遏，恨不能把他放逐到天涯海角。范、吕二人，曾在仁宗当面激烈争执，吕夷简指斥范仲淹越职言事、荐引朋党、离间君臣。范仲淹争论不过，退朝后连上几道奏疏辩论，言辞一次比一次锋利。仁宗深知范仲淹忠诚，但更加祖护吕夷简，于是罢去范仲淹天章阁待制的内朝职务，贬为饶州知州。过了两年，仁宗才在《内降札子》中说：范仲淹贬放饶州，不只因为他诋毁宰相，更主要的原因，在于他曾经秘密建言，请仁宗立皇太弟为皇位继承人。

殿中侍御史韩渎等人，趁机逢迎吕夷简，奏请以范仲淹朋党张榜于朝堂，戒百官越职言事。《宋大诏令集·责范仲淹敕榜朝堂》："范仲淹比缘升擢，骤委剧烦。罔畏官守之隳，专为矫厉之趣。奏述狂肆，疑骇众多。既妄露于称荐，仍密行于离间……沽激名誉，协比朋俦，务骋谲辞，有玷醇治。"

其时，范仲淹以刚正不阿的高尚人格，在士林已经享有名望。这回再贬江南，众多谏官和御史都知道范仲淹冤枉，但慑于诏令和宰相的威势，大多不敢为他辩护。只有秘书丞、集贤校理余靖上书论辩救护，请仁宗速改前命。余靖因公然对抗朝廷而落职，被贬到均州监酒税。太子中允、馆阁校勘尹洙见余靖被贬，也连忙上书，说自己与范仲淹义兼师友，请求连坐，于是被贬为崇信军节度掌书记、监郢州酒税。馆阁校勘欧阳修气愤不过，给左司谏高若讷写了一封长信，说范仲淹平生刚正好学、博古通今，朝中大臣没有人可以与他相比，并指责高若讷身为谏官，在大是大非面前沉默不言，失职倒也罢了，反而在背后说范仲淹被贬是罪有应得，不知"羞耻"两个字是如何写的。末了说："愿足下直携此书于朝，使正予罪而诛之。"高若讷一看，羞愤难当，果然把这封信呈给仁宗。仁宗气得发抖，将欧阳修贬到荒远的峡州，任夷陵（今湖北宜昌）县令。

在西京洛阳任留守推官的蔡襄闻知，感愤而作《四贤一不肖诗》，高度赞扬范仲淹、余靖、尹洙、欧阳修四人是大贤，骂高若讷是奸臣，说他"袖书乞怜天子傍"。这首诗一时传唱四方，士林舆论以四贤为荣。在长安为父守制的苏舜钦听说后，作《闻京尹范希文谪鄱阳尹十二师鲁以党人贬郓中欧阳九永叔移书责谏官不论救而谪夷陵令因成此诗以寄且慰其远迈也》，讥嘲说："朝野蔚多士，衮然良可羞。"后来，与范仲淹同朝为官的韩琦说，范仲淹始开天下正人之路。朱熹也说，范仲淹厉廉耻、振士气，开宋朝忠义之风。

不该贬的都贬了，不该罚的都罚了，不该沉默的也都沉默了，此事貌似告一段落。但发生在范、吕之间的这场激烈交攻，双方及其拥趸都有些意气用事，开了宋朝朋党之争的先河，史称"景祐党争"，其负面影响极其深远。范仲淹、吕夷简以及欧阳修、余靖、尹洙、蔡襄等人，谁都不曾料到，朋党之争会将宋朝带进万劫不复的深渊。这是后话。而经此风波，范仲淹士林领袖的地位逐渐形成，天下想望其风采，贤良士大夫以不能登其门为耻。譬如身为后辈的苏轼，在范仲淹去世后，应范仲淹之子范纯仁之请，为范仲淹文集作序，在序言中就说，平生以不识范文正公为恨事。

按照当时惯例，朝中官员贬放地方，与其有交游的官员可以在都门设宴送别，甚至流连数日。范仲淹这次远黜出京，前来饯行的，却只有龙图阁直学士李绂和集贤校理王质，其他人怕遭到宰相打击报复，不敢露面。

　　其时，王质生病告假在家，他听说范仲淹即将赶赴贬所，带病率领子弟到东城门相送。有人劝他：你在病中，完全有理由不露面，奈何自陷于朋党？王质说："范公天下贤者，质何敢忘之？若得为其党人，公之赐质厚矣。"劝他的人一听，为之勾头缩颈。

　　景祐三年（1036）五月，范仲淹第三次被贬，于八月抵达饶州（治所在今江西鄱阳县）。初到饶州，其心迹由《依韵酬黄灏秀才》一诗可略知一二。诗云：

> 再贬鄱川信不才，子规相爱劝归来。
> 客心但感江山助，天意难期日月回。
> 白雪孤琴弥冷淡，浮云双阙自崔嵬。
> 南方岁晏犹能乐，醉尽黄花早见梅。

　　皇帝听不进逆耳忠言，履霜者跌倒，再次远谪南方。他的琴声幽咽冷淡，他的剑气仍然凛凛。

　　与王禹偁、欧阳修、苏轼、黄庭坚等逐客相比，范仲淹的数次贬黜之地都不是最糟糕的，无论是之前的河中府、睦州，还是现在的饶州，或者离京师较近，或者虽远在南方但并非荒州，并且大好山川可人心意。范仲淹本人也这样看。他在贬所给仁宗和大臣的上书，以及给亲友的信简，屡屡表达自己的感激之情。

　　饶州在江西省东北部，因"山有林麓之利，泽有蒲鱼之饶"而得名，管辖鄱阳、余干、万年、德兴、浮梁、乐平、余江七县。州治所在地鄱阳县，有"七县之会饶州府，景秀江南鱼米乡"的美誉。这里山川秀拔，气候温润，范仲淹显然很喜欢这里，在《和葛闳寺丞接花歌》中，说自己"谪官却得神仙境"。同一诗中，他以西汉谪放长沙的贾谊自比，说面对再次迁谪，自己完全不以为意，心境旷达，视荣辱如同浮云："朝违日下暮天涯，不学尔曹向隅泣。""自可优优乐名教，曾不恓恓吊形影。"

在《饶州谢上表》中，范仲淹对仁宗说：

> 情虽匪他，罪实由己。然而有犯无隐，惟上则知；许国忘家，亦臣自信。伏蒙皇帝陛下，惟天为量，无大不容；与日垂光，何微弗照。止削内朝之职，仍分外补之符。当死而生，自劳以逸。君恩弥重，臣命愈轻。敢不动静三思，始终一志。此而为郡，陈优优布政之方；必也立朝，增蹇蹇匪躬之节。

他深知仁宗对自己寄予厚望，也深知皇帝的难处，虽三遭贬黜，但许国忘家之心从未更改，假如再次回朝，他仍然会直言极谏。

刚到饶州，在建德任县令的友人梅尧臣，给范仲淹寄了一首《啄木》诗和一篇《灵乌赋》，劝他吸取教训，学做报喜之鸟，不做报凶的乌鸦，"事将兆而献忠，人反谓尔多凶"，告诫他"结尔舌兮钤尔喙"。对于梅尧臣的善意规劝，范仲淹回赠了一篇《灵乌赋》，说："知我者谓吉之先，不知我者谓凶之类。"并坚决表示，自己

"宁鸣而死，不默而生"。

在给谢绛的酬唱诗《和谢希深学士见寄》中，他自白："心焉介如石，可裂不可夺。尽室得江行，君恩与全活。回头谏诤路，尚愿无壅遏。"又《鄱阳酬泉州曹使君见寄》："志意苟天命，富贵非我望。""王章死于汉，韩愈逐诸唐。狱中与岭外，妻子不得将。""我爱古人节，皎皎明如霜。今日贬江徼，多惭韩与王。"

但即使胸襟宽阔如范仲淹，在饶州贬所，偶尔也有失落孤清的时候。《江上渔者》：

> 江上往来人，但爱鲈鱼美。
> 君看一叶舟，出没风波里。

谁说这首写长江打鱼人的诗，没有寄托着诗人的身世之感呢？此时的范仲淹，不就是那驾着小舟、在风浪中出没的打鱼人吗？只不过，江上渔者打的是鱼，他为之坚守的则是道。

饶州公务繁杂，民风顽劣好斗，官吏多狡猾，遇事常常暗中阻梗。范仲淹刚到饶州，做的第一件事，就是兴学校、移风俗。原来的州学狭小而破旧，范仲淹精心选择了一块林木掩映的好地方，予以重建。新学校紧邻妙果禅院和东湖，建成后，来此求学的生徒众多，饶州因之学风大盛。范仲淹对饶州百姓说，东湖像一个大砚池，妙果寺塔像文笔峰，"二十载后，当有魁天下者"。果然如范仲淹所料，治平二年（1065），饶州学子彭汝砺状元及第，其胞弟彭汝霖进士及第，从此，当地代代出人才，民风也得到很大转变。北宋陈贻范《鄱阳遗事录》记载：范仲淹知饶州，某日相度州学新址，说："妙果禅院一塔高峙，当城之东南，屹立千余尺，饶之文章应也。城之下枕瞰数湖，水脉连秀，抑为儒者滋显也。"于是为妙果寺塔取名为文笔峰，为东湖取名为砚池。

事实上，范仲淹做地方官所到之处，无论在睦州、苏州、饶州，还是后来在润州、越州、邓州、杭州、青州，他最大的功德，一是兴建学校，延请名师，教育人才，二是不遗余力地向朝廷举荐人才。范仲淹流传下来的文章，粗略一数，仅向朝廷举荐人才的状和奏，就有四十多篇。后人纪念和赞颂他办学功绩、举贤任能的诗歌文章，从北宋一直绵延到清代，历代层出不穷。北宋文人家安国在《范文正公祠堂记》中的话很有代表性。他说，学校是礼乐教化之门，宋朝百年圣治，学校功劳不可磨灭，而范仲淹首开兴学之门，天下纷纷效仿，所谓"雍泮之水，洗天下之心，后进之君子，先进之野人，参轨结辙，可以论述制作者，与时辈出"。各地百姓为感谢和纪念范仲淹，在他生前或逝后，自发建立范公祠、范公读书堂一百多处。清康熙本《范文正公文集》在附录《遗事》中记载：饶州州学有十八棵古松柏，栽植于范仲淹任饶州知州时，历朝历代的人都称之为范公柏。

迁建学校之外，范仲淹又在饶州城偏北创建了庆朔堂，作为发布政令、承宣风教的场所，并在庆朔堂边的小径两旁，亲手栽了两棵蜀锦海棠。不久，他移守润州，其时海棠花还未开放。后来，范仲淹作《怀庆朔堂》诗："庆朔堂前花自栽，便移官去未曾开。年年忆著成离恨，只托清风管勾来。"范仲淹去世之后，每当海棠花开，当地吏民都来祭奠，后来那两棵海棠枯萎了，重新补种了两棵，人们仍坚持说那是范公亲手所植。南宋王十朋《庆朔堂》诗记此事："昔日栽花者，官移花未开。旧花今岂在，犹说范公栽。"

南宋徐度《却扫编》说，范仲淹《怀庆朔堂》诗，是赠给天庆观道士的。也有人说，范仲淹这首诗，是给一名乐妓写的情诗。南宋吴曾、俞文豹、姚宽，分别在《能改斋漫录》《吹剑录》《西溪丛语》中说了同一个逸闻：范仲淹在饶州创建庆朔堂，时常与当地雅士在堂中饮酒高会，并召乐妓佐酒。乐妓中有一个年纪尚幼、头梳双鬟的女孩，范仲淹颇为动心。离开饶州后，范仲淹寄《怀庆朔堂》一诗给饶州继任知州、同年进士、好友魏介，同时寄去一些胭脂和另一首诗，托魏介转赠给这名小妓。诗是这样写的："江南有美人，别后常相忆。何以慰相思，赠汝好颜色。"魏介于是买下这名乐妓，送给了范仲淹。姚宽还说，范仲淹这首诗的墨迹，当时还在鄱阳士大夫家里。清代学者谢启昆读范仲淹的诗，写诗评道："《履霜》一操写朱丝，满目诗情野望时。管领春风无限意，何妨别后寄胭脂。"也暗指此事。但我仔细检索中华书局所编《范仲淹全集》，并未见到这首诗。是编者有意遗漏？或者此事纯属子虚乌有。

有也好，足以证明以道自任的范仲淹，不是迂夫子、木头人，而是如《世说新语》中谢安评价桓伊之语，也是个"一往有深情者"。爱恋少女，一点儿也不影响他"希世之伟人"（南宋《追封魏国公诔》）的高大形象。读他的婉约词《苏幕遮·怀旧》和《御街行·秋日怀旧》，更可见他心间曲曲折折、明明暗暗的你侬我侬。

无也罢，吴曾等人的风月闲话，为大德君子增颜色，发性情，添人间烟火气，也可稍助里巷谈资。

范仲淹爱饶州，饶州人更敬重范仲淹。

饶州城中有一座山，名五老峰，山中有寺观，名芝山禅院，寺中有一座亭子，名五老亭。范仲淹诗《芝山寺》中有"偶临西阁坐，五老夕阳开"的句子。楼钥《范文正公年谱》说，饶州人踏青来到亭中，称亭子为"范公五老亭"。《年谱》又说，饶州又有九贤堂，自北宋开宝到绍圣百余年间，来饶州做知州的共计六十八人，名列九贤的，只有范仲淹一人。并且，饶州人在颁春堂、天庆观、州学讲堂三处，为范仲淹立祠，"由景祐距此六十载，牲牢日盛，凡祷晴雨及州官之到罢，皆致礼焉"。

在饶州，范仲淹还奏免乌衔茶充贡，在一定程度上纾解了当地因繁重赋税带来的苦难。南宋初年，王十朋在鄱阳建思贤堂，在州学建敬爱堂，立颜范庙，纪念对饶州有大恩大德的颜真卿和范仲淹。其《颜范祠堂记》说："唐颜文忠公、国朝范文正公，时异道同者欤！忠孝之性，仁义之学，文武兼资之才，正色立朝，见危致命，毅然不可夺之大节，特书大书于史，如出一身……宋唐相距三百年，堂堂颜范两巨贤。"范仲淹的余风遗美，泽被后世。

江山乐国，风月诗家。本质上，范仲淹是个儒家学者，也是一个文人。

州中政事打理完毕，范仲淹像在睦州一样，有了游山览水、写诗作文的闲心。《赠叶少卿》："退也天之道，东南事了人。风波抛旧路，花月伴闲身。湖外扁舟远，门中驷马新。心从今日泰，家似昔时贫。"如此诗所言，他六十四年的人生，活得最为清闲、放松的日子，除了后来在邓州，就是谪守睦州那半年，以及在饶州那十九个月。

他与饶州文人雅士、和尚道士频繁交往，纵论天下，谈诗说文，参禅悟道。《赠钟道士》："人间无复动机心，挂了儒冠岁已深。惟有诗家风味在，一坛松月伴秋吟。"《道士程用之为余传神因题》："貌古神疏画本难，因师心妙发毫端。无功可上凌烟阁，留取云山静处看。"《同年魏介之会上作》："心存阙下还忧畏，身在樽前且笑歌。"

范仲俺也经常和他们携手同游当地名胜，包括州境之外的庐山。《游庐山作》："客爱往来何所得，僧言荣辱此间无。从今愈识逍遥旨，一听升沉造化炉。"《瀑布》："晚来云一色，诗句自成图。"《庐山瀑布》："灵源何太高，北斗想可挹。凌日五光直，逗云千仞急。"

远离京师，暌违朝廷，他在饶州过得是自在快活。《郡斋即事》：

> 三出专城鬓似丝，斋中潇洒过禅师。
>
> 近疏歌酒缘多病，不负青山赖有诗。
>
> 半雨黄花秋赏健，一江明月夜归迟。
>
> 世间荣辱何须道，塞上衰翁也自知。

诗中所谓的三出专城，是指自己三次主宰地方，也即睦州、苏州和饶州。

他在饶州潇洒笑歌的谪宦生涯，结束于景祐四年（1037）。因京师和周边发生大地震，当年十二月，仁宗接受直史馆叶清臣的建议，令执政大臣量移两年前因言事被贬谪的范仲淹、欧阳修等，到离京师较近的地方为官。范仲淹徙知东南重镇润州，治所在今天的江苏镇江。

天将降大任于是人。"乐只君子，邦家之基。"（《诗经·小雅·南山有台》）先忧后乐的君子啊，是国家的柱石和根基。

天也将继续苦其心志，劳其筋骨，继续饿其体肤，空乏其身，继续行拂乱其所为。《周易·坤卦》初六爻辞："履霜，坚冰至。"阴气开始凝结，君子小心行走在白霜上，行将迎来坚冰期。

欧阳修（1007—1072），字永叔，号醉翁、六一居士，吉州吉水（今属江西）人。北宋杰出的政治家、文学家，在经学、史学、金石学、目录学等方面皆有建树，开一代文化学术风气，领导了北宋古文运动。二十四岁进士及第，历官西京留守推官、大理评事、监察御史、馆阁校勘、夷陵令、乾德令、武成军节度判官、集贤校理、太常丞、知谏院、同修起居注、右正言、知制诰、知真定府、滁州知州、扬州知州、颍州知州、知应天府兼南京留守司事、翰林学士、史馆修撰、判三班院、侍读学士、礼部侍郎、参知政事等。先后被贬夷陵、滁州。著有《欧阳文忠公集》《新五代史》《新唐书》《集古录》《欧阳氏谱图》等。

欧阳修绝笔，是一首绝句，题目也是《绝句》。古人作诗、填词、写文章，从不苟且，哪怕一只脚踏进了鬼门关，生命只在呼吸之间，何况是一代宗师、士林领袖欧阳修。其诗云：

> 冷雨涨焦陂，人去陂寂寞。
>
> 惟有霜前花，鲜鲜对高阁。

熙宁五年（1072）闰七月二十三日，欧阳修病逝于颍州（今安徽阜阳市颍州区），得年六十六。宋神宗闻之惊愕悲悼，为之辍朝一日；天下士子得知，痛失依附。这个开一代文化学术风气，领导北宋古文运动取得全面胜利，在政事、文学、经学、史学、金石学、目录学等方面均取得不朽成就的杰出人物，生如夏花之绚烂，死如秋叶之静美。逝前，他平静交代四个儿子，请韩琦为自己作墓志铭。

欧阳修一生知己不少，梅尧臣、苏舜钦、石介、尹洙、石延年、苏洵等朋辈，此时多已零落成泥，只剩当年"庆历新政"主持者之一的韩琦。后来有名望的如王安石、苏轼、曾巩，都是门生之辈，让他们写墓志铭不太适宜。

欧阳修敬重韩琦的光明磊落和博大胸怀，在《相州昼锦堂记》中称之为"社稷之臣、邦家之光"。韩琦也钦服欧阳修，嘉祐年间，曾一再向宋仁宗建言重用欧阳修，说欧阳修是当今的韩愈。韩、欧二人都是宰辅重臣，尽管在政治、学术上的意见常常相左，但能求同存异、和而不同，尽心辅佐仁宗、英宗和神宗三代君主，有西周名臣周、召二公风范。

韩琦在《欧阳文忠公墓志铭》中，历数欧阳修生平、道德、文章、气格、进退、荣辱，无一句虚言，也无一字过誉。铭文说："噫公之节，其刚烈烈，弼违斥奸，义不可折。噫公之文，天资不群，光辉古今，左右典坟。直道而行，屡以谗蹶。"又作祭文，说："公之文章，独步当世。公之谏净，务倾大忠。公之功业，其大可记。公之进退，远迈前贤。"

欧阳修去世之后，当时名流多有祭文，中心内容与韩琦所写大同小异。我以为都不如韩琦文章铿锵有力，掷地作金石之声。

如韩琦所言，欧阳修一生屡次遭遇谗言中伤。

北宋历代帝王恪守太祖赵匡胤的制衡之术，既有相权对皇权的牵制，也有台谏对相权的牵制，又有主管文臣的中书省和主管武臣的枢密院这"两府"相互制衡，有政见不同的大臣相互制衡，还允许台谏官风闻言事。制衡术初期的确有利于统治，大臣权力分散，相互掣肘，皇权充分凸显。但也直接导致官僚机构庞大臃肿、政出多门、办事效率低下、吏治腐败、官僚作风严重，以及人浮于事、唯唯诺诺、敷衍推诿的不良习气，还引发了可怕的朋党之争。到了北宋后期，党争日益频繁，日益酷烈，衣冠南渡后仍未停歇，直到宋朝覆亡。

仁宗以后，朋党之祸流毒四海，当时朝中大臣几乎无一不遭谗毁。欧阳修品性端方，直道而行，勇于任事，地位名望又高，但三十岁以前也曾风流纵放，是现成的靶子，受到的诬陷因此最多也最恶毒。

清初王夫之在《宋论》中总结宋代层出不穷的谗言，说大致有四种：谋为叛逆，诅咒诽谤，内行不修，暗通贿赂。欧阳修一生多歧路，屡次经历政治风波：三十岁时因支持范仲淹被贬夷陵，三十九岁时因支持新政被贬滁州，四十八岁时被人伪造"乞澄汰内侍为奸利者"的奏议激怒宦官，差点又被逐出，五十九岁时因议英宗生父濮王封号被斥为奸邪……并且，被诬陷的罪状，大多足以杀身。

对欧阳修最恶毒的诬陷，莫过于诬其"内行不修"，置他于"盗甥案"和"盗媳案"两桩所谓的家庭丑闻之中。事情后来虽然都得以昭雪，粪秽虽除，但遗臭还在，对于以风节自持、致力改变大宋积贫积弱局面的欧阳修来说，接连不断的谗毁让他心渐灰、意渐冷。中年以后，其兼济天下之志淡了，独善其身之心越来越坚定。晚年官运相对亨通，一直做到参知政事（副宰相），却连上奏章请求致仕。其《归田录序》说："而幸蒙人主之知，备位朝廷，与闻国论者，盖八年于兹矣。既不能因时奋身，遇事发愤，有所建明，以为补益；又不能依阿取容，以徇世俗，使怨嫉谤怒，丛于一身，以受侮于群小……吾其归哉，子姑待。"

正士在朝，群邪所忌；谋臣不用，敌国之福。近年读《宋史》，读两宋人物诗文、年谱、传记，于这十六个字感慨良多，常欲狠拍书案，痛浮一大白。

2022 年 2 月 17 日夜，大别山中春雪纷飞，梅香绰约，我拥炉读欧阳修，心间也如飞雪，如雪里梅花，似静似燃。

景祐三年（1036）五月二十一日，欧阳修被贬为峡州夷陵令，由京师乘船而下，于十月二十六日抵达贬所。这是他第一次被贬。这次被贬与范仲淹被贬有关。

此前，吏部员外郎、权知开封府范仲淹不满官吏进用多出宰相吕夷简私门，给仁宗上《百官升迁次序图》，指责吕夷简在朝中任意安插亲信、暗自结党营私，建议近臣进退之权不宜全由宰相掌握，惹怒了吕夷简。不久，范、吕又因论营建西都洛阳的事发生冲突，相互指责，并在仁宗面前论辩。吕夷简弹劾范仲淹"越职言事，离间君臣，引用朋党"，于是范仲淹被贬为饶州知州。其实，范、吕二人成为政敌的根源，在于吕夷简因循守旧，不思振治，而范仲淹则锐意改革，主张刷新。他们都是北宋名臣，政见不同而已。

但左司谏高若讷在聚会中高调非议范仲淹，说他罪有应得。这让时任馆阁校勘的欧阳修义愤填膺，给高若讷写了一封书信，指责他是"君子之贼"，罪在身为谏官面对不平却沉默不语，"不复知人间有羞耻事"。文章议论风发，痛快淋漓，读来有《三国演义》中诸葛亮阵前骂死王朗般快意。高若讷恼羞成怒，将这封信上报朝廷，欧阳修因此被贬夷陵。后来他在夷陵作《金鸡五言十四韵》，有"及祸诚有媒，求友反遭卖"的句子，似暗指此事。

初贬夷陵时，欧阳修刚刚年届而立，但文章早已名满天下，豪气干云，壮志在胸，对贬谪并不在意，反而认为是砥砺、升华自己的良机。临行，他与余靖相互劝勉，在贬所决不作悲戚哀怨的文字，也决不沉湎于幽怨自怜。《与尹师鲁书》："每见前世有名人，当论事时，感激不避诛死，真若知义者。及到贬所，则戚戚怨嗟，有不堪之穷愁形于文字，其心欢戚无异庸人，虽韩文公（韩愈）不免此累。用此戒安道（余靖），慎勿作戚戚之文。"并与尹洙相约，抵达贬所后，都要忠于职守，绝不酗酒放纵，虚度年华。

欧阳修第一次谪放，前后三年，于宝元二年（1039）六月起复旧官。无论在夷陵，还是后来量移光化军乾德令，他都谨遵与两位好友的约定，以戴罪之身安处蛮荒之地，勤于公务，踔厉奋发。其间所作诗词文章，虽然偶尔也会唏嘘"白发新年出，朱颜异域销"
（《初至夷陵答苏子美见寄》），也会感慨"春风疑不到天涯，二月
山城未见花"（《戏答元珍》），但总体而言，没有逐臣常见的自伤
自怜之态。

自京师到夷陵，欧阳修走的是水路，其行程见《于役志》和
《画舫斋记》："走江湖间，自汴绝淮，浮于大江，至于巴峡。"途中
多次遭遇风波险阻，"往往叫号神明以脱须臾之命"。

夷陵濒临长江，位于西陵峡口，湍急江流至此平缓宽阔。这里
是峡州治所，却贫薄荒凉，县城无城墙，街道容不下马车。韵友也
少，与京师无法比，和当年在洛阳任西京留守推官时与诸师友诗酒
唱和更是没法比。县小而偏，公事不多，寂寞无聊中，欧阳修时常
与西邻高士何参饮酒、烤火、炽栗子，听他说荆楚古事和当地的风
土人情。又把阁架上的历年案件文书取来，逐一反复研读，发现其
中枉直乖错之处比比皆是，譬如灭义害亲、以曲为直，譬如徇情枉
法、以无为有。他感叹，边远小县尚且如此，天下事可知也。于是
仰天誓心，从此遇事不敢轻忽。

公务之暇，欧阳修致力于学术思考和研究，重读《易经》《春
秋》《诗经》等，撰写《易或问》《易童子问》《诗解》《春秋论》
《春秋或问》等论著，逐渐形成自己的学术思想。在这一过程中，振
兴文化传统、拯救世道人心的理想和目标，在他心中越来越清晰。

他潜心著史，继续撰写关于五代十国的史书《十国志》，重写宋
初匆忙编修、失实颇多的《五代史》。他在《论史馆日历状》中说：

"史者，国家之典法也。"进而指出，应当用历史"垂劝戒示后世"。对于五代忠义之士，他在著作中不惜笔墨大加推崇。又在与友朋的书简中，呼吁改变文风、振作士气。

欧阳修主张尊经明道。道是大道，是本于人情的自然之道。《答宋咸书》："圣人之言，在人情不远。"《纵囚论》："尧舜三王之治，必本于人情。"倡导文人学者当关心世间百事，不应埋首书斋，做一个百无一用的书呆子。在贬所，每每有文人学子求见，言谈中欧阳修只说吏事，不谈文章，一再申言"文章止于润身，政事可以及物"。

他主张撇开传注，直接师经。传，是解释经典的著作；经，指以"六经"为主的儒家经典。当时的儒家学者诠释经典，都是依据前代经学家的传，也即注疏，拘泥于章句训诂之学，从不敢越雷池一步。而传，往往与经背道而驰，多有谬误，诸家传注又经常相互打架。欧阳修反对泥古，敢于挑战权威，力摒秦汉以来陈腐的学术风气。《春秋或问》："经不待传而通者十七八，因传而惑者十五六……圣人之意，皎然乎经，惟明者见之。"后来，他于这一学术观点更加有所发明，进而系统化。《问进士策》："自秦汉以来，诸儒所述，荒虚怪诞，无所不有。"《读书》："正经首唐虞，伪说起秦汉。"《答祖择之书》："学者当师经，师经必先求其意。意得则心定，心定则道纯。道纯则充于中者实，中充实则发为文章辉光。"又指出，《周易乾凿度》说《易经》有"十翼"，事实上，除《彖传》《象传》是孔子所作，其他都是托名孔子的伪书。这些学术观点在当时可谓惊世骇俗，道前人所未道。欧阳修筚路蓝缕，以启山林，一手开创了宋代新儒学。

倾心经史著作之外，欧阳修和峡州知州朱正基、判官丁宝臣等人，遍游甘泉寺、三游洞、虾蟆碚、黄牛峡等峡州风景名胜，穷奇极怪，搜幽索隐，自放于暖谷寒濑，作《夷陵九咏》《峡州至喜亭记》等一大批诗歌文章。

初到夷陵，欧阳修对此地并无多少好感，认为夷陵山穷水恶、民风刁蛮。《登绛州富公嵩巫亭示同行者》："其后窜荆蛮，始识峡山恶。"《望州坡》："闻说夷陵人为愁，共言迁客不堪游。"日久年深，他深深爱上了当地的雄山秀水，也爱上了当地的质直民风。《送田画秀才宁亲万州序》："溯江湍，入三峡，险怪奇绝，乃可爱也。"多年以后，在名位日隆却饱受谗言交攻之时，他时常怀念起贬谪夷陵的岁月。《班班林间鸠寄内》："荆蛮昔窜逐……山花与野草，我醉子鸣瑟。但知贫贱安，不觉岁月忽。"《寄圣俞》："西陵山水天下佳""县古潇洒如山家"。

欧阳修宽简平易的从政风格，爱民如子的亲民情怀，对民间疾苦的深切体验，迫切改革体制的政治主张，大多起源于夷陵。《答孙正之第二书》："仆知道晚，三十年前尚好文华，嗜酒歌呼，知以为乐而不知其非也。及后少识圣人之道，而悔其往咎。"夷陵是他重获新生的地方。

景祐四年（1037）十二月，京师大地震，周边定襄（今山西定襄）也发生强烈地震，余震持续三天，在信奉天人感应的古人看来，这是上天震怒于人间不平事给予的警告和处罚。直史馆叶清臣趁机上疏，请求宽赦两年前因越职言事被贬黜的范仲淹等人。仁宗采纳了叶清臣的建议，范仲淹移知润州，余靖移监泰州税，欧阳修量移乾德令。

乾德在今湖北襄阳，离京师较近，办公和生活条件远胜夷陵。但来后不久，欧阳修就在给友人的书简中感叹，乾德就像一个精神荒漠，官属都是庸人，没有雅士，也罕有学者，即使有一两个，也不足与之讲论交流。

幸而有书籍和碑帖可以相伴。公务之余，欧阳修完成《五代史》的纪传部分。又四处寻访古碑帖，陆续在境内发现东汉玄儒娄先生碑、魏代刘熹学生冢碑、晋代南乡太守颂碑等古碑，后来收入《集古录》。

量移是一个明确的信号，表明朝廷即将重新起用欧阳修等人。果然，一年半后，欧阳修起复旧官，改任武成军（在今河南滑县）节度判官。再过一年，被召回朝中，复馆阁校勘，仍修《崇文总目》。从康定元年（1040）六月回朝，到庆历五年（1045）"庆历新政"失败，这五年，欧阳修颇受仁宗器重，官位一路晋升，知谏院，同修起居注，以右正言免试知制诰，加龙图阁直学士，成为皇帝身边的侍从官。《宋史·欧阳修传》："修论事切直，人视之如仇，帝独奖其敢言，面赐五品服。顾侍臣曰：如欧阳修者，何处得来？"

在朝期间，欧阳修以韩愈、柳宗元为楷模，继续推进古文运动。

提倡与《尚书》《春秋》一样古朴自然的文风，反对以模拟、古奥、怪僻、铺排、绮丽为能事而实际上言之无物的文章，致力于文体文风的改革，引导文人士大夫多写民生疾苦，不要沉溺于个人的小小情志，更不要好高骛远，故意发奇谈怪论。同时，他反感当时正时兴的大谈人性善恶的性理之学，认为无论是孟子的性善说，荀子的性恶说，还是扬雄的性混说，都是毫无用处的空谈。他高度关注政治和现实，认为文风直接关系到士风的振作和政治的革新。仁宗也两次下诏，责令改革文风。欧阳修的文学和学术声望日隆，包括曾巩、杜默、杨辟在内的学子纷纷上门拜师，欧阳修皆悉心加以点拨指导，以识拔贤才、奖掖后进为己任。此后三十年间，北宋杰出的文学之士，无一不出自欧门。

《周易·履卦》中《象传》说："素履之往，独行愿也。"君子沿大道而行，无论遭受怎样的打击和挫折，也固执地一往无前，不忘儒家经世济民、兼济天下的初心。贬谪夷陵丝毫没有改变欧阳修，他仍然直道而行，耿介敢言，一再碰得头破血流也就势所必然。

庆历三年（1043），面对契丹和西夏长期的侵侮、国内各地农民起义蜂起、吏治腐败、财政困窘、社会危机日益严重、内外交困的局面，仁宗坐卧不安，发愤改革天下弊事，谋求革故鼎新之道。当年十月，仁宗下诏广开言路，命馆阁臣僚上书言事，并责令参知政事范仲淹和枢密副使富弼、韩琦等条陈己见，着手实施改革。北宋著名的"庆历新政"拉开序幕，其核心是整顿吏治，革除官场弊病。欧阳修十分踊跃，先后作《准诏言事上书》《本论》《为君难论》

《朋党论》等雄文，分析宋家积贫积弱、冗兵冗费、内外交困的根源，系统提出自己的治本之策和改革主张，为政治革新运动作舆论铺垫，成为革新派的主要代言人和积极支持者。

但新政触犯了贵族官僚的利益，施行也过于操切，打击面太大，遭到强力阻挠和反对。反对派重新拾起朋党论的匕首攻击改革派，伪造废立仁宗诏书陷害富弼，并且借苏舜钦"进奏院宴会事件"攻击杜衍、范仲淹等人。仁宗改革意志不坚定，又听信谗言，怀疑范仲淹等朋党擅权、阴谋废立，先后罢黜范仲淹、杜衍、富弼、韩琦等改革主将，改任地方官，施行一年半的新政彻底失败。急迫之际，欧阳修不顾个人安危，毅然上《论杜衍范仲淹等罢政事状》，为杜衍等人辩诬，指出他们无可罢之罪。"臣伏见杜衍、韩琦、范仲淹、富弼等，皆是陛下素所委任之臣，一旦相继罢黜，天下之士皆素知其可用之贤，而不闻其可罢之罪。""窃见自古小人谗害忠贤，其说不远。欲广陷良善，则不过指为朋党；欲动摇大臣，则必须诬以专权。"欧阳修的奏状引起反对派的忌恨。恰好此时他的外甥女犯法，反对派借机弹劾，诬陷欧阳修与外甥女张氏（妹夫张龟正与前妻所生）通奸，并图谋侵占张氏家产。

仁宗闻知震怒，令下开封府鞫治。所谓的"盗甥案"，完全是人身污蔑和政治迫害，虽然得以澄清，庆历五年（1045）八月二十一日，欧阳修仍因"财物不明"，削龙图阁直学士，罢河北路都转运按察使，贬知滁州（今安徽滁州）。《宋史》本传："于是邪党益忌修，因其孤甥张氏狱傅致以罪，左迁知制诰、知滁州。"

是年，欧阳修三十九岁。

渡黄河，经汴水，第二次戴罪流徙，来到荒远的滁州，欧阳修没有了初贬夷陵时的平和与奋发，心中充满了愤懑。《自河北贬滁州初入汴河闻雁》：

> 阳城淀里新来雁，趁伴南飞逐越船。
> 野岸柳黄霜正白，五更惊破客愁眠。

当年贬夷陵时，途中他也写过雁。《江行赠雁》：

> 云间征雁水间栖，矰缴方多羽翼微。
> 岁晚江湖同是客，莫辞伴我更南飞。

细品这两首以雁为意象抒发情怀的诗，可知其心态已经大不相同。事实上，在"庆历新政"遇挫即将失败之时，他就有了归隐田园的打算。在给妻子的诗《班班林间鸠寄内》中，他说："安得携子去，耕桑老蓬荜。"滁州之贬，是欧阳修人生的分水岭，此前意气风发，思振邦家，而今心情压抑，锋芒渐敛。

这年十月二十二日，欧阳修抵达贬所。在《滁州谢上表》中，他申辩，这次遭受深文罗织，甚至被陷害与外甥女通奸，根本原因在于自己任谏官时，抨击了权贵。"然臣自蒙睿奖，尝列谏垣，论议多及于贵权，指目不胜于怨怒。"并说："若臣身不黜，则攻者不休，苟令谗巧之愈多，是速倾危于不保。必欲为臣明辩，莫若付于狱官；必欲措臣少安，莫若置之闲处。"其实仁宗何尝不知欧阳修之冤。

在滁州所作诗《憎蚊》中，欧阳修大骂陷害自己的小人是吸血的蚊子："虽微无奈众，惟小难防毒。尝闻高邮间，猛虎死凌辱。"又说："猛攘欲张拳，暗中甚飞镞。"在《啼鸟》诗中，他说："我遭谗口身落此，每闻巧舌宜可憎。"并以屈原自比，"可笑灵均楚泽畔，离骚憔悴愁独醒"。

君子忧道不忧贫，君子谋道不谋食。欧阳修是大君子，到滁州不久，他内心的愤懑渐渐平息，很快进入太守角色。

滁州当时是荒远小州，欧阳修治郡，仍然崇尚宽简，注重实际，遵循人情事理，力求不扰民，更反对聚敛盘剥、残民害民。朱熹在《宋名臣言行录》中说，欧阳修治理地方，无论是在夷陵、乾德、滁州，还是后来在扬州、颍州、南京（商丘）、开封、亳州、青州、蔡州，均"不见治迹，不求声誉，以宽简不扰为意"。百姓安居乐业，祥和自适。有人问欧阳修："为政宽简，而事不弛废，何也？"欧阳修回答："以纵为宽，以略为简，则政事弛废，而民受其弊。吾所谓宽，不为苛急；简者，不为繁碎耳。"他的意思是，宽不是放纵，而是不苛刻峻急，简不是疏忽，而是不烦琐细碎。欧公这番话实是至理名言，适用于齐家、理郡、治国，适用于中外古今。

在滁州，欧阳修仍然坚守"不作戚戚之文"的信条。但他在滁州所作诗文，放浪形骸，任由其天，大多数说到酒和醉。《游琅琊山》："长松得高荫，磐石堪醉眠。"《题滁州醉翁亭》："四十未为老，醉翁偶题篇。醉中遗万物，岂复记吾年。"《谢判官幽谷种花》："我欲四时携酒去，莫教一日不花开。"《丰乐亭游春三首》："鸟歌花舞太守醉，明日酒醒春已归。""行到亭西逢太守，篮舆酩酊插花归。"《醉翁亭记》："太守与客来饮于此，饮少辄醉，而年又最高，故自号曰醉翁也。醉翁之意不在酒，在乎山水之间也。山水之乐，得之心而寓之酒也。"又频繁叹息年华老去，白发染鬓，疾病渐渐缠身。羁臣的心毕竟是矛盾的。

"文章太守，挥毫万字，一饮千钟。"（《朝中措》）酒是好东西，可以让他忘记放逐，忘记苦闷，忘记衰老，忘记生死。山水更是好东西。滁山非丝，滁水非竹，但木石有清音，流水如知己。打理好公事，欧阳修寄情山水，饮酒作诗，借此排遣心中的忧愁烦闷。

介于江淮之间的滁州，属淮南东路。其西郊，有一座关山，也叫清流山。此山南起蚂蚁山，北抵龙亭口，逶迤数十里，在山下仰望，林木苍苍，峭拔浑茫，自成一道天然屏障。南唐初建国时，就在关山中段设置清流关。清流关地势险要，南望长江，北控江淮，晚唐五代时是兵家必争之地，是南北交通的咽喉要道，人称"金陵锁钥"。滁州因之曾经兵连祸结。欧阳修贬谪至此时，经过宋朝立国以来八十余年的休养生息，虽然赋役繁重，但较之于河东、河北诸路，滁州相对安定，就像一个世外桃源。民风也淳厚，如欧阳修《丰乐亭记》所言："舟车商贾、四方宾客之所不至，民生不见外事，而安于畎亩衣食，以乐生送死。"

滁州西南的琅琊山，因琅琊王司马睿渡江建立东晋时曾驻留滁州而得名。其山蔚然深秀，是欧阳修经常流连的地方。山中原有溪流，名庶子泉，系唐代李幼卿开凿。唐代独孤及《琅琊溪述》："陇西李幼卿，字长夫，以右庶子领滁州……常寄傲此山之下。因凿石引泉，酾其流以为溪，溪左右建上下坊，作禅房、琴台以环之，探异好古故也。"庶子泉已废，被不知哪一代的山僧填平建了僧舍，只剩下一口大井，牌坊、禅房、琴台也早已不知踪影。但井边的石头上，唐代大书法家、李白叔父李阳冰篆书《庶子泉铭》仍保存完好，为历代书法家所宗仰。欧阳修在朝中编修《崇文总目》时，曾见过《庶子泉铭》拓本，现在见到真迹，喜出望外，经常徘徊石下。

经山中僧人惠觉指引，在《庶子泉铭》另一侧，欧阳修又发现李阳冰篆书石刻十八个字。其《石篆诗》序："而铭石之侧，又阳冰别篆十余字，尤奇于铭文，世罕传焉。"继而在诗中叹道："寒岩飞流落青苔，旁斫石篆何奇哉！其人已死骨已朽，此字不灭留山隈。"他将这十八个字的拓本，寄给好友梅尧臣和苏舜钦，请他们分别题咏，刻在旁边的山崖上。

琅琊山上有一座祠，供奉着王禹偁的画像。五十多年前，王禹偁曾贬知滁州，治郡宽仁，深得百姓拥戴。其文章简淡古雅，对振作宋初卑弱的文风产生了深远影响。欧阳修引以为同调，自到滁州，多次前往祠中拜谒，以前贤的事迹勉励自己。《书王元之画像侧》："想公风采常如在，顾我文章不足论。名姓已光青史上，壁间容貌任尘昏。"

受苏舜钦在苏州建沧浪亭影响，欧阳修在琅琊山建醉翁亭，开酿泉，常与僚佐、雅士、百姓在亭中饮酒赋诗，并留下千古名篇《醉翁亭记》。此文妙丽古雅，多用虚词"也"字，甫一出世，即传唱四方。宋人朱弁《曲洧旧闻》说："《醉翁亭记》初成，天下莫不传诵，家至户到，当时纸为之贵。"《滁州志》说，《醉翁亭记》刻碑立于亭边，远近争传，山中僧人把拓本作为礼物送人，疲于摹拓，以至库房中用于拓碑的毡子全部用尽，只好把睡觉用的卧毡拿出来。游走各地的商人到了滁州，也纷纷寻求拓本，遇到收税的关卡，把拓本送给监官，可以免税。《醉翁亭记》是欧阳修散文风格成熟的标志性作品。

琅琊山偏东方向，另有一座丰山，耸然特立，幽谷深藏，中有清泉潋然而出。到滁州第二年，欧阳修带领官民开石导泉，名之幽谷泉。他在泉边建丰乐亭，亭边安放着六块唐代传下来的菱溪石。又在亭子不远处辟地建练兵场，操练兵士。《与韩忠献公》："山州穷绝，比乏水泉。昨夏秋之初，偶得一泉于州城之西南、丰山之谷中，水味甘冷。因爱其山势回抱，构小亭于泉侧。又理其傍为教场，时集州兵、弓手，阅其习射，以警饥年之盗。间亦与郡官宴集于其中。"并感谢韩琦惠寄芍药十数种。他让下属将这些芍药连同其他花卉，沿幽谷泉遍地栽植。《幽谷泉》："生长饮泉甘，荫泉栽美木。潺湲无春冬，日夜响山曲。自言今白首，未惯逢朱毂。顾我应可怪，每来听不足。"自此，滁州士绅和百姓又多了一个出游之地。欧阳修与他们仰而望山，俯而听泉，陶醉其中，共享丰年之乐，并作《丰乐亭记》。

《丰乐亭记》这篇文章写宋王朝文治功德，写州民安恬喜乐，连用三十余个"之"字，有深婉不迫之致，烟波回萦之韵，与《醉翁亭记》同为传世名篇。文学史评价欧阳修平易自然、婉转流畅、骈散夹杂、感情充沛、往复百折的散文，有一个专用名词，叫"六一风神"，此后成为宋代散文的整体特征。《醉翁亭记》和《丰乐亭记》，就是"六一风神"的代表作。

中唐韩愈发起的古文运动，主张"辞必己出、务去陈言"，因而用词难免生涩，读起来佶屈聱牙。欧阳修批判地继续韩愈的文学改革精神，崇尚独创，但反对语言古奥艰涩。主张兼收并蓄，提倡散句单行、自由不拘的古文，但并不全盘排斥讲究辞藻、声律和对偶的骈文，认为"偶俪之文，苟合于理，未必为非，故不是此而非彼也"。(《论尹师鲁墓志》)

如前所言，滁州之贬是欧阳修思想上的一个重要转折点，其转变反映在作于滁州的一系列诗文中。除了托迹醉乡，常常写到美酒和酣醉，也经常写到白发、衰老、病痛，年刚四十就自号"醉翁"。但总体上，滁山开阔了羁臣的胸次，滁水涤荡了逐客的抑郁，欧阳修寄性山林，过得很是自在。《游琅琊山》："行歌招野叟，共步青林间。"《画眉鸟》："始知锁向金笼听，不及林间自在啼。"

贬谪之人，心绪忽阴忽晴，忽暗忽明。他不怕贬谪，但是怕衰老。世间有谁不怕衰老呢？比死亡更可畏惧的，是眼见得青丝染霜白，肌体日憔悴，万丈雄心销作归隐遁世之念。

滁州山好水美，同僚多雅士韵人，欧阳修在这里度过了两年半的贬黜时光，幽静的山居生活让他的心境十分闲适，有乐不思归的意思。他在给梅尧臣的书简中说："某居此久，日渐有趣。郡斋静如僧舍，读书倦即饮射，酒味甲于淮南，而州僚亦雅。""愈久愈乐，不独为学之外有山水琴酒之适而已。小邦为政期年，粗若有成，固知古人不忽小官，有以也。"这种平和安恬的心态，特别适合写诗作文。

在滁州，欧阳修的创作进入黄金时期。诗歌师法李白、韩愈、孟郊，渐成自家面目。诗歌理论上也有很大建树，主要体现在《梅圣俞诗集序》中。在这篇为亡故知己遗编所写的序中，欧阳修说，世上流传下来的诗作，"多出于古穷人之辞"。进而阐述，"凡士之蕴其所有而不得施于世者，多喜自放于山巅水涯之外，见虫鱼草木风云鸟兽之状类，往往探其奇怪。内有忧思感愤之郁积，其兴于怨刺，以道羁臣寡妇之所叹，而写人情之难言"。并提出"诗穷而后工"的著名论断："盖愈穷则愈工。然则非诗之能穷人，殆穷者而后工也。"

虽然偏居一隅，欧阳修的文学地位还是越来越高，感召力越来越强，众多崇拜者如曾巩、徐无党、徐无逸等不远千里万里，跋山涉水来滁州拜望他。曾巩还带来同乡好友王安石的诗文，请欧阳修予以点拨。欧阳修对王安石的作品非常赞赏，抄写数遍，时常吟哦，将其中一些篇章选入他所编的《文林》。同时也指出了一些问题，托曾巩给王安石带话：作诗文要开阔思路，不要生造词语、求新求怪，并说很想见一见王安石，问他能否来一趟滁州。

前辈风操，遗响千古。

2021 年初春和仲春，我两次到滁州，也两次访问琅琊山和醉翁亭，追寻先贤的踪迹。拜于欧阳修、王禹偁塑像前，先哲的言行历历在目，也叮咛在耳。如欧阳修《庶子泉》诗所言："古人不见心可见，一片清光长皎然。"

回来后，我在《酒国春长》这篇文章中写道：在琅琊山，与滁州作家张道明兄徘徊于山间，流连于亭中，辨古碑，诵古文，观欧公当年手植之梅苍且虬，品苏子手迹丰肥如黑熊当道，听酿泉之水泻如丝竹。琅琊山清萧野旷，醉翁亭沧桑静寂，当时繁花千娇百媚，纷纷开且落，玉兰朵朵盛放，如大群白雀占枝头。步踏芳尘，肘腋生风，衣衫扬扬兮，心间是颇以古人自许的。

空自许耳。

《周易·履卦》九二爻辞："履道坦坦，幽人贞吉。"君子小心行走在大道上，幽静安恬，守持正固可获吉祥。《象传》解释说："幽人贞吉，中不自乱也。"君子面对逆境，心中坦荡，履险如夷，始终不乱方寸。终有一日会云开雾散，崭新的太阳照耀天下。

庆历八年（1048）闰正月，朝廷再次起用欧阳修，转起居舍人，依旧知制诰，徙扬州知州。第二年改知颍州，旋即又改知应天府兼南京（今河南商丘）留守司事。至和元年（1054）六月，四十八岁的欧阳修为母亲服丧期满，到京师觐见，此时他已须发全白。十年不见，仁宗几乎认不出他来，十分伤感怜惜。他将欧阳修留在朝中，任流内铨判官。流内铨是吏部下设机构，为"抡才之府"，专事选拔人才。自此一直到治平四年（1067）出知亳州（今安徽亳州），欧阳修在朝中任职十四年，官位屡次擢升，五十四岁除枢密副使，五十五岁拜参知政事。

《宋史》本传："修平生与人尽言无所隐。及执政，士大夫有所干请，辄面谕其可否，虽台谏官论事，亦必以是非诘之，以是怨诽益众。"身为朝廷大臣，欧阳修位高权重，襄理朝政，直言规谏，尽忠辅佐仁宗和英宗。特别是在朝廷易代之际，与韩琦等人一起，一次次化解了危机，使政权平稳过渡。但他的仕途从来不顺，心更是越来越孤寂。宋室积重难返，他有深深的无力感。青年时代兼济天下的政治理想，与王朝无法改变的贫弱现实相差十万八千里。无论他如何努力，也无法消除沉疴，痼疾反而一天比一天更加严重。《宋史》本传也说，欧阳修位登宰辅，也不能实现其理想抱负，"可为世道惜也哉"。

倒是在他视为人生第二等事业的文学上，取得了突出成就。

幼年时，父亲欧阳观在泰州军事判官任上去世，之后母亲携他和妹妹去往随州，依附叔父欧阳晔生活。他经常到随州发小李公佐家读书。某天，他在李家一个破竹筐里，得到一本只剩六卷且脱落无序的《昌黎先生文集》，蒙稚之年即迷上韩愈古朴自然的文章，模仿其口吻写诗作文。欧阳晔见了，说此子必将光大欧阳氏门庭。欧阳修之子欧阳发等所撰《先公事迹》云："所作诗赋文字，下笔已如成人。"《宋史》本传："修游随，得唐韩愈遗稿于废书篓中，读而心慕焉。苦志探赜，至忘寝食，必欲并辔绝驰而追与之并。"那个时候，包括欧阳修在内，所有人都不会想到，日后他将继承韩愈，成为北宋古文运动的领军人物。

后来在西京洛阳，欧阳修又受尹洙、谢绛等影响，厌弃当时流行的"西昆体"，学习韩愈作古文，又与梅尧臣歌诗唱和，遂以文章名冠天下。此后，在文学上，欧阳修以革除晚唐五代萎靡、绮丽的文风为己任，隔空接过中唐韩愈、柳宗元举起的古文运动大旗，力倡文体革新。

此前，古文运动已经取得一些成效，但影响面还不够大。现在，他除了运用自己在文坛上的影响力，还用行政的力量特别是主持贡举之权来推动古文运动，继"西昆体"之后出现的以险、怪、奇、涩为特征的"太学体"被摒弃，宋代古文运动进入正轨，并取得彻底胜利。平淡典要的文风占领文坛，成为当时考量作品的标准。

在朝中任重臣，欧阳修倾力提携后进。当时，无论政界、思想界还是文学界的精英，如苏洵、苏轼、苏辙、曾巩、程颐、张载、朱光庭、吕惠卿、曾布、王韶、吕大钧、吴孝宗等，都是他发现的人才。这些人深刻影响着北宋后期的政治、思想、文化、学术和文学。他刚直耿介的高尚气节更是天下士子的典范。"欧阳文忠喜士，为天下第一。"而苏轼在《六一居士集叙》中的评价最有代表性："欧阳子论大道似韩愈，论事似陆贽，记事似司马迁，诗赋似李白。此非余言也，天下之言也。"又说："自欧阳子出，天下争自濯磨，以通经学古为高，以救时行道为贤，以犯颜纳谏为忠。长育成就，至嘉祐末，号称多士，欧阳子之功为多。"文风和士风焕然一新，欧阳修成为名副其实的道德楷模、文章宗师、文坛盟主。

仕路风波恶，宦海陷阱深。尽管这些年总体平顺，但他实在太累了，年岁渐高，身体状况越来越差，眼病加剧，又添风眩、关节炎、喘疾、消渴症（糖尿病），可谓衰病交攻，心力疲惫。他在《秋声赋》中说："人为动物，惟物之灵，百忧感其心，万事劳其形，有动于中，必摇其精。"在给皇帝的奏章中，他恳切地说："念报效之未伸，敢不竭忠而尽瘁。因风波之可畏，则思远去以深藏。"求退之心一年比一年迫切，但是仁宗和英宗都不允许，又逢朝廷多事，他只能隐忍待时。

早在皇祐元年（1049）知颍州时，因为酷爱颍州西湖的芳草长堤、兰桡画舸、垂柳波光、水渚沙禽，又和在当地做官或居住的吕公著、王回、刘敞等一批风雅人士有缘，欧阳修就有了终焉此地的想法，认为颍州是真乐土。当年，他在颍州创办西湖书院，建造聚星堂，供文人墨客聚会。嘉祐后期，他作了大量思念颍州的诗词，汇编为《思颍诗集》。其《西湖戏作示同游者》："都将二十四桥月，换得西湖十顷秋。"他曾和梅尧臣相约，一起在颍州买田置屋。又曾与韩绛、吴奎、王珪等人约定，各自到了五十八岁时就致仕，韩绛还把这话写在翰林院的柱子上。但后来历仕三朝，在中书省和枢密院担任要职，蒙三代君主宠信，直至六十五岁，欧阳修才实现乞身归老。

欧阳修外放亳州，是为抽身庙堂，为致仕做准备。外放固然是他的心愿，他尚未达成即又卷入北宋著名的"濮议之争"，并且又一次陷入桃色风波。《感事四首》云："风波卒然起，祸患藏不测。"治平四年（1067）二月，他和韩琦因议英宗生父濮王封号，引起政敌的不满。台谏官吕诲弹劾宰相韩琦朋党专权、谄媚邀宠，又弹劾参知政事欧阳修"首开邪议，妄引经据，以枉道悦人主，以近利负先帝，欲累濮王以不正之号，将陷陛下于过举之讥"。欧阳修一手提拔的御史蒋之奇，为撇清与他的关系，串通御史中丞彭思永，凭空诬陷他"帷薄不修"，与大儿媳通奸，并请求朝廷将他处以极刑，暴尸示众。这一年，欧阳修六十一岁。

如此恶毒不堪的诽谤再次上演，于常人已是奇耻大辱，何况于国之重器、人中楷模的欧阳修。他闭门不出，连上数道表章，恳请彻查。由此可见台谏官风闻言事的可怕，好比明代的东、西二厂和清代的尚虞备用处。

事件查清后，证明子虚乌有，蒋之奇、彭思永被放黜。英宗多次派内侍上门劝慰欧阳修，并赐手诏，请他回朝履职。但欧阳修已彻底失望，去意坚决，连上三表三札，力辞参知政事，于当年三月出知亳州。

山鸟久在樊笼里，这回复得返自然。

《宋史》本传说欧阳修"放逐流离，至于再三，志自若也"。说欧阳修前后三次被贬谪。但严格说来，出知亳州与贬夷陵、谪滁州不同，这次是外任。亳州是上邦名郡，何况他还带着观文殿学士、刑部尚书的职衔。

北宋做官的大文人，大多数一生不顺，处在逆境之中。欧阳修除了年轻时在洛阳过了三年快活无忧的好日子，其他时候都处在风雨飘摇之中。不过，相对于置身旋涡、槛井一样的朝廷，做地方官毕竟还是要自在得多。年过花甲，他对世事人生的看法，也改变了许多，最显明的例子，是他对佛、道二教的态度和年轻时迥然相异。

由于帝王大加推崇，宋代佛、道二教盛行，与儒教三足鼎立。欧阳修一直反感佛、道，大加排斥，这种态度频繁见于诗文。三十六岁所作《本论》："佛之说，熟于人耳、入乎其心久矣，至于礼义之事，则未尝见闻。"三十七岁所作《读张李二生文赠石先生》："千年佛老贼中国，祸福依凭群党恶。"四十五岁所作《庐山高赠同年刘中允归南康》："仙翁释子亦往往而逢兮，吾尝恶其学幻而言呢。"呢，意思是语言杂乱。南宋罗大经在《鹤林玉露》中讥讽他"不曾深看佛书，故但能攻其皮毛"。当年欧阳修对佛学的理解，的确十分肤浅。

虽然激烈反感佛、道二教，但从年轻时起，欧阳修一直有佛道两教谈吐清雅、能诗擅艺的朋友。他认为这些人虽然学的是佛道，却通儒术，是山林遗贤。因而常常苦口婆心地劝他们还俗，一起经世济民，但没有一个和尚或道士听从他的感化。他也为佛、道写过不少诗文，如《赠无为军李道士二首》《送昙颖归庐山》《湘潭县修药师佛殿记》《释秘演诗集序》。还曾删定道教经典《黄庭经》，并为之作序。其态度的转变，由这篇序言可见端倪：虽然否论"有仙"，但承认"有道"。

到了晚年，特别是胞妹的去世，让他改变了对佛、道的看法。认识到这二教之长，在于探究生命的起源，关注人本身的存亡，能消解人世痛苦，安顿身心。在面临生死福祸这些重大命题时，学佛、道者，更能以从容、超越的心态去面对。而力倡积极入世的儒学，以修齐治平、经世致用为指归，却不能解决生死无常之惑。

在亳州，他主动和僧人、道士接触，还专门邀请巡游到此的嵩山道士许昌龄到州衙叙谈。据说，这个当时有活神仙之誉的道士，鹤发童颜，飘然出尘，令欧阳修大为倾倒。连续多日，欧阳修听他谈玄论道，对成仙之术心驰神往。但许昌龄说欧阳修根本已坏，修仙已晚。

即将致仕时，欧阳修自号六一居士，以道人自居，并作《六一居士传》。所谓六一，就是六个一：家藏旧书一万卷，三代以来金石遗文一千卷，另有琴一张，棋一局，酒一壶，加上老翁一人——欧阳修自己。他在自传中自陈："六一居士初谪滁山，自号醉翁。既老而衰且病，将退休于颍水之上，则又更号六一居士。"排斥佛、道的健将，这时主动附和了三教合一的社会思潮。

在亳州期间，欧阳修有意挑选文坛接班人。他的第一人选是得意门生曾巩，不过曾巩三十七岁才成进士，资望不够，在士大夫中影响有限。后来看中王安石，但王安石志在经济天下，不在文章。第三个人选是苏轼。

初识苏轼，欧阳修就预言："三十年后，世上人更不道著我也！"

他又在给梅尧臣的书简中说："读轼书，不觉汗出。快哉，快哉！老夫当避路，放他出一头地也！可喜，可喜！"欣喜若狂之情，流溢于言谈书信之间。如今十几年过去，苏轼官阶日高，朝野均认为他有宰相之望，在诗、词、文章、书画创作上更是取得了巨大成就，在文坛上的地位已经和自己不相上下。

他推荐苏轼参加由皇帝亲自主持、为选拔非常人才特设的制科考试。制科出身，比进士及第更为荣耀。苏轼不负所望，应贤良方正能直言极谏科，荣膺榜首。欧阳修得知，在《试笔》中欣喜写道："自学者变格为文，迨今三十年，始得斯人，不惟迟久而后获，实恐此后未有能继者尔。自古异人间出，前后参差不相待。余老矣，乃及见之，岂不为幸哉！"趁苏轼、苏辙来亳州探望自己的机会，他将统领文坛的大任，郑重托付给了苏轼。

在亳州，欧阳修多次上表请求退休，神宗还是不允。一年多后，改知青州。在青州第二年，也即熙宁二年（1069）二月，王安石除右谏议大夫、参知政事，设立制置三司条例司，开始变法。欧阳修并不反对变法，相反，他是当年"庆历新政"的积极支持者和代言人，深知国家制度的弊端，深知积贫积弱、冗兵冗费的根源，更深知不变法不能改变现状。所以熙宁变法之初，欧阳修没有发表任何意见。但青苗法颁布后，百姓深受其害，流离失所，于是欧阳修连上两道札子提出强烈批评和中肯建议，并在未得到朝廷同意的情况下，做主在青州停止发放青苗钱。这引起神宗和王安石的强烈不满，朝廷随即下了一道诏令，对他予以切责。

神宗很看重欧阳修，此前有意让他出任宰相，但因欧阳修与王安石政见不同，遭到王安石的激烈反对。道不同，不相为谋。经此事件，欧阳修请求改知与颍州毗邻的小郡蔡州（今河南汝南县）。不久累章请退，以观文殿学士、太子少师致仕，隐居颍州。

致仕后，欧阳修一袭道袍，悠游于颍水之湄，诗酒琴书自适，以终天年。幽人贞吉，可惜他只做了一年逍遥自在的幽人，就与世长辞了。

素履之往，文与道俱。欧阳修并不修长的一生，著述宏富，仅流传下来的：文学方面，有八百五十多首诗，二百四十多首词，五百多篇散文；史学方面，有《新五代史》《新唐书》；经学方面，有《易童子问》《春秋论》《诗解》；金石学方面，有《集古录》；目录学方面，参修《崇文总目》；谱牒学方面，有《欧阳氏谱图》。此外，还有其他杂著数十万言。

他一人，就是一个文章华国。

苏舜钦（1008—1049），字子美，河南开封人，参知政事苏易简之孙。二十七岁进士及第，历官太庙斋郎、荥阳县尉、光禄寺主簿、蒙城令、长垣令、大理评事、监在京店宅务、集贤校理、监进奏院、湖州长史等。因"进奏院事件"被以"监主自盗"定罪，减死一等论处，并除名勒停，后隐居并病逝于苏州。著有《苏学士文集》等。

苏州沧浪亭内，有五百名贤祠。祠中供奉着与苏州有渊源的历代先贤平雕石像，共计五百九十四尊。这些石像的绘制和雕刻，出自清代名家之手。刀法流丽精工，人物容貌、冠裳、情态、神骨、刚柔、气格皆有所本，非凡庸之作可比。沧浪亭的创建者、北宋大才子苏舜钦自然位列其中，状貌高古，神情端悫。像赞云："倜傥高才，黜非其罪。沧浪一曲，风流长在。"

寥寥十六字，曲尽苏舜钦一生，堪比欧阳修的《祭苏子美文》。观其像，诵其诗，思其人，想望其风概，隔着将近一千年的漫漶光阴，苏舜钦的神采气度宛在眼前。于是想起他以《汉书》下酒的典故。

这个典故版本甚多，源头是南宋龚明之所著《中吴纪闻》：苏舜钦豪放不羁，好饮酒，且无节制。有一段时间他住在岳父杜衍家中，每天晚上携一斗酒，独自在书房中读书到深夜。杜衍怀疑女婿狂喝滥饮，不爱惜身体，于是派人秘密察看。那人从门缝里窥探，见苏舜钦正襟危坐，一字一句诵读《汉书·张良传》。当读到张良和力士在博浪沙狙击秦始皇帝，误中副车，苏舜钦抚案大叫道："惜乎，击之不中！"于是满饮一大杯。过了不长时间，又读到汉高祖大封功臣，让张良自己选择齐地三万户为封地，张良对刘邦说："始臣起下邳，与上会留，此天以臣授陛下。"苏舜钦又抚案道："君臣相遇，其难如此！"再满饮一大杯。那人回来报告，绘声绘色描述一番，杜衍哈哈大笑道："有如此下酒物，一斗诚不为多也。"杜衍从女婿身上看到了年轻时的自己。

一斗为十升，一升酒三分之二公斤，依此计数，苏舜钦一晚上喝掉的酒将近七公斤。即使是度数不高的糯米酒，也是海量。

酒是天之美禄，也是穿肠毒药。苏舜钦人生的分野，是进奏院事件——一场平平常常的同僚酒会。他的传世诗文，多以酒为引子，有酒的造就之功。被除名废黜，浪迹江湖，以至英年早逝，也是因为酒。

成也酒，败也酒，"三酉君"的千秋功罪，很难以百分比来清晰划分。

北宋庆历四年（1044），由宋仁宗一手主导，范仲淹、韩琦、富弼等执政大臣全力实施，欧阳修、苏舜钦等呼应，杜衍支持的"庆历新政"，到了关键之年。汴京黑云压城，山雨欲来，改革派和保守派之间的政治斗争已经白热化，一丁点小事都有可能无限发酵、放大，左右改革的进程，甚至影响政局的稳定。中间派如宰相晏殊，则逍遥无事，坐山观虎斗。

这年秋天，集贤院校理、监进奏院苏舜钦和右班殿直刘巽，依照惯例，摆上丰盛的荤素供品，祭祀仓颉，所谓"赛神"。当时，京师各衙门到了这个时候，都按传统习惯设祭酬神，连禁苑之内也不例外，只是所祭祀的神各有不同。礼部祭春神句芒，工部祭工匠之神鲁班，三司使祭财神陶朱公，大致如此。北宋叶梦得《石林燕语》说，平素各衙门在正门内的显眼位置，设有一个木制神龛，供奉着分司本衙门之神的塑像，名曰"不动尊佛"。进奏院掌管朝廷和地方的上下公文传递，事务与文字相关，所以祭祀的是汉字创始之神、史皇氏仓颉。

祭祀仪式完成后，隔一天，各衙门长官重开筵席，犒劳属下官吏和杂役，如同今日的年会。席上吃的酒菜，大多是祭神后撤下来的供品，不足的部分由衙门贴补。各衙门其时都有一小块自留地，收入不入账，并且是奏明皇帝经过允许的。

进奏院是清水衙门，他们的自留地说起来很可怜，只有拆解文书剩下的废纸，类似今天的信封和快递包装盒。这些物品无论如何也卖不了几个钱，一年积累下来，也就四五十缗（一缗为一千文，一两银子），不够贴补。苏舜钦于是和刘巽各出十缗助局。

这次进奏院的筵席，除了宴请本院同僚，还请来王洙、江休复、王益柔、刁约、陆经等馆阁名流。这些青年才俊也是新政的忠实拥趸。到了半夜，属吏和优伶纷纷散去，苏舜钦等人喝到兴头上，派人召军妓前来助兴。唐宋时代，官宴召妓侑酒是常例。在座的都是文士，有酒当然就有诗。集贤校理王益柔逸兴遄飞，作了一首《傲歌》。诗中说："座中豪饮谁最多，惟有益柔如酒徒。"又说："醉卧北极遣帝扶，周公孔子驱为奴。"诗家醉语，当不得真的，就像杜甫《饮中八仙歌》说李白"天子呼来不上船，自称臣是酒中仙"。唐宋两代的皇帝，也多是文人心性，见到"遣帝扶""不上船"这样的字眼，非但不会降罪，还极有可能龙颜大悦。概言之，苏舜钦和刘巽张罗的这次酒会稀松平常。与会者都不曾想到，一场寻常官宴，会被别有用心的人利用，给他们带来大麻烦，并且直接影响到新政的推行。

宴会之后没几天，一个流言迅速传遍京师，核心内容是：进奏院在赛神之日，用公使钱会宾客、召妓乐、侮辱圣人。所谓公使钱就是公款，指卖废纸的钱；侮辱圣人指的是王益柔诗句"周公孔子驱为奴"，视周公和孔子这两个大圣人为奴仆。

流言的传播者，是太子中书舍人李定。这个李定，与元丰二年（1079）弹劾苏轼的御史中丞李定是两个人。这个李定是晏殊的外甥，有文名，听说进奏院赛神，将宴请馆阁才俊，心里发痒，也想参加，还托苏舜钦的好友梅尧臣代为致意。但苏舜钦看不上李定，认为他是靠裙带关系而不是通过科举正途入仕的，因而断然拒绝。李定恼羞成怒，于是大造流言。北宋魏泰《东轩笔录》："洪州人、太子中舍李定，愿预醵厕会，而舜钦不纳。定衔之，遂腾谤于都下。"醵，意思是凑钱喝酒。

李定的本意，原只为泄一己私愤，败坏苏舜钦、王益柔等人的名声。但保守派的御史中丞王拱辰听到流言后，以为奇货可居，立即授意监察御史刘元瑜、谏官鱼周询等人，连上多道奏疏，弹劾召集和参与进奏院宴会的十余名馆阁官员，罪名是盗用公使钱召妓宴饮，又作诗蔑侮圣人、谤讪朝廷。

王拱辰此举，犹如项庄舞剑，意不在苏舜钦等人，而在宰相兼枢密使杜衍（晏殊此前已经罢相）和参知政事范仲淹。欧阳修后来在《苏氏文集序》中也说过：苏舜钦"其才虽高，而人亦不甚嫉忌，其击而去之者，意不在子美也"。杜衍是苏舜钦的岳父，范仲淹则是苏舜钦的恩师，苏舜钦任集贤校理、监进奏院，是范仲淹所举荐。而杜衍、范仲淹是"庆历新政"的中坚，苏舜钦拥护新政，和杜、范同一战线，扳倒苏舜钦，就能动摇杜、范，进而有效打击其他改革派，阻止新政的实施。进奏院事件后来的进展证明，王拱辰和同党夏竦、贾昌朝等保守派利用一场宴会，顺利达到了击败政敌的目的，阴谋得逞。范仲淹被迫离开朝廷，出知邠州，兼陕西四路缘边安抚使，不久辞去参知政事和安抚使，知邓州。杜衍罢为尚书左丞，知兖州。

保守派又通过其他各种卑鄙手段，迫使富弼、韩琦、欧阳修外放地方。枢密副使富弼罢为京东西路安抚使，知郓州；枢密副使韩琦罢为扬州知州。河北都转运按察使欧阳修罢为滁州知州。一时间，庆历名臣从朝堂中被驱逐殆尽，"庆历新政"宣告彻底失败。

进奏院事件亦称奏邸之狱，《宋史》和苏舜钦书启，以及当时私家著述多有记载。《宋史·苏舜钦传》："范仲淹荐其才，召试，为集贤校理，监进奏院。舜钦娶宰相杜衍女，衍时与仲淹、富弼在政府，多引用一时闻人，欲更张庶事。御史中丞王拱辰等不便其所为。会进奏院祠神，舜钦与右班殿直刘巽辄用鬻故纸公钱召妓乐，间夕会宾客。拱辰廉得之，讽其属鱼周询等劾奏，因欲摇动衍。事下开封府劾治，于是舜钦与巽俱坐自盗除名，同时会者皆知名士，因缘得罪逐出四方者十余人。世以为过薄，而拱辰等方自喜曰：吾一举网尽矣。"

《宋史》本传只说了进奏院事件的纲概，苏舜钦在给文彦博的《上集贤文相书》，给杜衍的《上执政启》，给韩维的《答韩持国书》，给欧阳修的《与欧阳公书》等书启中，说得要详细很多。据苏舜钦说，进奏院事件发生之前，王拱辰与杜衍、范仲淹对是否改革朝政持相左意见，互相攻击和倾轧，王拱辰曾率御史多次联名上表弹劾杜衍和范仲淹。仁宗其时正重用杜、范推行新政，不为蛊惑，屡次压下奏疏，王拱辰等十分羞愤，伺机报复，为奏邸之狱埋下祸根。另外，有几名御史和馆阁士大夫此前在苏舜钦家中饮酒，酒局中双方相互调笑戏谑，馆阁士大夫嘲笑御史才能平庸不堪职任，御史因此怀恨在心，也为奏邸之狱埋下伏笔。借着李定散布的流言，王拱辰率领御史和谏官，连篇累牍上疏弹劾苏舜钦等人。仁宗盛怒，命开封府审问定罪。开封府见宰相杜衍、参知政事范仲淹老实软弱，好欺负，于是绕过中书省和枢密院，将参与宴饮者全部逮捕入狱，严刑拷打军妓，百般罗织罪名，兴起大狱，欲致苏舜钦等人于死地。这段噩梦般的经历，苏舜钦后来在诗文中屡屡提及。《夏热昼寝感咏》有句："捽首下牢狱，殗殜如孤豚。法吏使除籍，其过只一飧。宾朋四散逐，投窜向僻藩。九虎口牙恶，便欲膏其蹯。上赖天子明，不使钳且髡。"《与欧阳公书》："深致其文，枷掠妓人，无所不至。"《上执政启》："捽首就吏，虽具狱而无他。刺骨定刑，终削籍而见弃。"也就是说，在狱中，苏舜钦和馆阁同僚被肆意凌辱，折磨得够呛。宋朝建国以来，以文治国，从未有台谏官集体弹劾馆阁士大夫的先例，王拱辰开了个坏头。

在狱中，苏舜钦写了一首《诏狱中怀蓝田高先生》：

> 自嗟疏野性，不晓世涂艰。
>
> 仰首羡飞鸟，冥心思故山。
>
> 刚来投密网，谁复为颦颜。
>
> 寄语高安素，今思日往还。

苏舜钦的父亲苏耆曾任陕西转运使，在中进士即将赴任蒙城县令之前，苏舜钦曾到长安看望父母。到蒙城不到两个月，父亲突然去世，苏舜钦和兄长苏舜元到长安为父守制二十七个月。两次长安之行，他遍游当地山水古迹，并与高安素等人结下情谊。如今身在囹圄，他特别怀念那里的山水和故人。所谓"今思日往还"，言下之意，就是归隐长安。

十一月七日，朝廷宣布判决结果，苏舜钦和刘巽以"监主自盗"（盗窃自己经管的公家财物）定罪，减死一等论处，并除名勒停，也就是开除官籍，贬为庶民。其他参与燕集的王洙、刁约、江休复、王益柔、周延隽、周延让、章岷、吕溱、宋敏求、徐绶、陆经等，也都被贬黜地方做小官。宋朝历代帝王遵从太祖遗训，礼遇士大夫，自宋真宗大中祥符以来，国家治理更用宽典。所以，这次对苏舜钦等人的惩罚是相当严厉的。据苏舜钦《与欧阳公书》所述，开封府最初对他的处罚是降两级，罚铜二十斤，尚属轻惩。但过了六天，开封府又派人取走他的出身文字，也就是授官诰命。由此可以推断，开封府起初的判决较轻，但后来被人施压，更改了判决。施压者，应当就是夏竦、贾昌朝和王拱辰等人。

平地起波澜，小题目做成了大文章，王拱辰和台谏官们沾沾自喜，庆贺将支持新政的馆阁名士一网打尽。而梅尧臣则痛惜同类被逐，作《杂兴》诗："主人有十客，共食一鼎珍。一客不得食，覆鼎伤众宾。虽云九客沮，未足一客嗔。古有弑君者，羊羹为不均。莫以天下士，而比首阳人。"诗中的"鼎"，与"定"谐音，暗指李定。

细细审读关于进奏院事件的相关史料，可知进奏院事件貌似简单，实则有十分复杂的成因和背景。其时，因推行新政，群臣分为两派相互攻讦不休，朝堂之上乌烟瘴气。京师谣言四起，甚至有人伪造废立仁宗的诏书来陷害富弼。仁宗虽然不信，但疑心渐重，怀疑杜衍、范仲淹、韩琦、富弼、欧阳修这些改革干将私结朋党。新政损害了权贵的既得利益，遭遇重重阻力。新政推行不久，仁宗就有了中止改革之意。加上这个时候，宋朝与契丹、西夏的关系日渐缓和，契丹派遣使者前来修好，与西夏的战争也已停息，仁宗认为天下已经太平，无须继续大费周章改革朝政。他正好借助进奏院事件，将改革派逐出庙堂。轰轰烈烈的新政，推行不到一年半时间就彻底偃旗息鼓，典型的虎头蛇尾，就像一场闹剧。

苏舜钦是"庆历新政"坚定的支持者，这是世人皆知的事。但我以为，他更是一往无前的殉道者，是新政无辜的牺牲品。正如五百名贤祠中苏舜钦雕像赞语所言，"黜非其罪"。依据当时法令，他无罪，至少罪不至此。读《宋史》庆历一段，常有坐过山车之感，忽上忽下忽起忽落，又如在山林雾霭中穿行，错综复杂扑朔迷离。在这场残酷的政治斗争中，苏舜钦被保守派当作一把利剑，反插进改革派内部，并一剑封喉。

庆历五年（1045）春，被废为庶民的苏舜钦，带着妻子杜氏，三个儿子苏泌、苏液、苏激和两个女儿，狼狈出京，乘船沿大运河南下，于四月抵达苏州，从此在那里定居。朝廷并没有旨意将他逐出京师，他去苏州是情势所迫。一来，被废为民，无颜见人。二来，诸多馆阁同僚受自己牵连，内心羞愧。三来，朝廷中两派之争正如火如荼，自己如果继续留在京师，言行稍有不慎，极有可能惹来更大的祸事。所以他决定自我放逐，远离是非之地。达则兼济，穷则独善。这是孟子之训，也是正直士大夫遵循的行为准则。《离京后作》：

> 春风奈别何，一棹逐惊波。
> 去国丹心折，流年白发多。
> 脱身离网罟，含笑入烟萝。
> 穷达皆常事，难忘对酒歌。

他貌似旷达，实则凄恻。古往今来，无数官员在言谈和诗文中，反复申言肥遁之志、烟霞之思，但真正弃官做隐士的少之又少。苏舜钦隐居苏州，也是无奈之举。

离开伤心之地这一年，苏舜钦三十八岁，正值壮年。满腹锦绣才华，文名与欧阳修不相上下，又是前参知政事苏易简的孙子，前宰相王旦的外孙，当朝宰相杜衍的女婿，出身显贵，原本前程灿烂不可限量。但因为一场大酒，大才子折戟沉沙。

苏州好，烟萝旧曾相识。

苏舜钦退隐林下，并没有选择长安，而是选择了苏州。这不是偶然。四年前，他为母亲和弟弟奔丧，曾经到过苏州。《过苏州》："绿杨白鹭俱自得，近水远山皆有情。万物盛衰天意在，一身羁苦俗人轻。"从前为了前程和家事四处奔走，无缘逗留，这回脱离尘网，终于可以在苏州长住了。

除了迷恋苏州风物，苏舜钦定居苏州，可能还有另外一个原因：苏州以苏为名，苏舜钦姓苏。这并非是我毫无依据的臆测。追溯苏姓的来源，原本是姬姓，系颛顼高阳氏后裔。商朝末年，有个叫姬忿生的人，追随周武王伐纣有功，周朝建立后任司寇，封为诸侯，封邑在苏国（今河南焦作境内），于是以苏为姓，成为苏氏第一代祖先。苏舜钦《先公墓志铭》对此有详尽阐述。因而，他选择苏州，或许有向先祖致敬，同时祈求护佑的意思。

苏舜钦离京赴苏，途中有两个朋友相伴。一个是陆经（字子履），因参与进奏院宴会，由监汝州酒税贬为袁州别驾。袁州在今天的江西宜春，正好同行。一个是王公辅，从福建来京师不久，与苏舜钦志趣相投，来往密切，苏舜钦移家苏州，他执意一路相伴，一直送到宛丘（在今河南淮阳），才依依不舍地告别。苏舜钦《颍川留别王公辅》诗，有"半岁为我留"的句子。

一路上，三人诗酒酬唱，旅途并不寂寞。路上苏舜钦还写了不少感怀诗，一时大书悠游之乐，说放黜正合己意。如《答和叔春日舟行》："寄语悠悠莫疑我，五湖今作狎鸥翁。"《过泗水》："机心去国少，尘眼向淮明。"《维舟野步呈子履》："已忘窜逐伤，但喜怀抱空。"一时又大吐逐客之苦，哀怨如弃妇。如《尹子渐哀辞》："漂流江湖外，负罪气惨凄。"《寿阳闲望有感》："幽人憔悴搔白首，啼鸟哀鸣思故林。"《淮中风浪》："难息人间险，临流涕一挥。"对于那些迫害他的小人，他在诗中也大加讽刺和鞭挞，把他们比作苍蝇、豺狼一类的害虫和猛兽。

苏舜钦品貌不凡，平生砥砺名节，勤于文墨。生在宋室多事之秋，胸怀定国安邦之志，最大的理想不是当文人，而是披甲执戈捍卫疆土。《吾闻》："予生虽儒家，气欲吞逆羯。"《夜闻秋声感而成咏同邻几作》："欲弃俎豆事，强习孙吴篇。"孙吴篇，指兵书《孙子兵法》和《吴起兵法》。作诗得杜甫、白居易精髓，关切现实，不事雕琢，出语必归于道义。因仰慕杜甫，改字子美。又师从穆修学古文，反对当时流行的西昆体卑弱文风，接续诗骚传统，自成一家，在宝元、庆历年间有大名。后人评价苏舜钦文学成就："挽杨刘之颓波，导欧苏之前驱。"杨、刘指西昆体代表诗人杨亿、刘筠，欧、苏指欧阳修和苏轼。

《宋史》本传："舜钦少慷慨有大志，状貌怪伟。当天圣中，学者为文多病偶对，独舜钦与河南穆修好为古文、歌诗，一时豪俊多从之游。"欧阳修后来继承柳开、王禹偁、穆修遗志，举起北宋古文运动的大旗，倡导平易自然的文风，并取得最终胜利，苏舜钦、梅尧臣等是其健将。但欧阳修学古文，在苏舜钦之后。欧阳修《苏氏文集序》："子美之齿少于予，而予学古文反在其后。"序中，欧阳修又说苏舜钦诗文如金玉，即使抛弃粪土之中，也不能销蚀其质地，掩藏其光芒。还说苏舜钦做人与著书，特立独行，文章自行于天下。

苏舜钦不单在京师声名显赫，在江湖上的名气也很大。

一天黄昏，船到今河南太康县崔桥镇，停泊在一座桥下。当地一个张姓士子得知苏舜钦经过，抱着一张古琴，带着一坛好酒，专门登舟拜访。此人谈吐不俗，举止风雅，与苏舜钦素不相识，但对苏舜钦十分热情，又是举杯相劝，又是弹琴助兴。苏舜钦《舟至崔桥士人张生抱琴携酒见访》："余少在仕宦，接纳多交游。失足落坑阱，所向逢弋矛。不图田野间，佳士来倾投。山林益有味，足可销吾忧。"获罪以来，不少势利亲友和官员生怕沾上晦气，纷纷避之，没想到在这荒远乡间会受到这般礼遇。这令苏舜钦感动莫名。

经过濠州（今安徽凤阳），苏舜钦拜访了王洙（字原叔）。王洙因进奏院事件，由直龙图阁、天章阁侍讲、史馆检讨被贬为濠州知州，新来不久。他乡遇故知，苏舜钦、陆经在此短暂逗留，与王洙互诉衷肠。在临别前一晚的酒席上，苏舜钦作《过濠梁别王原叔》诗，自陈："余生性阔疏，逢人出胸膈。一旦触骇机，所向尽戈戟。平生交游面，化为虎狼额。谤气惨不开，中者若病疫。"又对连累王洙表示惭愧："遂令老成人，坐是亦见斥。""罪始职于予，时情未当隙。今来濠水涯，日夜自羞惕。"比起自己落职为民，牵连朋友更让苏舜钦难过。王洙和陆经好言相慰，劝他莫要挂怀。

庆历五年（1045）四月，船到苏州，在苏州为官的关咏摆下盛宴，为苏舜钦、陆经一行接风洗尘。三人又同登位于苏州城南、太湖之滨的天平山，读古碑，访山寺，饮白泉，饱览山水胜景，一路言笑晏晏。苏舜钦作《游山》诗详记此事。之后，陆经别过苏舜钦和关咏，继续南下袁州赴任。苏舜钦写《送子履》一诗依依赠别。

苏舜钦从此就是苏州人了，再也未回过开封故土。

在苏州四年，落难才子苏舜钦过着晴耕雨读的日子，足迹轻易不到公门，闲暇则与当地文士、僧人、道士、里巷野老、樵夫渔父相过从。他的经济来源，主要是之前在山东兖州买的几百亩良田的田租，做官的亲友也不时接济，一家人的吃喝用度并不缺。《答范资政书》："兖州有租田数顷……亲友分俸，伏腊似可给，岂敢更求赢余，以足所欲。"他的诗经常写到自己在苏州种田、灌园、学道、钓鱼、研读《周易》、写诗、整理著作。当初在西安为父守制，他就做过两年多农夫，于稼穑之事熟门熟路。《哭师鲁》："予方编吴氓，日自亲锄耰。"《夏热昼寝感咏》："春雨看稻秧，落日自灌园。"《答范资政书》："日甚闲旷，得以纵观书策，及往时著述有未备者，皆得缀辑之。治《易》颇有所得，时苦奥处无人商论。"苏舜钦在苏州百无聊赖，读书做学问更勤，只是苏州不比京师多大儒，遇到疑惑问题找不到人商榷。

初到苏州时，苏舜钦一家四处租房居住，不到半年时间，接连搬了三次家。《迁居》："岁暮被重谪，狼狈来吴中。中吴未半岁，三次迁里间。"还曾住过回车院。回车院是唐宋时代供届满官员退职候任时暂居的寓所，也有暂时接纳贬谪官员的功能，类似官办旅馆。炎夏已至，江南湿闷，租来的房子矮小破旧，里面更是酷热难耐。苏舜钦在《沧浪亭记》中说："予以罪废，无所归。扁舟南游，旅于吴中。始僦舍以处，时盛夏蒸燠，土居皆褊狭，不能出气，思得高爽虚辟之地，以舒所怀，不可得也。"他想找一个清凉安静的地方，建一所自己的房子。

有一天，他路过苏州郡学，见学校东面草木葱茏，有湖有山，情不自禁前去察看。走了几百步，看见一片废弃的荒地，纵横各四五百尺，三面环水，周围花草竹木掩映，没有一户人家，心中十分喜欢。于是询问当地父老这是什么地方，对方说，这里原是五代时期吴越国中吴军节度使孙承祐的池馆。孙承祐是钱塘（今杭州）人，与广陵王钱元璙是近戚，当年很是贵盛和奢侈。吴越国归附宋朝后，这池馆就荒废了。闻听此言，苏舜钦更加兴奋。回去后，立即托人用四万钱（相当于四十两银子）将这片荒地买了下来。简单修葺后，一家人搬进园中，终于有了一个理想的居所。

他又在园子北面弯曲的水岸边，建了一座亭子，取名沧浪亭，四周环植苍竹、青桐、花卉、太湖石，并从此自号沧浪翁。沧浪二字，既是自况，也是明志，语出先秦民歌《沧浪歌》："沧浪之水清兮，可以濯我缨；沧浪之水浊兮，可以濯我足。"

苏州多园林，沧浪亭是最古老的一个。近一千年来，光阴流转，人事更替，园林和亭子几经兴废，也几易其手，今日面貌与苏舜钦初建时有很大改变，亭子也不在原处。据《沧浪亭记》，当年景色是这样的："坳隆胜势，遗意尚存……前竹后水，水之阳又竹，无穷极。澄川翠干，光影会合于轩户之间，尤与风月为相宜。"在人烟自古繁华的苏州，能以很少的钱买到这样美好的地方安居，苏舜钦当然心满意足。沧浪亭建好后，他立即写信给欧阳修和梅尧臣，告知此事，附信寄去诗作《沧浪亭》，并向两位好友索取和诗。他的诗是这样写的：

> 一径抱幽山，居然城市间。
>
> 高轩面曲水，修竹慰愁颜。
>
> 迹与豺狼远，心随鱼鸟闲。
>
> 吾甘老此境，无暇事机关。

在滁州任知州的欧阳修很快寄来长诗《沧浪亭》。开篇说："子美寄我沧浪吟，邀我共作沧浪篇。沧浪有景不可到，使我东望心悠然。"接着又开玩笑说："清风明月本无价，可惜只卖四万钱。"受苏舜钦影响和启发，第二年，欧阳修在滁州琅琊山建醉翁亭，并自号醉翁，还在丰山建丰乐亭。

梅尧臣也寄来《寄题苏子美沧浪亭》一诗，恭贺好友喜迁新居，又劝勉他："读书本为道，不计贱与贫。当须化间里，庶使礼义臻。"由梅尧臣的诗句"昨得滁阳书，语彼事颇真"还可知，他和欧阳修一直挂念着漂泊苏州的苏舜钦，两人在来往书简中，经常表示对苏舜钦处境的关心和担忧。其实梅尧臣一生蹭蹬，仕途一直不如意，但他清高诚朴，心气平和，抗挫折的能力比欧阳修和苏舜钦都要强。

沧浪亭建成后就成为苏州著名景点，当地官员和文人墨客纷至沓来。因为欧阳修、梅尧臣和苏舜钦的同题唱和，沧浪亭也很快名扬天下。

掌管山泽苑囿的虞部郎中曹琰，被朝廷派到杭州做官，路过苏州时慕名来到沧浪亭，四顾览景多时，艳羡不已，慨然有终焉之志。他也想学苏舜钦，在苏州建一个私家园林，作为养老的地方。于是他遍访吴中，寻找与沧浪亭相似的山水胜概，最终在阊门之南买得一块宝地。之后，他带领工匠日夜加紧营造，很快就建好了一座别墅，并取孟子"吾善养吾浩然之气"一语，名之为浩然堂。苏舜钦应曹琰之邀来参观，并作了一篇堂记。文章说，浩然堂"竹树江山之胜，萧然满前，表里风物，不可胜道"。只可惜在时间的磨砺中，浩然堂早已灰飞烟灭，没能和沧浪亭一样留存于世，只剩下苏舜钦的《浩然堂记》。

　　庆历六年（1046）二月，天章阁待制、知制诰赵概自请外放，任苏州知州。刚到苏州，风尘未洗，他就带着随从来沧浪亭看望苏舜钦。赵概秉性仁慈宽厚，德行高尚，受朝野普遍敬重。当初进奏院事件发生时，他曾上疏救护苏舜钦等人，说："预会者皆馆阁名士，举而弃之，觖士大夫望，非国之福也。"但仁宗置若罔闻。赵概的来访，让苏舜钦意外而欣喜。他们在沧浪亭中饮酒叙谈，从早上一直喝到晚上，喝得酩酊大醉。第二天，苏舜钦写了一首《郡侯访予于沧浪亭因而高会翌日以一章谢之》，派人送给赵概。诗中说："开颜闲善谑，倾耳得嘉话。暮夜欢未厌，徘徊意将再。"

　　赵概离任后，胡宿继任苏州知州。胡宿也专门访问了苏舜钦一家，并赋诗《沧浪亭》。诗中说苏舜钦"窜逐本无罪，羁穷向此忘"。

　　沧浪亭从此成为苏舜钦的核心活动地点。他时常独自在亭中饮酒、弹琴、对月作诗，或者划一叶小舟在水中畅游。偶尔有人来访，他就在亭子里招待宾客，反正酒是自家酿的，苏州的莼菜、芡实、鲈鱼、湖蟹和其他水产品既美味又廉价。

在诗歌和书简中，苏舜钦详细描述了自己在沧浪亭的隐士生涯。《答章傅》："废官旅吴门，迹与世俗扫。构亭沧浪间，筑室乔树杪。穷径交圣贤，放意狎鱼鸟。志气内自充，藜藿日亦饱。"《答韩持国书》："三商而眠，高春而起。静院明窗之下，罗列图史琴尊以自愉悦。逾月不迹公门，有兴则泛小舟出盘阊，吟啸览古于江山之间。渚茶野酿，足以消忧；莼鲈稻蟹，足以适口。又多高僧隐君子，佛庙胜绝。家有园林，珍花奇石，曲池高台，鱼鸟留连，不觉日暮。"听起来，他悠游自在，虚静高蹈，快活无忧。但这只是表象，他真实的内心显现于诗中。

苏舜钦为沧浪亭作了很多诗。《独步游沧浪亭》："时时携酒只独往，醉倒唯有春风知。"《沧浪观鱼》："我嗟不及群鱼乐，虚作人间半世人。"和同时期诸多诗作一样，很少有明丽欢快之作，抒发的多是孤单、寂寞、忧伤、牢愁，最常用的字眼是伤、独、醉、病、厌、嗟、衰羸、衰翁、自羞、狼狈、重谪、淹留、愁颜、逐客、浮生、拍浮。其内心的失意乃至绝望，频频形之诗句。

受诗书教化和家风熏陶，苏舜钦少年时代就抱有经世济民之志，以道自任，志愿做一番利国利民的大事业，不料功业未成，连官身也被无情褫夺，成了一介草民。沦落他乡，亲友离散，故土难回，前途一片灰暗，他如何能不自怜自伤？

苏舜钦是典型的假隐心态，貌似逍遥放旷，内心实则荒芜压抑。个中怀抱，自己知，知己知，大好江山亦知。山水无弦，不会言语，但山水有清音。

实在郁闷不过的时候，他也曾携妻挈子，在江浙一带短途旅行，或者独自在苍山古寺中徘徊，与僧家谈禅，与道家说仙，与凡夫道世。《演化琴德素高昔尝供奉先帝闻予所藏宝琴而挥弄不忍去因为作歌以写其意云》："双塔老师古突兀，索我瑶琴一挥拂。风吹仙籁下虚空，满坐沈沈竦毛骨。"苏州双塔寺老僧演化琴艺超妙，曾于大中祥符年间为宋真宗演奏《平戎操》，真宗赐其紫茸袍。他听说苏舜钦有一把稀世古琴，专程赶到沧浪亭，请求一观。苏舜钦取出古琴，演化抚琴一曲。琴声里，似有仙来，似有鬼到，在座诸人毛骨悚然。

"弃置勿复陈，客子常畏人。"这话是魏文帝曹丕说的，出自他的《杂诗二首》。帝王尚且有如此感慨，何况是一介草民。

被废之后，苏舜钦从不主动与人交往。从前的亲戚、朋友、师长甚至家人，为避祸远害，大多与他断绝了来往。苏舜钦备感世态炎凉，愤懑之情屡屡表露于诗文之间。《颍川留别王公辅》："得罪身去国，犯寒挽孤舟。亲友舍我去，乃独与子游。"《过濠梁别王原叔》："交道今莫言，难以古义责。锱铢较利害，便有太行隔。"《奉酬公素学士见招之作》："人生交分耻苟合，贵以道义久可要。薄俗盈虚逐势利，清风绵邈日已凋。"《答马永书》："放废幽居，士友罕顾。"乃至径直以《某为世所弃困居于苏平生交游过门不顾……》为题，叹息人情凉薄。苏舜钦是贵胄后裔，交游者多是豪门权贵，一旦放黜，门庭冷落如斯，岂不叫世间人警醒？

但总有一些直道而行、重情重义者，不畏强权，上疏为苏舜钦辩白，或频繁以书信相问候，或借机来苏州探望。为之鸣不平或者同情苏舜钦的，除了欧阳修、梅尧臣、王公辅、赵概、崔桥张生、闵咏，还有王雍、韩亿、李绚、范仲淹诸人。

王雍是王旦长子，苏舜钦的大舅，时任两浙路转运按察使，为地方最高行政长官，简称"漕"。他借公务之机来看望外甥。苏舜钦《祭舅氏文》："某放废于朝，旅泊胥台，殊乡寡知，动成嫌猜。始未逾月，舅以漕来，连牵巨艘，旆旌徘徊……"王雍此行，实际上是为苏舜钦打气撑腰。他这一来，当地官僚即对苏舜钦另眼相看，不敢怠慢。但两个月后，王雍就病故了。

韩亿是苏舜钦的姨父，曾做过参知政事，如今以太子少傅致仕。他不放心远在他乡的苏舜钦，多次派儿子韩维、韩绛来苏州探望。

李绚字公素，因上书言事，此时谪知润州（今江苏镇江润州区）。他深知苏舜钦苦闷，多次作诗慰问，并来信热忱邀请苏舜钦到京口（今江苏镇江京口区）小住。《和丹阳公素学士晚望见怀》："屡辱嘉招嗟放弃，又传新咏慰淹留。"苏舜钦被李绚的热情所感动，乘舟而往，欢会数日。回来后意犹未尽，于雪夜作《奉酬公素学士见招之作》。诗中追忆相见情形："既承嘉命敢无报，将吐复茹移昏朝。留连日日奉杯宴，殊无闲隙吟风骚。"接着又表达了眷念之意："相思复拟往相会，予今岂复如系匏。行看雪夜景清绝，更乘逸兴飞轻舠。"

在陕西的范仲淹，曾数次派专人持他的亲笔信，到苏州来慰问。庆历五年（1045），滕宗谅（字子京）在岳州重修岳阳楼，范仲淹为之作记，刻碑立石。范仲淹建议滕子京请篆书名家邵悚题写匾额，请苏舜钦书写正文。苏舜钦欣然应命。他不仅是当世著名诗人，也是著名书法家，行书和草书尤其精妙。《宋史》本传："善草书，每酣酒落笔，争为人所传。"滕楼、范记、苏书、邵篆，成为岳阳楼"四绝"。

最能给苏舜钦孤寂心灵以安慰的，自然是欧阳修和梅尧臣。他们分隔三地，但通信不断，每有新的诗作和文章，必寄予知己分享，并频繁唱和。在苏州期间，苏舜钦唱和欧阳修、梅尧臣的诗，就有《答梅圣俞见赠》《寄题丰乐亭》《和永叔琅琊山庶子泉阳冰石篆诗》《和菱溪石歌》《永叔石月屏图》。

欧阳修其时已是文坛盟主，声望隆重，但他对苏舜钦和梅尧臣的诗推崇备至。庆历四年（1044），欧阳修巡视河东路，归途经过水谷，思念苏舜钦和梅尧臣，作《水谷夜行寄子美圣俞》。诗中，欧阳修说苏、梅二人是诗坛双凤，也是他所有朋友中最可敬畏的人。又评价苏、梅诗风，一沉雄一清切。"子美气尤雄，万窍号一噫。有时肆颠狂，醉墨洒滂沛。譬如千里马，已发不可杀。盈前尽珠玑，一一难拣汰。梅翁事清切，石齿漱寒濑。作诗三十年，视我犹后辈。文词愈清新，心意虽老大。譬如妖韶女，老自有余态。"因为欧阳修的推举，苏舜钦和梅尧臣名重当世，"苏梅"之称也从此传遍天下。

欧阳修在晚年所著《六一诗话》中，再次评价苏、梅之诗："圣俞、子美齐名于一时，而二家诗体特异。子美笔力豪隽，以超迈横绝为奇；圣俞覃思精微，以深远闲淡为意。各极其长，虽善论者不能优劣也。"后世品评苏、梅二人诗风和文学成就，大体不出欧阳修所论。欧阳修没有说到的，是苏、梅诗作关心政治和民瘼，是《诗经》、《离骚》、杜甫、白居易、王禹偁一脉。

世间最亲的人莫过于骨肉兄弟，但急难之时，兄弟往往阋于墙，远不如朋友。苏舜钦对此深有体会。理解他的多是朋友，而亲人们对于他远离兄弟姐妹和血属近戚，独自躲到几千里外的苏州，大多无法理解。苏舜钦的表兄弟、妹夫韩维（字持国）就是如此。

苏舜钦到苏州不久，长姐去世，他未回开封奔丧，韩维寄来一封书简，对他大加讨伐，指责苏舜钦不顾兄弟情义，不尽友悌之道，"独羁外数千里，自取愁苦"。苏舜钦回了一封《答韩持国书》，逐条加以反驳。

在这封长信中，他解释道，自己逃离京师是迫于无奈。主要原因是被废弃之后，朝廷内部的争斗并未停息，政敌仍在寻找和创造机会，欲置自己于死地。故而那段时间他闭门不出，有要事也在深夜秘密出行，生怕因为与亲人和近戚来往，连累到他们。但这也不是长久之计，"遂超然远举，羁泊于江湖之上"。次要原因，是亲戚之间的来往，让他应接不暇，疲惫不堪，获罪之后，更是诚惶诚恐，在人前抬不起头来，"日凄凄取辱于都城，使人指背讥笑哀悯，我亦何颜面，安得不谓之愁苦哉"。而在苏州，他要舒心多了，"居室稍宽，又无终日应接奔走之劳，耳目清旷，不设机关以待人，心安闲而体舒放"。他请韩维和亲人们理解自己的苦衷，权当自己在外做官。

信的最后，苏舜钦义愤填膺地指出，当初自己下狱、除名时，那么多亲戚没有一个人出手相救，现在自己在他乡过得很安宁，亲戚们反而斥责自己不顾亲情，"当急难之时，不相拯救。今又于安宁之际，欲以义相琢刻，虽古人所不能受"。可以想象，写这封信时，苏舜钦是何等愤慨！

被废之后，苏舜钦尝尽世态炎凉。《送韩三子华还家》："相逢眼尽白，闭户甘退缩。"他因此看清了一些人的本来面目，包括亲戚和朋友。韩维不是势利之人，但其他人未必不是。看清、想通之后，不如寄身沧浪之间，做一个冷暖自知、枯荣自守的寓公。换作是我，也宁愿如此，不得不如此。

四年时间不短，于苏舜钦更是煎熬。

进奏院事件之后，他知道自己是替罪羊，本身无罪，所以并不羞愧。《与欧阳公书》："舜钦不晓世病，踏此祸机，虽为知己者羞，而内省实无所愧。"但他从未以任何形式为自己做过辩解，亲人朋友在面前说到他的冤屈，他也立即制止。《上集贤文相书》："昨因宴会，遂被废逐，即日榜舟东走，潜伏于江湖之上，困置羁索，日与鱼鸟同群，躬耕著书，不接世故。当日之事，绝不历于齿牙之间。或亲旧见过，往往悯恻而言，以谓某以非辜遭废，天下之所共知，何久穷居默处，无一言以自辩，浩然若无意于世者，岂钝怯不晓者乎？某绝不酬应，且止其说，然内实有所待耳。"他并不甘心就此沉沦，老死苏州，而是一直在等待有人为他雪冤。

其晚期诗作，多次表露怀恋故土之意。《送黄莘还家》："予家近日下，偶来恋沧浪。因君江上别，撩我归兴长。"诗中的日下，意思是皇城之下，指故乡开封。《春日感怀》："淹留伴猿鸟，何日片帆归。"《梦归》："雨隔疏钟晓不知，春风吹梦过江西。"《秋怀》："家在凤凰城阙下，江山何事苦相留。"他时刻在思归故园，只是在事情弄明白之前，无颜见家乡父老。

进奏院事件已经过去三年多了，构陷苏舜钦的人，或者已死，或者外放，当年被谪放四方的馆阁同僚均陆续量移和升迁，"庆历新政"引发的政治风波已经平息。可是，苏舜钦似乎被仁宗和朝廷彻底遗忘了。

或许是因为他从前论事太过激切，深深得罪了皇帝，也让朝中重臣十分忌恨。在十多年的宦海生涯中，苏舜钦多次上书议论朝政，揭露时弊，最有名的是《火疏》《诣匦疏》《乞纳谏书》《论宣借宅事》《投匦疏》和《论五事》。

天圣七年（1029）六月二十日，京师西北天波门外，宋真宗当年耗费巨资修建的玉清昭应宫突发大火，除长生崇寿殿之外，其余三千六百多间房屋一把煨尽。其时仁宗尚未亲政，实际执掌皇权的章献明肃太后在火灾之后打算重建玉清昭应宫。苏舜钦当时是个没有品级的小小太庙斋郎，还是蒙父荫得到的一个差事，没有上疏言事之权。他听说后，连夜写了一道《火疏》，通过登闻鼓院直谏。奏疏中，他坚决反对重建，批评太后和皇帝不顾黎民百姓死活，欲大兴土木。同时建议用良臣、去奸佞，修德勤治，使百姓家给户足，以答天戒。

景祐三年（1036）五月，范仲淹上《百官升迁次序图》和《帝王好尚论》《选任贤能论》《近名论》《推委臣下论》四论，弹劾宰相吕夷简怙势擅权，主张强化皇权，削弱相权。仁宗将范仲淹和支持他的欧阳修、余靖、尹洙等人贬谪出朝。苏舜钦其时在长安为父亲守制，听说之后，作《闻京尹范希文谪鄱阳尹十二师鲁以党人贬郓中欧阳九永叔移书责谏官不论救而谪夷陵令因成此诗以寄且慰其远迈也》一诗，讥刺朝廷。仁宗张榜于朝堂，戒百官越职言事，也就是除御史和谏官之外，其他人不准超越自己的职分议论国事。苏舜钦顶风上《乞纳谏书》，批评朝廷堵塞言路。

他任大理评事、监在京楼店务（管理京师房产税务）期间，见朝廷违反制度，随意将京师宅第赐给没有大功劳的臣子，甚至赐给"医卜庸流"，而战死沙场的将领，其后代反而无房可住，"家族无托"，于是上书直切谏言。

仁宗初亲政，沉溺声色，每两天只上朝听政一次。苏舜钦上《诣匦疏》，建言仁宗"修己以御人，洗心以鉴物，勤听断，舍燕安，放弃优谐近习之纤人，亲近刚明鲠正之良士"。同时说宰相王随虚庸邪谄，非辅相之器，参知政事石中立行止如俳优，物望甚轻，建议罢免。

苏舜钦一身正气，向来直道行事，不仅频繁上疏论政，经常侵犯到权贵利益，对于自己的恩人和师长，也向来直言不讳。

他曾给杜衍上书，批评岳父居宰相高位，却不能任用贤人，铲除奸佞，赋敛繁重，人民苦不堪言，与西夏、契丹的战事也多次惨败，让天下人大失所望。"盖贤者未甚进，不肖者未甚退，二边猖炽，兵帅数败，科率诛敛，天下骚然。"（《答杜公书》）劝其挺然奋发，建立功勋，要么就退位让贤，切莫尸位素餐。

又曾给恩师参知政事范仲淹上书，责备他在位畏懦，不复当年之勇；"庆历新政"实施的一系列改革，不切要务，朝野怨望。"阁下因循姑息，不肯建明大事"，"则不唯国计渐隳，亦恐祸患及身矣"。（《上范公参政书》）并说范仲淹平生令名，至此而尽。

《春秋》之义，苛责贤者。苏舜钦责备杜衍和范仲淹，也是这个意思。

苏家世代官宦，根基很深，苏舜钦落难多年，竟然没有大臣为他申诉。除了政治形势复杂的原因，从人性而言，也许再宽宏大度的人，也难以容忍苏舜钦这般一针见血不留情面的言论。

日子一天天过去，在漫长而无望的等待中，正当盛年的苏舜钦未老先衰，多愁多病，于是忘世于酒壶，经常喝得烂醉。《览照》诗：

> 铁面苍髯目有棱，世间儿女见须惊。
>
> 心曾许国终平虏，命未逢时合退耕。

不称好文亲翰墨，自嗟多病足风情。

一生肝胆如星斗，嗟尔顽铜岂见明。

在生命尽头的那段时间，他接连写了《春睡》《览照》《病起》《秋怀》等诗篇，皆是穷途末路之辞。《春睡》写道："身如蝉蜕一榻上，梦似杨花千里飞。"欧阳修见到后大惊失色，说："子美可念，子美可忧。"他预料苏舜钦将不久于人世。

病中，苏舜钦决定奋起自救，给新任宰相文彦博上书诉冤。在《上集贤文相书》这封信中，他先是盛赞文彦博有文武大才，"武足戡难，文足表世"，继而详述进奏院事件始末，为自己作无罪申辩；最后，他请求文彦博代为湔涤冤滞，并重新起用自己。"况某者，潜心策书，积有岁月，前古治乱之根本，当今文武之方略，粗通一二，亦能施设，废弃疏贱，不信于时。明公如而与言，资相其质，衡鉴之下，安可妄欺？敛之弃之，俯伏俟命。"信中言辞极恳切，态度极卑微。文彦博读后，大为同情。恰好，韩琦此时上疏请求起复苏舜钦，文彦博很快面奏仁宗。不久，朝廷恢复苏舜钦官身，除湖州长史。接到诏命，苏舜钦已经病入膏肓，无法到湖州赴任。一个月后，也即庆历八年（1048）十二月（阳历 1049 年初），苏舜钦病逝于苏州。

苏家近几代都不长寿，苏舜钦的祖父苏易简寿数三十九，父亲苏耆和兄长苏舜元寿数四十九，弟弟苏舜宾死得更早。基因如此，又抑郁多年，苏舜钦只活了四十一个春秋，赍志以殁。

苏舜钦逝后，士林领袖欧阳修悲愤痛惜，先后作祭文、墓志铭，为苏舜钦整理遗稿并作序，对苏舜钦的品格气节、诗歌文章、道德仁义、行藏用舍，不吝赞美之词。而那些奸佞小人，则额手称庆。

文星陨落，小人之幸，君子之嗟。

去世前一年，苏舜钦写《哭师鲁》，悼念尹洙。其中有句云："人间不见容，不若地下游。"他哭尹洙，其实也是哭自己。

江南多翠微

——罢相后的王安石

王安石（1021—1086），字介甫，号半山老人，抚州临川（今江西抚州）人。北宋杰出的政治家、文学家、思想家、改革家，熙宁变法的倡导者和主持者。二十二岁进士及第，历官校书郎、签书淮南节度判官厅公事、鄞县令、舒州通判、群牧司判官、常州知州、提点江南东路刑狱、三司度支判官、知制诰、纠察在京刑狱、勾当三班院、知江宁府、翰林学士、右谏议大夫、参知政事、宰相等。先后两次为首相，两次罢免。著有《临川先生文集》《王文公文集》等。

北宋元丰八年（1085）六月，一个盛夏日的上午，秦淮河上画船往来，士女杂坐，箫鼓争鸣，竹肉相发，水畔两行绿柳随着音乐依依起舞。在秦淮河北岸，一条偏僻的小巷子里，有几间后人称为秦淮小宅的旧瓦房。房子的东厢沉香袅袅，四壁书墙，环堵萧然，衰迈之年的王安石临窗端坐，温习早已翻烂了的《周礼》。自从第二次辞去宰相职务，退隐江宁九年来，除了会会老朋友，偶尔骑驴或乘船外出游山玩水，访一访方外老友，他日夜以书自埋，陶醉其中，窗外的烟柳画桥、金粉世家，完全与他无关。

　　读着读着，倦意绵绵不绝地袭来，这个绰号"拗相公"，以执拗闻名于世的人，努力抵抗了一阵子，还是拗不过瞌睡虫子，身子一寸寸地糍下去，终于趴在桌子上睡着了。他手中那管纤细的毛笔，嗒的一声落在书案上，满头白发像冬茅草，在若有若无的风中时静时动。

　　这个时候，他的四弟，端明殿学士、江宁知府王安礼，手持最新的朝廷邸报，急匆匆穿过花木参差的巷道，走进屋子。来到东厢房门口，望见熟睡中的王安石，王安礼的脚步迟疑了。他不忍心叫醒衰弱不堪的三哥，于是蹑手蹑脚地退到院中，坐在棚架下耐心等待。大约过了两盏茶工夫，王安石从白日梦中醒来，王安礼赶紧跨进门，双手递上邸报。王安石捧着邸报扫视片刻，一脸怅惘，喃喃道："司马十二（指司马光）做相矣。"随即身子一软，陷进了藤椅，俄而又说："也好，也该。"

　　邸报载，五月二十六日，司马光任门下侍郎，也就是副宰相。

　　对于这个任命，王安石其实早有心理准备。此前的四月，司马光连上两疏，其一乞开言路，其二乞罢新法。两道奏疏均直指熙宁变法，即王安石变法，直接剑指王安石。

　　司马光《乞开言路状》抨击王安石："欲蔽先帝聪明，专威福，行私意，由是深疾谏者，过于仇雠……是以天下之人以言为讳。"继而进言，当今最重要的是下诏书，广开言路，不管是大吏小官还是田夫野老，都允许上书议论朝政得失，控诉民间疾苦。朝中官员若阻挠言论，就是壅蔽聪明，其人非奸即恶。

司马光《乞去新法之病民伤国者疏》说，先帝所委任治国的人，于人情物理多不通晓，有负厚恩重托。又高高在上，每事自以为是，认为古今所有人都不如己。

王安石虽然老迈多病，且处江湖之远已经很多年，但身为前宰执、门生、故吏、友朋、兄弟、亲戚遍布朝野，耳目自然是灵通的。这一年的三月五日，年仅三十八岁的神宗皇帝，因为对西夏用兵连连败北，病情恶化英年早逝。这个于王安石既是君王又是知己的人猝然驾崩，实在是他不曾想到的。王安石能想到的是，皇子赵煦登基，自己的政敌司马光必然执政。这一天真的来到了，王安石心里还是倍感失落和惆怅。

此前，王安石从邸报得知，新帝登基，太皇太后高氏遵照神宗遗命临朝听政，权同处分军国重事。朝廷下诏："先帝建立政事以泽天下，而有司奉行失当，几于烦扰，或苟且文具，不能布宣实惠。其申谕中外，协心奉令，以称先帝惠安元元之意。"又绕过中书省和枢密院，直接传中旨，罢户马、保马、军器、匠物货场，罢免役钱、行钱、保甲钱，罢方田、团将等新法。当时王安石阅读邸报，见到"而有司奉行失当"七字，几乎一口血喷射而出。

好吧，该来的都来了，或者正在来的路上，该走的也快要走了，尘埃即将落定。预料到平生功业即将毁于转瞬之间，王安石反而平静下来，低矮的屋子也显得不十分闷热了。他哆嗦着手，重新拾起书，捡起笔，继续在天头地尾批点圈画。

这一年，王安石六十五岁。那一天，他似乎一下子又老了十岁。

不久，从汴京源源不断传来消息。退居洛阳不问世事十五年的司马光，自洛阳进京哭丧，城门卫士远远望见司马光，都以手加额表示崇敬，沿途的市井百姓纷纷拦住他的马车，央求道："公无归洛，留相天子，活百姓。"动静太大，以至司马光吓得不敢进城，急忙回返。太皇太后派遣心腹内侍拦住司马光，慰劳一番过后，向他请教治国理政以何为先。司马光说，先开言路。

司马光任门下侍郎后，上《请更张新法札子》，把新法比作伤国病民的毒药，建议全部废除，并再次抨击王安石"不达政体，专用私见，变乱旧章，误先帝任使，遂致民多失职，闾里怨嗟"。随之，自熙宁二年（1069）以来，由神宗和王安石力主实施的涉及政治、经济、军事、社会、文化各方面的一系列新法，废弃无余。

当时，有远见的大臣对此颇有疑虑，说按照古制，"三年无改父道"，熙宁之法不可立即轻易废除，否则今后可能会引起争端。但与王安石同样执拗的司马光，在朝堂上毅然决然地说："先帝之法，其善者百世不可变。若王安石、吕惠卿所建，非先帝本意者，改之当如救焚拯溺。况且太后以母改子，非子改父。"

宋室国事，不幸被那些富有从政经验的大臣言中。太皇太后倚为国之柱础的司马光，于元祐元年（1086）晋升为尚书左仆射，但为相不久，就因病去世了。群臣失去了主心骨，分为洛、蜀、朔三党，洛、蜀两党交相攻击。肇端于治平二年（1065），讨论尊崇英宗生父濮安懿王赵允让典礼的党争党祸，终于全面爆发。朋党之祸从此似烈火燃烧，一直烧了二百年，直至宋室亡国丧邦。

　　元祐八年（1093），太皇太后高氏崩逝，哲宗亲政。史书记载："冬十月，帝亲政，中外汹汹，人怀顾望。"哲宗拜被人称为"惇贼""巨奸"的章惇为宰相。章惇以绍述先王之政为名，行打击报复之实，借口是现成的：以司马光为首领的反变法派，竟然冒天下之大不韪，更张神宗法度。于是，削除司马光"文正"赠谥，毁掉哲宗钦赐司马光的"忠清粹德"碑，朝中正直大臣尽数逐出、贬窜，一群奸人当国，宋室江山气象从此索然，一蹶不振。

　　不过，这是王安石逝世以后的事了。

　　元丰八年（1085），是赵宋王朝极富戏剧性的一年，变法派（新党）陆续贬出朝堂，反变法派（旧党）全面回朝执政，朝中大臣换了个遍。其戏剧性就像后来的绍圣元年（1094），变法派东山再起，反变法派二次漂泊江湖，朝中大臣又换了个遍。其情形一如吾乡土语："换了一槽，又换了一槽。"槽，牛马之食槽也，意思是换了一遭又一遭。这一年，也是王安石十年归隐生活由十分惬意转为十分落寞的一年。

　　中国古代的士大夫，尤其是品性高洁之士，心里面大多数是矛盾的。既有积极入世之心，通过举荐或科举谋得一官半职，在政治舞台上施展才华与抱负。同时又有消极遁世之心，在为官从政的历程中，特别是在遭遇重大挫折时，往往生起归隐林下之念。真的被贬谪流放了，或者告老还乡了，身处山林草野之间，又对国家大事念兹在兹，恨不得再入朝堂，上佐君王，下抚百姓。这种出与入的矛盾，几乎伴随他们终生。范仲淹在《岳阳楼记》里说："居庙堂之高则忧其民，处江湖之远则忧其君。"这句话，抛开其字面意思，深究起来，其实就是暗含古代士大夫这种普遍的矛盾心态。

读《临川文集》，细品王安石的诗、词、文章和给友人、同僚、亲人的书札，可知王安石也不例外。从二十二岁初出仕，任校书郎、签书淮南节度判官厅公事起，到知鄞县（今浙江宁波鄞州区）、通判舒州（今安徽潜山）、任群牧司判官、知常州、提点江南东路刑狱，再到入朝任三司度支判官、知制诰、除翰林学士，一直到任参知政事（副宰相）、同中书门下平章事（宰相），王安石在勤于理政之余，时常忆念自己的第二故乡，长江之南山水如画的江宁，那埋葬着父母骸骨的地方。

二十三岁，王安石任淮南节度判官，治所在扬州。那年暮春三月，他到洪州（今江西南昌）公干，借机请假回老家临川（今江西抚州）探望老祖母，并迎娶远房表妹吴氏。其间，他写了一首长诗《忆昨诗示诸外弟》。诗中说：

> 淮沂无山四封庫，独有庙塔尤峨巍。
> 时时凭高一怅望，想见江南多翠微。
> 归心动荡不可抑，霍若猛吹翻旌旗。
> 腾书漕府私自列，仁者恻隐从其祈。

江南多翠微，游子归心荡。读其诗作，没有人会怀疑他思乡的缱绻之心。但作诗是作诗，抒发心声而已，他不是陶渊明，不会因此挂冠封印，拂衣而去。他风华正茂，刚刚步入仕途，胸中有师法尧舜、"一道德而同天下之俗"的远大政治抱负，其具体施政思想就体现在后来的《上仁宗皇帝言事书》里。这宏大而高远的理想，需要足够阔大、足够重要、足够核心的政治舞台才有可能实现。

读书求功名的路很长，从政为官的路很长，归老田园享受天伦之乐的路更长。

但这一天，终于还是来了。熙宁九年（1076）十月二十三日，五十六岁的王安石第二次辞去宰相职务，以使相身份充镇南军节度使、判江宁府，从此回到金陵，居钟山之麓，后住秦淮河畔，再也没有回朝任职。

其罢相制词对他极尽褒扬，其中写道："王安石得古人之风，蕴真儒之学。眷方深于台辅，志弥懋于政经。挈持纲维，纠正法度。俄属伯鱼之逝，遽兴王导之悲。引疾自陈，丐闲斯确。宜仍宰路之秩，载加衮钺之荣。"

诏书加王安石食邑一千户。实际食邑四百户。又赐其"推诚保德崇仁翊戴功臣"荣誉称号。神宗对于王安石，可谓恩典有加，待以殊礼。

接到诏书后，王安石两上《辞免使相判江宁府表》，恳求辞去一切职务。其中一道表章说："若任州藩之寄，仍兼将相之崇，是为择地以自容，非复吁天之素志。伏望皇帝陛下，追还涣号，俯徇愚忠，许守本官，退依先垄。"但皇帝不许。

离京之前，神宗召见王安石，君臣二人最后一次敞开心扉长谈。王安石出宫时表示，回到江宁后将再上表札，辞去所有现职。

此前一年的二月，王安石再次回朝担任宰相，从二度拜相到二度罢相，前后将近二十一个月。在这段时间里，发生了太多的事情。

其一，方外好友、道士李士宁卷入宗室赵世居谋反案，牵扯到王安石，虽然案子查清之后，还了他清白，但他内心也深感惶惧。

其二，王安石与变法的得力助手韩维、吕惠卿、王韶产生分歧，特别是与吕惠卿的矛盾，由遮遮掩掩发展到完全公开化，到了水火不容的地步，变法派内部四分五裂。吕惠卿在神宗面前，指责王安石大权独揽、压制言论、听谗纳潜、不辨君子与小人，并多次上书要求到地方上任职。

其三，神宗年岁春秋渐盛，治国理政经验日渐丰富，遇事有了主见，对王安石的依赖和宠眷不如从前。以往，他对王安石极其信赖和倚重，如曾公亮所言："上与安石如一人。"现在，君臣二人时常为政事发生争执，神宗对王安石不再言听计从。

其四，王安石一直体弱多病，早年得过尿血症，健康状况向来不太好，此番回朝后日夜操劳，引发旧疾，不得不居家养病十多天，加上年迈力衰、长期心绪忧瘁，退意时时萌生。

其五，他引以为傲的长子王雱，在这一年因病亡故，时年只有三十三岁，老年丧子，让他遭到巨大打击。

七八年来，王安石与反变法派日夜激烈缠斗，现在又与昔日变法派的战友斗争，以至众叛亲离，遍体鳞伤。而梦想之中上下同心、举世和乐、一道德而同风俗、如同尧舜时代的王道盛世，仍然遥遥无期。二次执政，诸事皆不如意，他实在太疲惫了。特别是痛失爱子，让他身如槁木、心如死灰。后来，王雱祠堂在江宁落成，王安石题词曰："斯文实有寄，天岂偶生才。一日凤鸟去，千秋梁木摧。烟留衰草恨，风造暮林哀。岂为登临处，飘然独往来。"王雱年少敏慧，年纪不到二十，已著书数万言，二十三岁成进士，是临川王氏家族六十七载中出的第七个进士。登进士第后，作策论二十余篇，纵论天下之事，又著《老子训传》《南华真经新传》《佛书义解》《诗义》《书义》等数万言，当时就有"小圣人"之誉，后来与王安国、王安礼并称"临川三王"。于老父亲而言，王雱不仅是他最喜爱的儿子，是王氏家族的希望，更是他变法大业的干将、学问的传承者、心灵上的知音。他这一去，王安石顿感梁木摧折、凤凰亡故。

想到自己，当初韩琦麾下踌躇满志的幕府少年，如今头发已然斑白。想到钟山灵秀的山水，在时刻召唤自己归去，他提笔写下《世故》一诗："世故纷纷漫白头，欲寻归路更迟留。钟山北绕无穷水，散发何时一钓舟。"想到钟山之北的松林里，长眠着自己的父母，他又写了一首《道人北山来》："道人北山来，问松我东冈。举手指屋脊，云今如此长……死狐正首丘，游子思故乡。嗟我行老矣，坟墓安可忘。"他去意已决。

王安石接连上了五道札子，并托同僚王珪帮忙说情，以老迈多病为由，乞求神宗"闵其积疚，收还上宰之印章，赐以余年，归展先臣之丘墓"。和上次请求辞去相职一样，神宗坚决不许。他数次与王安石面谈、手谈，恳请王安石留下来。甚至诏令管理宰相居所东府的官员，不得放王安石的家属和行李出门。但最终他还是拗不过"拗相公"，只好应允。神宗明白，王安石二次做相，是履行第一次辞相时对自己许下的诺言："异时复赐驱策，臣愚不敢辞。"（王安石《乞解机务札子》）并非真心实意再返朝堂，辅佐自己富国强兵，把变法大业继续大张旗鼓地进行下去。

实际上，复相才几个月，王安石就派遣家臣俞逊回江宁，整修钟山老家的房子，为彻底辞官归田做准备。

得到神宗皇帝的恩准，王安石如释重负，一家老小和仆役马上搬离东府，暂时寓居定力院。启程返乡前，他写了一首《出定力院作》：

> 江上悠悠不见人，十年尘垢梦中身。
>
> 殷勤未解丁香结，放出枝间自在春。

自治平四年（1067）九月，王安石除翰林学士进京为官，距今整整十年。已白发苍苍的老臣，站在回乡的船头上回首一望，十年经历恍如一梦。想到自己十七八岁时，就以上古四大名臣皋、夔、稷、契自比，"材疏命贱不自揣，欲与稷契遐相希"（《忆昨诗示诸外弟》），傲视流俗之辈，千驷弗视，三公不易，有与老杜一样"致君尧舜上，再使风俗淳"的雄心，转眼之间年华逝去，壮志消磨尽，已然一衰翁，王安石自嘲地笑了笑，摇摇头，再摇摇头。

　　他自言自语道：我这一身尘垢与疲惫，只待回到江宁，让钟山的清泠之水反复来濯洗吧。

　　江南好，风景旧曾谙。

　　六朝旧都江宁更好，自古以来就是烟柳繁华之地，温柔富贵之乡。南朝谢朓《入朝曲》谓之"江南佳丽地，金陵帝王州"。王安石《南乡子·金陵怀古》谓之"自古帝王州，郁郁葱葱佳气浮"。更有钟山形胜，深岩峭壁掩映林麓，飞泉幽谷笼烟罩云，如龙蜿蜒，似虎盘踞，若水墨丹青，左看是横披，右看是条屏，窗前是斗方，门外是手卷，让人怎么看也看不够。

　　王安石的家就在钟山之南、白下门外的盐步岭，离江宁城七里路，离钟山也是七里路，他因此名之为半山园。在半山园推窗一望，就能望见钟山，无尽佳山水，尽在王家枕灶之间。

　　远离了京城，远离了纷争不休的朝廷，王安石感到心情畅快了许多。将息几个月之后，旧疾也好了不少。对于第二次入朝做宰相，隐而复出，他原本就有些懊悔，现在更觉得当时是昏了头。在江宁颐养天年含饴弄孙多好，在钟山的林麓之间和秦淮河的碧波之上优游卒岁多好，在半山园读书著作多好，非要扯起腿脚，再次回到那朝堂之地，惹一身是非与烦恼。

　　目前，他还不算告老还乡，还不是自由自在身。罢相之后，王安石身上还担着镇南军节度使、同平章事、判江宁府的职务，仍是方面大员。何况，因神宗皇帝特别优待，王安石还带着使相同平章事的头衔。虽然不参与朝政，不签署朝政命令，但当朝廷有重大敕命要颁布时，他拥有和中书门下官员一样的权力，列衔于敕令末尾，所谓"大敕系衔"。和年轻时渴求功名不同，如今，于王安石而言，名是缰绳利是锁链，这些职务和头衔只让他感到束缚，感到呼吸不畅。回江宁已经半年了，他还没有到江宁府上任。这个时候，朝廷已经派提举江南路太常丞朱炎到他家中传达圣旨，督促他尽快到江宁府履职。紧接着，又派遣内臣梁从政带着诏书，敦谕他上任理事，并且明示，王安石一日不履行职务，梁从政就一日不得返京复命。如此一来，王安石不得不暂时遵命。

王安石深知，以使相之尊回江宁任职，是皇帝对自己的着意眷顾。但王安石一刻也不想从政为官了，其归隐之志已经坚如磐石。他给神宗接连上了几道表札，极力夸大自己的病情，渲染自己的老迈，诚恳乞求解除一切实职，赏一个宫观使的虚职闲差，回家安心养病。拗不过，神宗于熙宁十年（1077）六月十四日下诏：王安石以使相为集禧观使，居江宁。十一月，又晋封为舒国公。元丰三年（1080）九月，加特进，改封荆国公。

得集禧观使后，王安石又接连上《除集禧观使乞免使相表》《已除观使乞免使相札子》等数道表札，固辞使相，终于在第二年正月如愿以偿。

现在，他正式开始了退休生涯。

无官一身轻。回首往事，在给方外朋友的诗《赠僧》里写道："纷纷扰扰十年间，世事何尝不强颜。亦欲心如秋水静，应须身似岭云闲。"在给长女的诗《寄吴氏女子》里，他说："梦想平生在一丘，暮年方得此优游。江湖相忘真鱼乐，怪汝长谣特地愁。"另一首："丘园禄一品，吏卒给使令。膏粱以晚食，安步而辎軿……芰荷美花实，弥漫争沟泾。诸孙肯来游，谁谓川无舲。姑示汝我诗，知嘉此林坰。"

林坰幽深，斯人隐焉。致仕后的王安石，读书、写诗、钻研群经、深研佛家和道家著作、修订《字说》，是他的日课。天气晴朗适宜游玩的日子，他会带上两个仆役骑着毛驴赏览钟山胜境，或者乘坐一叶扁舟逍遥于秦淮水上。

他写了很多关于江宁、钟山和自况的诗词。《金陵即事三首》其二："结绮临春歌舞地，荒蹊狭巷两三家。东风漫漫吹桃李，非复当时仗外花。"《钟山即事》："涧水无声绕竹流，竹西花草弄春柔。茅檐相对坐终日，一鸟不鸣山更幽。"《即事二首》其一："云从钟山起，却入钟山去。借问山中人，云今在何处。"《金陵怀古》："烟浓草远望不尽，物换星移几度秋。"《初夏即事》："晴日暖风生麦气，绿阴幽草胜花时。"

提到王安石，人们就自然联想到王安石变法。其诗名、文名、学问名，被大政治家、大改革家的声名所掩。其实王安石的本色面目，是一个大诗人、大文学家、大学问家。

王安石青年时期就有文章名，因好友曾巩举荐，受到文坛领袖欧阳修的激赏。与王安石熟识之前，欧阳修在给曾巩的信中，称赞王安石"文字可惊"，想与之一见。在给刘敞的书信中，欧阳修说，读了王安石寄来的数十首诗，"皆奇绝"，并有"喜此道不寂寞"之语。后来两人相识相知，彼此相倾服。欧阳修《赠王介甫》诗云："翰林风月三千首，吏部文章二百年。老去自怜心尚在，后来谁与子争先。"以李白、韩愈许之，并预言其文学前程不可限量。

到了晚岁，王安石喜作小诗。其诗作更以风雅精工见誉于世，人称"王荆公体"。苏轼对其以骚体所写的《寄蔡氏女子》评价甚高，认为像"积李兮缟夜，崇桃兮炫昼"这样的佳句，自屈原、宋玉之后，千余年不曾见到。黄庭坚评价说，王安石的诗，暮年方才神妙。又说，其暮年所作诸多小诗，雅丽精绝，脱去流俗，每每讽咏品味，便觉得甘露生于齿颊之间。唐庚《唐子西文录》：王安石五言诗，得杜甫句法。胡仔《苕溪渔隐丛话》：观王安石《南浦》《染云》《午睡》《蒲叶》《题航子》《题齐安壁》诸诗作，使人一唱三叹。叶梦得《石林诗话》：王安石年少时以意气自许，所作诗不含蓄，晚年尽得深婉不迫之趣。僧人惠洪《冷斋夜话》：造语之工，至荆公、东坡、山谷，尽古今之变矣。梁启超写《王安石传》，祖述蔡上翔《王荆公年谱考略》，而对王安石的称誉，比蔡氏有过之而无不及。他评王安石文学：开江西诗派之先河，导宋代之风气，在中国数千年文学史中，其文学成绩尤其伟大，占据着最高位置。

元代以前，于唐宋文章，世人服膺的只有七家，分别是昌黎韩愈，河东柳宗元，庐陵欧阳修，眉山苏洵、苏轼，南丰曾巩，临川王安石。吴澄在《临川王文公集序》中对此叙述得很明白：自东汉到元代初，唐宋两代文章，值得称道的仅有七人。后人因袭吴澄的论断，加上苏辙，合为唐宋散文八大家。在文章方面，梁启超认为王安石的文章与另七家不同，其他人是文人文章，而王安石是学者文章，非另外七家所能望见。又认为王安石除擅长政论文章之外，记叙文也多上乘之作，特别是碑志体文章，除了韩愈，无人能与之匹敌。

当初我对这些评价颇不以为然，觉得赞誉太过。加之又受时论影响，印象中的王安石，是一个把北宋带到深渊里的"反派"政治家，是一个大奸臣，是一个古板、刚愎、不近人情的人。爱屋及乌，恨屋也及乌，于其诗词文章，除了诗作《元日》《梅花》《泊船瓜洲》《明妃曲》、词作《桂枝香·金陵怀古》外，其他的也就不曾过多留意。今年集中阅读清代蔡上翔《王荆公年谱考略》、近代梁启超《王安石传》、当代崔铭《王安石传》，特别是《临川文集》，方信前贤推誉并非空言。我尤其叹服王安石洋洋万言的政论文章《上仁宗皇帝言事书》，论法先王之意以治国理政，论理财以富国强兵，论变风俗、立法度、兴变革为当世之急务，论育养人才首在兴办学校且有教之、养之、取之、任之四道，论重视武备、整顿军队以解边疆之忧刻不容缓，论官员俸禄微薄的危害，论任用官员不专、不久、动辄迁职的弊端，论法网太密所以法令不能切实施行的现实……虽然我对其"民不加赋而国用饶""罢诗赋"而以"经义论策"取士的主张深存怀疑，但其滔滔雄辩，如同大江大河之水，裹着巨木、大石和泥沙浩荡西来浩荡东去，直把身上的几瓢老血激荡得澎湃作响。他的施政思想，来源于在扬州、鄞县、舒州、常州等地任职期间的所见所闻，以及小范围的亲自试验。苏轼曾说："荆公之学，未尝不善，只是不合要人同己。"也就是说，王安石的政术未尝不是好的，但不该强制他人附和自己。但一个"同"字，正是其政术的核心，与己同，然后同道德、同风俗、同制度，天下大同，"比迹成周"。

尤其喜欢他清雅妥帖的小诗。《与吕望之上东岭》："何以况清明，朝阳丽秋水。"《北山》："细数落花因坐久，缓寻芳草得归迟。"《书湖阴先生壁》："一水护田将绿绕，两山排闼送青来。"《南浦》："含风鸭绿粼粼起，弄日鹅黄袅袅垂。""暗香无觅处，日落画桥西。"《题齐安壁》："梅残数点雪，麦涨一溪云。"人间平常风物，王安石信手拈来，翻作绝妙好句，丝毫不见刀雕斧琢的痕迹。

其词作不多，但我以为只凭《桂枝香·金陵怀古》一首，就称得上造微入妙，足以笑傲两宋词坛。

有人说，王安石的学问，不知师从，不知源头。但很显然，他的学问来自群经。他本人对此也颇为自得，说自己算不上生而知之，但学而知之是算得上的。他是儒家学者，并且是当之无愧的大学者。其执政治国理念，取法上古先王，以儒家思想为根本。但我以为，他在实际操作中，参考和借鉴了管仲、申不害、子产、商鞅的法家之术。在变法过程中，以儒参法，甚至貌似儒家实是法家，虽然他本人以及他的铁杆拥趸，对此拼命抵赖。但矢口否认是没用的，从他的《上仁宗皇帝言事书》《上五事札子》即可寻得蛛丝马迹。而他以富国、裕民、强兵为初心的变法，每一种新法颁布，就立即受到群臣交章攻击，也主要是因为这个原因。新法在实施过程中，事实上大幅度加重了百姓赋税，导致民不聊生。

上一次罢相，王安石以观文殿大学士、吏部尚书、知江宁府、提举经义局的身份，回江宁住了十个月。其间带领长子王雱和门生，修撰《三经义》，也就是重新训释《周礼》《诗经》《尚书》经文义理的《周礼义》《诗义》和《书义》，完毕后分别亲自作序，献给宋神宗。神宗十分钦服，刻版印刷颁之学宫，时人称为"新义"。复相后，王安石以权势的力量，强制推广《三经义》，使之成为科举取士唯一的标准教科书，先儒传注因之一切废弃不用。其中的《周礼义》是他亲自撰写，《诗经义》和《尚书义》是王雱和门生所撰。《三经义》的刻板，在"元祐更化"时期，被国子司业黄隐一把火烧了。只有一篇《洪范传》因为曾收入《临川集》而留存下来。

这次罢相闲居，王安石重新修订了《三经义》，修改了《诗义序》。改写后者，是因为神宗在给他的手札中再三说，原序文有过于奉承自己的过情之言，宜速删去。

王安石又受许慎《说文解字》启发，完成训诂文字著作《字说》。这部书和《三经义》一样未能流传于世，原因正如《宋史》所言，多穿凿附会，流于佛老。诸多前人笔记，对《字说》的荒唐之处也多有记载。譬如王安石释"波"字，谓之"水之皮"，苏轼因此讥笑说，如此说来，"滑"字就是"水之骨"。我没见过《字说》，但读过王安石的《进字说表》和《熙宁字说序》，以为王安石对于文字，或许有很多乖谬无稽的注释，但独特见解是有的。比如他说，字有自然之位，有自然之形，有自然之声，有自然之义。

致仕后，在学问方面，王安石又深研佛典和老庄著作。王安石平生喜欢标新立异，诸多观念与别人迥然不同，对于"经"，他也有不同见解，认为"经"不仅指儒家经典，也包含释、道两家的经典作品。这话就是放在今天，也是很特别的。

受汉唐风习影响，两宋杰出的士大夫多以儒学为立身之本，同时博览众书，包括一些偏门学问，比如佛老之学。王安石也是如此。青年时代，他在给好友曾巩的复信中就说，诸子百家之外，他于《难经》《素问》《本草》甚至传奇小说，无所不学，于农夫女工之事，无所不读，如此一来，才能真正懂得诸子百家的经义大旨。曾巩来信，说佛经乱俗，王安石辩驳道："方今乱俗不在于佛，乃在于学士大夫沉没利欲，以言相尚，不知自治而已。"并且说，你不懂我。读唐宋八大家文章，也可知曾巩文章固然好，但相较其他七子，实在是本分人作本分文章，远不如其他贯通儒释道三教者，自由腾挪于天地之间。

王安石自幼随家人逛庙礼佛，他的临川老家周围，遍布寺观。和苏轼一样，他一生中有很多方外密友。暮年更是覃思佛典，疏解《金刚经》《维摩诘经》《楞严经》《华严经》，对前代佛家学者忽略之处详加注解，并有诸多相关诗作，如《拟寒山拾得二十首》《即事诗二首》《寄吴氏女子》。"能了诸缘如梦事，世间唯有妙莲花。""云从无心来，还向无心去。无心无处寻，莫觅无心处。""无苦亦无乐，无明亦无昧。不属三界中，亦非三界外。"这些句子，全类僧家机锋之语。又极倾心于《道德经》《南华真经》等道家著作，撰写《老子注》。晁公武评论道：王安石平生最喜《老子》，故而阐释最为用心。读王安石《答王深甫书》《答陈柅书》《九变而赏罚可言》等书信和文章，也足见其对老庄哲学领悟之深。儒与释、道，是先贤学问的根本与两翼，就像《周易》的六十四卦与"十翼"。

自王安石所处时代起至今，对于王安石，世人一直有两种截然相反的评判。推服者称之为伟人，为天之日星、地之海岳，甚至称之为圣人、完人，比如宋神宗、黄庭坚、陆九渊、吴澄、蔡上翔、梁启超；诋毁者谓之宵小，甚至奸人，比如吕海、苏洵、邵雍、邵伯温、王士禛。圣人耶？奸人耶？两种论断，显然都掺杂着评价者的个人好恶。且不论王安石其人正邪，有一点是不可否认的：在学问方面，王安石是大才、通才、不世出之才。

顺便说一句，王安石对于反对变法者、持不同政见者，一概称之为"流俗"或"流俗小人"。称别人小人，自己也难免小人之毁。古今事理，皆是如此。

人在田园，其性归本，遁世无闷，乐天知命。

一贯以执拗、刚愎、迂阔面目示人的王安石，此时已如江宁布衣，性格中宽和、融通的一面渐渐显露出来。《拟寒山拾得二十首》其四：

> 风吹瓦堕屋，正打破我头。
>
> 瓦亦自破碎，岂但我血流。
>
> 我终不嗔渠，此瓦不自由。
>
> 众生造众恶，亦有一机抽。
>
> 渠不知此机，故自认愆尤。
>
> 此但可哀怜，劝令真正修。
>
> 岂可自迷闷，与渠作冤雠。

这是一首很俏皮很好玩的诗，在《临川文集》中并不多见。玩味此诗，可知归隐之后，王安石心性已然归本，看破前尘世事，对政敌的恨意全然消除：他们和自己一样，都像打破人头的屋瓦，受风的支配和影响，并不自由，也不是有意相互为敌，实在是政见不同。

此诗也向政敌传达了一个隐晦的信号：我们和好吧。

因为个性，特别是因为变法，王安石一生得罪了太多的人，最窘迫的时候，环顾四围尽是反对者。这种敌对，与品德无关。即使是自始至终反对变法，不肯与王安石同朝为官的司马光，在王安石死后也说"介甫文章节义过人处甚多"。连指责王安石"被遇神宗，致位宰相，乃汲汲以财利兵革为先务，引用凶邪，排摈忠直，躁迫强戾，使天下之人嚣然丧其乐生之心"的朱熹，也高度评价王安石的品行、文章和担当："安石以文章节行高一世，而尤以道德经济为己任。"王安石的政敌大多数和他一样是正人君子。君子和而不同。

现在，王安石用诗歌发出了和解的信号。而那些包括老友、同僚、门生、故吏、兄弟在内的持不同政见者，也早就有意与他修好。穆穆清风至，吹到半山园。他们陆续来到半山园，与王安石煮茶把酒，言笑晏晏，携手同游钟山和秦淮河，作诗属文相互唱和。

来江宁看望他的人很多。在神宗崩逝之前，来的人更多。因为神宗对王安石一直恩宠不衰，王安石引退后，还经常派遣使者来江宁慰问，送医送药，送金钱送礼品。一些势利之人，也借看望之名，请求王安石为之美言。神宗殡天之后，朝中政局大变，新法被逐一废止，针对新法和王安石学术的种种抨击批判一天比一天激烈。势利之人不来了，王安石的门前由车马辚辚一下子门可罗雀。世态炎凉，新老朋友如米芾、黄庭坚、苏轼、李公麟、蔡肇、叶致远、李茂直、王哲等人的来访，以及俞紫芝（字秀老）、俞紫琳（字清老）兄弟二人的陪伴，更显人间情义的珍贵。

荆公之门，晚多佳士。黄庭坚在《跋俞秀老清老诗颂》中如是说。

少年时代，黄庭坚对王安石的才华就极钦佩，曾为王安石《明妃曲》辩护。王安石逝后，黄庭坚于元祐元年（1086）作《奉和文潜赠无咎篇末多见及以既见君子云胡不喜为韵》，赞颂王安石经学"荆公六艺学，妙处端不朽"。

王安石对黄庭坚的才华也很欣赏，曾点评黄庭坚任叶县县尉时所作的《新寨》诗，说黄庭坚是清逸之才，并非奔走风尘的俗吏。但两个人的见面，是在元丰七年（1084）二月，王安石退隐江宁的第八年。黄庭坚赴德州任职路过江宁，经由好友、半山园的常客俞紫芝、俞紫琳兄弟引见，终于见到了偶像。二人相见欢，黄庭坚对王安石由钦服上升为膜拜。在《跋王荆公禅简》中，他评价王安石："熟观其风度，真视富贵如浮云，不溺于财利酒色，一世之伟人也。"称王安石为伟人，黄庭坚应当是第一人。他称道的是王安石的品格和风度，而非政术。事实上，对于新法，黄庭坚也是反对者之一，虽不十分坚定，但他还是被归于元祐党人之列，并因此放逐黔州。

这一年正月，苏轼结束在黄州的贬谪生涯，由黄州量移汝州，六月底抵达江宁，泊舟秦淮河上。他把自己的诗文抄录了十篇寄到半山园，并附一纸："元丰七年七月十一日，舟行过金陵，亲录此数篇，呈丞相荆公。以发一笑而已，乞不示人。轼拜白。"接到苏轼的诗作和书信，王安石既意外又欣喜，第二天他就骑着驴子到秦淮河拜访苏轼。

王安石与苏氏父子矛盾很深，时人皆知。世上流传着一篇《辨奸论》，说系苏洵所写。文章中说王安石"食犬彘之食，囚首丧面而谈诗书，此岂其情也哉？凡事之不近人情者，鲜不为大奸慝"。说王安石是"王衍、卢杞合而为一人"，又比之竖刁、易牙、卫开方。蔡上翔《王荆公年谱考略》说《辨奸论》绝非苏洵所写。他考证，这篇文章最初出自邵雍之子邵伯温的《邵氏闻见录》，宋元明清许多私家笔记照录不误，元代修《宋史》，于王安石本传也有摘录，世人于是信以为真。

通读相关史传和文章，我以为，《辨奸论》秽亵似悍妇骂街语，定然不是出自苏洵之手，但苏洵肯定很厌恶王安石。当年王安石的母亲去世，朝臣都去吊唁，只有苏家父子三人未到，即是明证。苏轼、苏辙坚决反对变法，见于史册和文章。苏轼多次在神宗面前陈说新法祸国殃民，其《上神宗皇帝书》极论新法之害，其《司马温公行状》九千四百余字，攻击王安石的文字几乎占到了一半。性情比苏轼温和许多的苏辙，本来被王安石引为同道，拉进变法核心阵营之中，担任变法领导机构制置三司条例司检详文字，后来站到了王安石的对立面。王安石任宰相时，也多次阻挠神宗重用苏轼。王、苏两家除了公事，没有私下的交往，一如冰炭。

所以，苏轼这次主动示好，意义重大。

在江宁短暂停留的日子，苏轼经常和王安石谈古论今，参禅悟道，诗文酬唱。苏轼《次荆公韵四绝》其三："骑驴渺渺入荒陂，想见先生未病时。劝我试求三亩宅，从公已觉十年迟。"此诗足见苏轼对王安石的崇敬和怜惜。王安石劝苏轼在江宁买田置宅，苏轼当时仕途蹭蹬，又迷恋钟山景致，还真动了心，其心迹见于分别后的《与荆公书》。但苏轼也如屋上瓦，并不自由。

在江宁期间，苏轼也曾与知州王益柔（字胜之）同游钟山（又称蒋山），渡江到仪真之后，作《同王胜之游蒋山》，诗中有"峰多巧障日，江远欲浮天"的妙句。诗寄到王益柔手中，王安石得知后，立即派人取来，读到这两句，王安石拊几叹道："老夫平生作诗，无此二句。"

离开江宁后，苏轼给滕达道写信："某到此时见荆公，甚喜，时诵诗说佛也。"欢喜之情溢于言表。在另一封给滕达道的书信里，苏轼表达了对从前反对新法的反思和懊悔。他说，新法实施之初，你我这些同道固守偏见，坚决反对抵制，虽然出发点是为国为民，"而所言差谬，少有中理者"。现在新法已大见成效，回头看，过去的固执真是不应该。我读后一封信，深敬苏轼敢于承认并批判自己的错误，有君子之风。

元祐元年（1086）四月，王安石病逝于秦淮小宅。朝廷听从司马光"宜优加厚礼，以振起浮薄之风"，以及否定其政治成就，高度肯定其道德、人品、文章、学问的建议，追赠王安石为太傅。时任中书舍人的苏轼撰写《王安石赠太傅制》："将有非常之大事，必生希世之异人。使其名高一时，学贯千载。智足以达其道，辩足以行其言。瑰玮之文，足以藻饰万物；卓绝之行，足以风动四方。用能于期岁之间，靡然变天下之俗……进退之美，雍容可观……宠以师臣之位，蔚为儒者之光。"制词对王安石极尽褒美。

元丰年间苏轼的这一访，王、苏两家恩怨就此烟消云散。

王安石唯一不肯见的人，是吕惠卿。吕惠卿本来是王安石变法的左膀右臂，是最亲密的战友。王安石第一次罢相，就举荐吕惠卿为参知政事，并举荐韩维为宰相，以确保新法能够继续推行。但后来吕惠卿背叛了王安石，并向神宗揭发他和王安石的私人信件（信中王安石有"勿令上知"字样），极力阻挠王安石二次入相。复相后，王安石废除了其罢相期间吕惠卿针对免役法在施行中出现的问题而推出的补充法令给田募役法和手实法。又因其他国事，两人产生分歧，最终分道扬镳。后来，因卷入张若济贪赃一案，吕惠卿被御史蔡承熹一再弹劾，列举的二十余条罪状，其中一条就是破坏国家法度。吕惠卿被罢免参知政事，出知陈州。吕惠卿离京后，王安石与他终身不复相见。

时隔八年，有一天王安石正在山寺中喝茶，仆人送来吕惠卿的来信。吕惠卿在信中诚恳表达了握手言和的意愿："内省凉薄，尚无细故之嫌；仰揆高明，夫何旧恶之念。"王安石读罢，心中百味杂陈，过了多日才复信。信中说，你我二人由同心到离心，都是因为国事。变法之初，举朝诋毁我，唯有你鼎力相助，后来别人弹劾你，我没有参与，你我都不曾相负。也表达了抛弃前嫌的意愿。但王安石接着写道："趣舍异路，则相呴以湿，不如相忘之愈也。"他引《庄子·大宗师》之语，冷冷劝彼此相忘于江湖。也就是说，往日恩怨可以尽弃，但道不同不相为谋，从此以后不必再有往来。

吕惠卿这样的所谓朋友，实在是多余。

多余的不仅有官位、曾经背叛自己的战友，还有俸禄和财产。

王安石兄弟姐妹众多，父亲早逝后家境清贫。他出仕后，两个兄长、四个弟弟、两个妹妹或者尚在攻读，或者年纪尚小。他每月领到俸禄，留下一部分日用给母亲，剩余的随手放在家中，任由兄长和弟弟妹妹们拿去花。对于钱财，他从不在意，自己向来简朴，堂堂宰相之家，用来洗脸洗脚的盆竟然是瓦制的。他一生清廉，从不贪墨。陆九渊在《荆国王文公祠堂记》中说王安石："洁白之操，寒于冰霜。"即使是那些骂他是奸人的对手，在这一点上，也找不到他一丁点缝隙。《宋史·王安石传》："安石未贵时，名震京师，性不好华腴，自奉至俭，或衣垢不浣，面垢不洗，世多称其贤。"他的简朴与大方其来有自，是家风使然。其《先大夫述》就说自己的父亲王益，"自奉甚啬"，而对他人慷慨大方。垂暮之年，王安石更是看轻名利。

回江宁当年，王安石给神宗上了一道《乞将田割入蒋山常住札子》，请求把江宁府上元县家中的田产全部施予蒋山太平兴国寺，为父母和长子王雱办功德。神宗照准。

元丰元年（1084），他又上了一道《乞以所居园屋为僧寺并乞赐额札子》，请求神宗批准他施舍半山园房屋园囿为寺庙，以此为神宗"永远祝延圣寿"，并请皇帝赐寺名。皇帝再次照准，并题"报宁禅寺"。

之后，王安石一家搬离故宅，在秦淮河边租赁了几间旧屋栖身。这就是秦淮小宅。

其实王安石是很爱半山园的。回江宁不久，他对半山园继续进行改造，凿池引水，栽楝植楸。完工后还专门写诗给二女婿蔡卞，其中有句云："老来厌世语，深卧塞门窦。"他舍田舍宅，既是本性慷慨，大概也有学佛学道的原因：放下，看破，舍得。

想象中宰相家的半山园，应当是理想中的江南园林，亭台楼榭参差，曲苑池水环绕。事实并非如此。南宋李壁在为王安石诗集作笺疏时考证，半山园所在的地方，四周没有人家，住宅仅能遮蔽风雨，又不建围墙，远远望过去就像山家旅舍。

而秦淮小宅，据南宋人考证，在江宁城内桥之南，秦淮河之北，原是江宁县旧衙，王安石租赁时是废弃的惠民药局，里面有东吴后主孙皓时的《天发神谶碑》，因为已经裂为三段，故而也称三段石、三段碑。房子既狭窄又破旧，夏秋之季屋子里闷热难耐，王安石只好在院子里用芦苇和竹子编成棚架，上面加盖松枝，在棚子里避暑并接待宾客。他有一首《秋热》诗记载此事："火腾为虐不可摧，屋窄无所逃吾骸。织芦编竹继檐宇，架以松栎之条枚。岂惟宾至得清坐，因有余地苏陪台。愬阳陵秋更暴横，焮我欲作昆明灰。"冬天，屋子里冷如冰窖，河风肆虐，王安石坐在屋子里巴望春天来杏花开。李壁在《王荆公诗注》中感慨万端："公以前宰相奉祠，居处之陋乃至此。今之崇饰第宅者，视此得无愧乎？"他针对的，是南宋自皇帝到大臣的偏安与奢侈。

元丰八年（1085）三月，神宗升天，哲宗继位。随之而来的，是新法尽罢，连施行最有效的免役法也未能幸免，熙宁变法大臣尽数窜逐，凡与王安石有交游牵连者尽遭诋毁。王安石人老病缠身，又失去了政治上的依靠和精神上的寄托，身体每况愈下。元祐元年（1086）四月六日，王安石溘然长逝于秦淮小宅，得年六十六。逝前数日所作绝命诗《新花》：

> 老年无欣豫，况复病在床。
>
> 汲水置新花，取慰此流芳。

流芳在须臾，吾亦岂久长。

新花与故吾，已矣两可忘。

元祐更化，士大夫及王安石门生故吏见风使舵，改易门户，交章攻击座师和前宰相。黄庭坚《次韵王荆公题西太一宫壁二首》其一："风急啼乌未了，雨来战蚁方酣。真是真非安在，人间北看成南。"前二句暗射其时党争之酷烈，后二句写舆论对王安石或颂扬备至，或极尽丑诋。张舜民《哀王荆公》诗："去来夫子本无情，奇字新经志不成。今日江湖从学者，人人讳道是门生。"

世间事，万古如一，君子尚道，小人好利，颠扑不破。

宋室南渡之后，朝野以靖康之祸归于王安石变法。宋高宗绍兴初年，元祐诸贤的子孙，以及苏轼、程颐的门人故吏发愤于党禁之祸，群攻蔡京犹不解恨，于是把败乱之由推到王安石身上。攻其政术不算，兼攻击其学术以及人品。逝后多年，王安石比在世时受到的批判还要多。

两宋至清代，诸多私家著述如《涑水记闻》《邵氏闻见录》《鹤林玉露》《却扫编》《宾退录》《避暑录话》《泊宅编》《芥隐笔记》《香祖笔记》《分甘余话》《池北偶谈》等，于闲谈掌故文字中，都有大量内容攻击王安石。程朱理学的集大成者朱熹编《三朝名臣言行录》，把两宋攻击王安石的所有言论都收到集子中。元人修《宋史》，多采录私家著作，于是王安石的污名，百世不可洗濯。细读蔡上翔《王荆公年谱考略》中大量翔实确凿的考据，可知这些著作有些是纪实，大多则是谣言。这些谣言，于王安石的人品、道德、诗歌、文章、政术、学术、衣食、君臣关系、父子关系、兄弟关系、夫妇关系、朋友关系，无一不加以污蔑。譬如世人皆知的"天变不足畏，祖宗不足法，人言不足恤"这"三不足"之说，王安石并未亲口说过这话，即使说了，今天看来，前两句也是十分正确的。

其实，在神宗时代，除了吕海等少数人攻击王安石的道德品格，朝中大臣群起而攻之的，只是新法。早在王安石主持变法之时，其利与弊，其成就与危害，朝中大臣已经分析得透彻明白，大体是两分之。议论新法，特别是贻害最深、最为人诟病的青苗法，富弼、韩琦、欧阳修、苏辙等重臣最为中肯：青苗法本意是遏制豪富之家兼并百姓财产，结果在施行过程中，与初衷相违背，强制百姓贷款，不仅普通百姓倾家荡产，连那些富豪之家也日趋没落。不论朝廷如何辩解，青苗法事实上就是国家放贷取利，盘剥百姓。

其他一系列新法，有利也有弊。最大的利，是初步实现了富国强兵，朝廷财政危机解除了，军队有了战斗力，有实力用兵于西北的辽和西夏，取得熙河之役的重大胜利，一洗前耻，宋室拓土两千余里。明末清初颜元《宋史评》："宋几振矣。"当时喜讯传来，神宗把腰上的玉带解下来赐给王安石，史家称之"玉带之荣"。所以，包括苏轼、苏辙在内原来的坚定反对变法者，也部分改变了对新法的看法，承认以前的激烈反对并非全然正确。

最大的弊，正是郑侠所绘《流民图》：过分压榨百姓，以致人民流离失所，饿殍遍野，凄惶无助，宋王朝的统治基础崩塌了。

变法后期，也即元丰年间，北宋的一时兴盛，犹如回光返照。

王安石变法的初心是好的，结果大多事与愿违。但正如前人所论，这并不是王安石一个人的责任，那些反对派也难辞其咎，他们不顾一切地反对，宁愿外放、贬谪、致仕也不愿配合新法的施行，使王安石不得不引用群小。这些小人上下其手，邀功请赏，贪污渔利，为升官发财，将新法于百姓有利的一面弃之不顾，将不利的一面发挥到极致，最终把新法玩坏了。

终神宗之世，包括王安石优游林下多年期间，新法仍然一以贯之强势推行。因为神宗才是变法真正的主导者，王安石只是倡导者和主持者。他和神宗在变法上，完全是一个人。

回溯治平四年（1067），赵宋王朝得天下已经百余年，貌似承平无事，实际积贫积弱，冗兵、冗吏、冗费等问题十分严重，原本充盈的国库消耗殆尽，面临着极其严峻的财政危机。如南宋李焘《续资治通鉴长编》所言："公私困竭"，"百年之积，惟存空簿"。而自澶渊之盟与辽约为兄弟之国数十年来，宋朝每年向辽国进贡岁币，后来又向西夏进贡，以大国而侍奉小国，是天大的耻辱。可是自宋太祖赵匡胤以来，宋室制度偃武修文，国无良将，边无强兵，只得忍气吞声。1068 年，神宗即位之初，就有开拓疆土以雪前耻的雄心壮志，需要一个人来替他实现宏愿，而这个人，正是已经做好了改革准备、只待君王青眼重用的王安石。不世出之君主，遇到不世出之能臣，于是才有了熙宁变法。

　　清代李绂在《穆堂初稿》中说：王安石眼见国家衰弱，财力日困，风俗日坏，忧愁不可终日，可是公卿大臣都像堂下燕雀，自以为安，他不得不担任起富国强兵的重任。恰好遇到大有作为的君主，于是立制度、变风俗、排众议而推行新法。他是为图国家万世之安，丝毫不是为了自家。"其术即未善，其心则可原。何奸之有？"李绂的话，是另一篇反《辨奸论》的辨奸论。

　　宋室南渡，新法不得无罪。但宋室之亡，根子在于党祸。

　　读王安石其人其事，我拟判词曰：

　　　　君臣遇合法古变今赓先王法统锐意改革良莠对参死生置之度外不负临川志；

　　　　僚友攻讦含羞忍耻续众生性命执着破冰毁誉相半得失放于心内莫羡江宁老。

天涯不倦客

——贬谪中的苏轼

苏轼（1037—1101），字子瞻，号东坡居士等，眉州眉山（今四川眉山）人。北宋名臣，文学家、书画家，诗、词、文章造诣极高，是宋代文学成就的代表人物。二十一岁进士及第，历官大理评事、签书凤翔府节度判官厅公事、殿中丞、判登闻鼓院、直史馆、判尚书祠部、开封府判官、殿试编排官、杭州通判、密州知州、知河中府、徐州知州、湖州知州、黄州团练副使、汝州团练副使、登州知州、起居舍人、中书舍人、龙图阁学士、翰林学士、杭州知州、吏部尚书、兵部尚书、端明殿学士、翰林侍读学士、礼部尚书等。先后被贬黄州、惠州、儋州等地。著有《东坡七集》《东坡易传》《东坡乐府》等。

小雪前几日，一个黄昏，在故园木瓜冲的瓦屋纸窗下，有人展纸挥毫，给我写了一幅字。用的是宣州诸葛齐锋笔，自制的海南松烟墨，写在四尺软白的桑根纸上。其字丰肥姿媚，左卑右昂，结字扁平，错落蕴藉又恣意天真，松雪道人所谓"黑熊当道，森然可怖"，山谷道人所谓"落笔如风雨"。写字的人站在夕阳里，我未能看清面目，只记得是个长身老叟，头戴青黑色高筒短檐帽，身穿交领灰白色旧长袍，站在书案前搦管如飞。内容如下：

余自海康适合浦，连日大雨，桥梁大坏，水无津涯。自兴廉村净行院下，乘小舟至官寨，闻自此西皆涨水，无复桥船，或劝乘蜑并海即白石。是日六月晦，无月，碇宿大海中。天水相接，星河满天，起坐四顾太息：吾何数乘此险也？已济徐闻，复厄于此乎？……七月四日合浦记，时元符三年也。

我得此字，如获至宝，当即恭恭敬敬折叠好，小心收进书桌抽屉中。那老叟也随之仙然而去，背影嵌进夕阳，如史册隐逸传中人。整个过程，我和他未交一言。

翌日清晨醒得早，翻身下床就去拉抽屉，屉中自然空空如也。墨迹淋漓，字句历历宛在眼前，真不似梦。回想起来，梦中人仪表风度，如赵孟𫖯所绘东坡小像，梦中人所书，是《东坡志林》里的《记过合浦》。如此如此，梦中人当是眉山苏轼。这几个月，我日日批阅东坡诗词，夜夜圈点东坡文章。思之念之，琢之磨之，东坡先生不期然入我梦里来也。费解的是，梦中我竟然未曾请教一语，也不曾请他喝一杯清茶。

东坡诗文汤汤涓涓，东坡书画奔逸绝尘。韩愈《杂诗》："翩然下大荒，被发骑骐驎。"东坡《潮州韩文公庙碑》："手抉云汉分文章，天孙为织云锦裳。"这几句诗文，都可移来称道东坡先生的高妙诗文。

那天早上，我怔怔站在窗前，念起昨夕的"神遇"，欣喜久之也怅惘久之。眼前忽然浮现一个执白拂尘、衣袂飘举的老道士，他正站在一艘大木舟的舷边，横渡琼州海峡，往海南岛而去。

　　距今九百余年前的那个暮春，道士吴复古再次冒着葬身海底的风险，漂至海南岛。一上岛，他就直奔海岛西北部的儋州。他是专程来看望挚友苏东坡的。

　　吴复古又名吴子野，翰林侍讲吴宗统之子，博学多才又任侠好义，曾在宫中担任教授，因厌恶官场虚伪诡诈，辞职做了闲云野鹤。他是苏东坡众多和尚道士友人之一，在苏东坡贬谪黄州、惠州、儋州期间，曾多次出其不意地出现在他面前，传信，送物资，陪伴孤苦的老友。苏东坡流放儋州不久，他就来过一次。此行，他给挚友带来一个天大的喜讯：改朝换代了，元祐诸臣全部遇赦，苏东坡迁入内郡。

　　北宋元符三年（1100）正月，哲宗皇帝赵煦病逝，皇弟端王赵佶即位，是为徽宗。皇太后向氏垂帘，权同处分军国事。两宋多贤后，向氏是其一。她垂帘听政不过半年，七月即还政于子，次年正月去世。在这一年中，借新帝登基大赦天下的良机，她全力翼护元祐诸臣，起用忠良，恢复元祐党人范纯仁等人的官职，迁徙苏轼等入内郡，追复已故元祐宰相文彦博、司马光、吕公著、吕大防、刘挚等数十人的官职。遭贬谪放逐的儒臣都予以赦罪、升迁，至少得到完全的行动自由。同时，她把章惇、吕惠卿、蔡京之流归入奸人、坏人、小人之列，免职的免职，贬官的贬官，流放的流放。此前，因熙宁变法、轻启边衅、朋党之争、元祐党案、奸臣当道，宋室朝廷政事几番更张，朝野一团乌烟瘴气，江山气象已然衰索。此时，因为一个女人，局面短暂一新。

四月，朝廷诏命下达，以生皇子恩，授苏轼舒州团练副使，永州居住。五月，又量移廉州。

廉州在雷州半岛，今为合浦县人民政府所在地，与海南岛隔琼州海峡南北相望。所谓量移，是指官吏因罪远谪，遇赦酌情调迁近处任职。也就是说，苏东坡可以离开孤悬在大海之中的岛屿，回到雷州半岛了。

朝廷诏命由京城抵达儋州，需要一些时日。吴复古带来的消息，大约是道路传言，苏东坡想必将信将疑。但几天后，谪居雷州的秦观接到特赦令，立即派人给苏东坡送了一封信，证实吴复古所言不虚。

这个时候，苏东坡流放儋州已近三年，早就做好了客死海南岛的准备。当初由惠州贬儋州，渡海之前，他在给广州知州王古的手札里说："今到海南，首当做棺，次便做墓。"又说："仍留手疏与诸子，死即葬于海外，生不契棺，死不扶柩，此亦东坡之家风也。"

初到儋州，苏东坡受到太守张中的优待，住在官舍里，并定期供应官粮。不久，宰相章惇派遣心腹爪牙巡视各地，伺察元祐诸臣的动向和过失，阴谋将他们全部逼死害死。苏东坡和陪伴他的小儿子苏过，从官舍里被驱逐出来，无处栖身。太守张中亲自挖泥运砖，与当地居民和苏东坡的十几个弟子一起，用竹子和茅草帮助苏东坡盖了三间茅屋。茅屋建在儋州城南一个桄榔林子里，苏东坡名之为桄榔庵，并作《桄榔庵铭（并叙）》。叙言中说："东坡居士谪于儋耳，无地可居，偃息于桄榔林中，摘叶书铭，以记其处。"无纸写字，摘叶作铭，其穷困程度可知。

儋州荒远穷苦，一应物资多靠大船从海峡对岸运来，遇到恶劣天气，大风大浪多日不止，衣食和一应生活用品就十分短缺。苏氏父子更是生活困顿。他们日日在桄榔庵中相对读书著作，就像两个苦行僧，衣食用度多依靠当地居民、读书人和各地官员朋友接济，经常面临无米下锅的窘境，以至煮苍耳为食，甚至学道家辟谷之法，食阳光止饿。在元符二年（1099）四月十九日的笔记中，苏东坡这样写道："儋耳米贵，吾方有绝食之忧。"在给惠州秀才程儒的信中，他说得更为直白："此间食无肉，病无药，居无室，出无友，冬无炭，夏无寒泉，然亦未易悉数，大率皆无尔。惟有一幸，无甚瘴也。近与小儿子结茅数椽居之，仅庇风雨，然劳费已不赀矣。"

徽宗皇帝赵佶登基这一年，苏东坡已经六十四岁。虽然文名政声早已誉满天下，诗词、文章、书法、绘画、五经诸般艺事日益精进，但长期的颠沛流离和蹭蹬忧患，他已是衰老多病之身。老迈遇赦，孤臣北归，他自然欢天喜地，感念皇太后和新皇帝恩情浩荡。其愉悦心情，由过琼州海峡写于船上的诗《六月二十日夜渡海》可知：

参横斗转欲三更，苦雨终风也解晴。

云散月明谁点缀？天容海色本澄清。

空余鲁叟乘桴意，粗识轩辕奏乐声。

九死南荒吾不恨，兹游奇绝冠平生。

诗中的苦雨、终风、云散、月明，都是双关语。苦雨，久雨也。终风，终日刮着不歇的风，语出《诗经·邶风·终风》："终风且暴。"苦雨终风，隐喻恶劣的政治环境，也是身世之感。云散月明，意思是自己本来就清白如海上明月，政敌的诬陷和打击犹如浮云遮月，现在终于黑云散、明月来。不恨、奇绝，则是脱困之后的言语。

古人称大海为巨壑，深沟大谷之意。苏东坡过巨壑琼州海峡，历死生之险，前后应当是三次。第一次是三年前放逐荒服，初来海南。第二次是此番遇赦北归。第三次是《记过合浦》中言，十天之后的六月三十日，北上途中，从海康到合浦，原本想走陆路，不料突然遭遇大水，不得不走一段回头路再回徐闻，绕海道到合浦。

巨壑森森兮无涯，旅人战战兮命悬。古今人均视大海为畏途，尚无现代化先进轮船的古人，更视渡海为死路。苏东坡后两番渡海，动身之前，想来也同第一次一样"许菩萨"，也就是向神祷告。第一次，他由雷州过海之前就依照当地习俗，到供奉着征南二将军的先贤祠中，向神像祈祷平安。据当地人说，凡在风涛险恶处，过海旅客都求神开谕，决定吉日良辰开船，神有求必应。

三次历海，苏东坡果然是吉人有天相。苏子一生坎坷而传奇，危难之时总有贵人相帮，屡次逢凶化吉。

劫后余生，心犹悸悸。建中靖国元年（1101）正月，苏东坡归程再次经过大庾岭，在岭上村店中小憩。店里的一位老翁见了，就问他的侍从："官为谁？"侍从答："苏尚书。"老翁问："是苏子瞻吗？"答："正是。"老翁走到苏东坡跟前，作了个揖，惊喜道："我闻人害公者百端，今日北归，是天佑善人也。"苏东坡笑着谢过，然后留诗《赠岭上老人》于村店墙壁上：

> 鹤骨霜髯心已灰，青松合抱手亲栽。
> 问翁大庾岭头住，曾见南迁几个回。

东坡自言劫后余生之福庆也。但细品此诗，又有难言的恐惧和后怕在字间。

远谪天涯的南迁客终于归来了。客老矣，无复年少初出川时的雄心万丈。何况，路上已经听说，皇太后向氏因病崩逝，新皇帝赵佶也不见得是贤明大有为之君，朝廷已有再次起用奸臣的迹象，善人都不见容，一切情形显示朝政又将全复旧观。"吾其如天何？吾其如天何？"苏东坡几声长叹之后，决意不再入朝为官，也不愿住在京畿附近以免再次招惹是非，而是选择到远离京都、位于太湖之滨的常州终老。久历坎窞，他自然小心谨慎。

果然，不久宋徽宗因童贯举荐，复召蔡京为翰林学士承旨，官拜尚书左丞，俄而为右仆射，又进左仆射。崇宁元年（1102），朝廷再次追贬元祐党人司马光等四十四人的官职，并刻所谓的奸党碑于端礼门，随即又刻石于州县，周知天下。奸党碑碑文为蔡京所书，上面刻着三百零九个人的名字，侍从以司马光为首，文臣以苏轼为首，武臣以程颢为首，宦者以王献可为首。当然，这已经是苏东坡羽化登仙之后的事情了。令人啼笑皆非的是，按照南宋施宿所编《东坡先生年谱》里的解释，宋徽宗启用建中靖国这个年号，是因为"是时上意厌党人攻击不已，欲以中道为衡，消弭其变，归于无事，故以建中靖国纪年"。自古朝廷上的忠奸之争，短时期内，必以奸胜忠退为结局，因为忠良有廉耻而小人无廉耻。调和忠奸，无异于痴人说梦。古今可笑之人可笑之事可以填满汪洋大海，以建中靖国为年号，中未建、国不靖，不过是其中一例。

苏东坡的死因，按照他自己的说法，是因为热毒，也就是感染了瘟疫。按施宿的说法，是"瘴毒大作"。这也许说的是一回事。这些年读苏轼的著作、年谱、墓志铭，我怀疑这瘟疫是在北归途中感染上的。他从儋州到常州，路上行程加上走亲访友、看山望水耽搁，所费时日恰好是一年。假如他未曾蒙赦放归，一直住在儋州，与田夫野老、山林海波为伴，或许能多活几年。去世之前半个月，在给径山寺维琳方丈的信中，他说："岭南万里不能死，而归宿田野，遂有不起之忧，岂非命也夫。然生死亦细故尔，无足道者。"

逝前，长子苏迈请示遗教，苏东坡不发一言。其实所有该说的、不该说的、想说的，他都已经说过了。

"生死亦细故尔，无足道者。"这十个字，淡如云，轻如风，是旷达人之语，出世人之语，心悟不迷者之语，打通儒释道三教者之语。但细思之，这十字又有铁石之重，是天涯沦落人无可奈何之语。

东坡先生在《自题金山画像》诗里，自问自答："问汝平生功业？黄州惠州儋州。"他说的功业，自然不是报效朝廷、造福百姓的功劳业绩。他这方面的成就，主要显现在外任凤翔、杭州、密州、徐州、湖州、扬州、颍州、定州期间，他自己的诗文。因此，我认为诗里的功业，是指文章学问。

在先后两次，涉及黄州、惠州、儋州三地，总计长达十一年之久的贬谪流放生涯中，苏东坡如同武侠小说里打通了任督二脉的大侠，打通了儒释道三教，无论是人生观念还是诗词文章，皆以儒为体，参以佛老，融会贯通三教并在其中自由出入。这当然并非是自发的，而是被情势所逼。他是以佛老之言来为自己纾困解难。

生死细故，这话一如庄子所说的"齐死生"，也就是看淡生死，视生如死，视死如生。庄子《齐物论》借南郭子綦之口说："吾丧我。"意思是"我自忘"，自己忘记自己。西晋郭象评注这三个字："我自忘矣，天下有何物足识哉！故都忘外内，然后超然俱得。"识，古时通"志"，记也。苏东坡既然"丧我"，则生死两可忘也，生死都可忘，诬陷、侮辱、打击、牢狱之灾、贬谪、流放、蹭蹬、孤苦、病痛、饥寒、齿摇发稀、亲人四散之类，何者不可忘？

北归途中，苏东坡写过一首《乞数珠赠南禅湜老》，诗中有"未能转千佛，且从千佛转"的句子，显然化自六祖慧能的偈语。按《传灯录》，慧能为法达禅师说法，有"心迷《法华》转，心悟转《法华》"一语。非但如此，这首诗还最能体现儒释道三教在苏轼身上的合一。"未能转千佛，且从千佛转"，释也；"儒生推变化，乾策数大衍"，《易》也，儒也；"道士守玄牝，龙虎看舒卷"，道也。白居易晚年自称香山居士，以儒教饰其身，以佛教治其心，以道教养其寿。观苏东坡自四十五岁被贬黄州，以后二十年所持人生观念，与白居易是很相近的。大致是，任职期间以儒为主，以佛老为辅，贬谪期间则倒过来，以佛老为主，以儒为辅。这种主从关系，可于其诗词、文章、手札、笔记中品味一二。苏辙为兄长所作的墓志铭，对此梳理得至为明晰："少与辙皆师先君，初好贾谊、陆贽书，论古今治乱，不为空言。既而读庄子，喟然叹息曰：吾昔有见于中，口未能言，今见庄子，得吾心矣。乃出中庸论，其言微妙，皆古人所未喻……既而谪居于黄……读释氏书，深悟实相，参之孔老，博辩无碍，浩然不见其涯也……最后居海南，作书传，推明上古之绝学，多先儒所未达，既成三书，抚之曰：今世要未能信，后有君子，当知我矣。"

墓志铭中所说的东坡三书，是指他注解《易经》《论语》《尚书》的书传。前两部成书于黄州，在海南他接着注完了《尚书》。

自从进入仕途，苏东坡的履历大致是：外任—在朝—外任—入狱—谪黄—还朝—外任—还朝—外任—谪惠—谪儋—北归。其人生遭际，可谓复杂，可谓大起大落、几番起落。

在贬谪时期，心灰意冷之时，苏东坡或许会时常想起，当初与父亲苏洵、弟弟苏辙一起出蜀入京时的凌云壮志。想起自己参加礼部会试时所作《刑赏忠厚之至论》中的铿锵之言："可以赏，可以无赏，赏之过乎仁；可以罚，可以无罚，罚之过乎义。过乎仁，不失为君子；过乎义，则流而入于忍人。故仁可过也，义不可过也。"想起欧阳修见此文，给梅圣俞写手札推重自己："老夫当避路，放他出一头地也。"

本质上，苏东坡是儒家，是以治国平天下为己任的。初次出川路上，他作了一大批诗歌，意气风发如火烧曹军的周公瑾，慷慨挥斥之豪气浮于纸面。《荆州十首》其十："北行运许邓，南去极衡湘。楚境横天下，怀王信弱王。"纪晓岚批点此诗："此犹少年初出气象方盛之时也，黄州后再无此议论。"仕途遇挫，尤其是几番遭贬，最后贬到不能再远的海南，渐渐让苏轼"心似已灰之木，身如不系之舟"。漫漫贬谪路，他以佛老自我融通、自我完足、自我开释。

在黄州，苏东坡有时自称逐客，有时自称幽人、孤鸿。《初到黄州》："逐客不妨员外置，诗人例作水曹郎。"《和秦太虚梅花》："万里春随逐客来，十年花送佳人老。"《卜算子·黄州定惠院寓居作》："谁见幽人独往来？缥缈孤鸿影。"贬惠州、儋州，他又多了两个自称：孤臣和故侯。《八月七日初入赣过惶恐滩》："山忆喜欢劳远梦，地名惶恐泣孤臣。"《赠王子直秀才》："幅巾我欲相随去，海上何人识故侯。"无论是逐客、孤臣、幽人，还是孤鸿、故侯，都是内心凄苦的真实显露。

翻检苏东坡在黄州、惠州、儋州的大量作品，其中多有灰心、沮丧、沧桑、凄怆之语。《寒食雨二首》："君门深九重，坟墓在万里。"《纵笔》："白头萧散满霜风，小阁藤床寄病容。"《上元夜过赴儋守召独坐有感》:"搔首凄凉十年事,传柑归遗满朝衣。"《倦夜》:"衰鬓久已白,旅怀空自清。"《儋耳》:"残年饱饭东坡老,一龛能专万事灰。"这些文字九百年后读来,仍叫人肝肠寸断。我以为,苏东坡的逐臣之心,在黄州时,是萧瑟落寞之心,对重新起用甚至担任朝廷重臣尚抱信心;在惠州特别是儋州,是枯干萎落之心,体衰志竭,已不指望能够北归,遑论还朝。

宋朝的统治手段与前代相比,相对温和,如许将给哲宗皇帝赵煦上书所言:"本朝治道所以远过汉唐者,以未尝辄戮大臣也。"但大臣得罪流放南方和西南者却极多,死于流放地和流放途中的也很多,譬如范祖禹、吕大防、刘挚、梁焘,且多是被威逼而死,或被暗杀。苏东坡兄弟自入仕,朝野即称他们有宰相之望,说这话的还是仁宗皇帝赵祯。一次散朝回后宫,他欣然对皇后说:"吾为子孙得两宰相。"但后来苏东坡兄弟的经历,却如巨壑之上的一叶扁舟,浮浮沉沉,苏东坡更是数次濒临绝境。在贬谪期间,苏东坡寄意诗词文章,兼习书法绘画,并深研佛老之学,用这些来为自己渡劫。

北宋元丰二年(1079)十二月二十八日,朝廷下诏,苏轼责授检校尚书水部员外郎、黄州团练副使,本州安置。这一贬谪诏命是神宗皇帝的圣谕,看似是贬,实则是救,把苏东坡从乌台也就是御史台监狱里捞了出来。因御史李定、舒亶、何正臣等人罗织"指斥乘舆、词皆讪怼、愚弄朝廷、包藏祸心"等罪名的诬告,苏东坡于八月十八日,被官差从湖州逮捕入狱,此时已被关押一百三十天,其间受审四五十日,差点瘐死大狱。李定等人,本意是将他处以极刑。相对于坐牢、诛戮，贬谪算是薄罚了。第二年二月，苏东坡到达黄州，寓居定惠院。

从京城到黄州，他水陆兼行，其间乘船渡过淮河。几年前，我到河南息县濮公山，当地父老说东坡赴黄州曾经过此地，还为濮公山题"东南第一峰"数字。这个第一峰的意思，应当是他往东南方向遇到的第一座山峰，而非第一高峰，因为濮公山并不高，主峰海拔也不过一百多米。

死里逃生，从政治权力中心被逐出，发配到边远的黄州，苏东坡内心的郁闷彷徨可知。既然积极进取的儒家学说不能为自己带来光明，他就反求于消极避世的佛老之学，从中获得内心的抚慰和安宁。所谓积极和消极，有时候是相对的、互转的，在苏东坡身上就是如此。

在黄州，苏东坡参禅问道。

初到贬所，他在写给老朋友章惇的信中说："初到，一见太守。自余杜门不出，闲居未免看书，惟佛经以遣日，不复近笔砚矣。"在《安国寺记》里他写道："道不足以御气，性不足以胜习。不锄其本，而耘其末，今虽改之，后必复作，盍归诚佛僧求一洗之？"五年之中，每隔一两天，他就去城南精舍安国寺，从早上待到晚上，"焚香默坐，深自省察"，刮大风下大雨也不耽误。他自陈，归诚佛僧后，"物我相忘，身心皆空，求罪垢所以生而不可得。一念清净，染污自落，表里翛然，无所附丽，私窃乐之"。自我内视反省或许有之，但未必深切，图一念清净之乐，才是他的本意。

　　数年之后，好友范镇（字景仁）去世，苏东坡说过几句话，最能见到他对佛学的态度。他说："范景仁平生不好佛，晚年清慎，减节嗜欲，一物不芥蒂于心，真是学佛作家，然至死常不取佛法。某谓景仁虽不学佛而达佛理，虽毁佛骂祖，亦不害也。"东坡说佛，得真佛旨。

　　向佛之外，苏东坡又对道家尤其是养生术生发兴趣，曾到天庆观闭关清修七七四十九天，并与道士过从甚密，与滕达道、王定国、苏子由等人相互切磋炼服丹药。《南堂五首》其二："故作明窗书小字，更开幽室养丹砂。"《与王定国书》："安道软朱砂膏，轼在湖亲服数两，甚觉有益利，可久服……近有人惠丹砂少许，光彩甚奇，固不敢服。然其人教以养火，观其变化，聊以悦神度日。"

　　一个普通人，一日心情尚有几变，醒来与梦中，白天与夜晚，醉后与醉前，所思所想多有参差甚至相违。这是人之常情。贬谪之人，心绪自然更是多变的。由苏东坡在黄州写的诸多诗文可知，他时而旷达超迈，时而悲愁叹息；时而随缘自适，时而忧心忡忡；时而积极阳光，时而消沉晦暗；时而出世，时而入世。儒释道三教，在他身上也时常相互抵牾。说到底，他归诚佛僧，并不是沉溺于佛经教义，而是如《安国寺记》和《答毕仲举书》中所言，是以佛经驱赶心头的阴霾，洗涤内心的尘土，让自己尽量保持豁达平和的处世态度。他学道、炼丹、合药、服丹药、闭关、打坐、练瑜伽，主要是为了养生，也为找些事情来做，以遣送无聊时光。虽然向往延年益寿之术，但他并未达到痴迷的地步。

黄州时期，佛老气息在苏东坡身上虽然日益浓厚，有时占据了思想的主导地位，但尚在肌肤。到了贬谪惠州、儋州时，其佛老思想已经深入骨髓。我以为，苏东坡学佛学道，一部分是天性，更主要是时势使然。

东坡高才，当世无双。

他的著作，仅留传下来的，就有诗两千七百多首，词三百多首，其他论、传、书、表、策、记、檄、疏、札、叙、铭、题跋等各类文章四千八百多篇，浩浩乎，洋洋乎，数量之多、质量之优，在人才辈出、济济多士的北宋，也是拥有最高文学成就的代表之一。然而他写的最好的作品，自己最满意的作品，世人有口皆碑的作品，无疑是在黄州、惠州、儋州贬谪时期所作。

从御史台诏狱里刚刚放出来，这个因诗获罪的人，当天借着酒兴，就写了两首诗，诗题为《十二月二十八日蒙恩责授检校水部员外郎黄州团练副使复用前韵二首》，诗中说："平生文字为吾累，此去声名不厌低。"又说"却对酒杯浑是梦，试拈诗笔已如神。"写完掷笔而笑："我真是不可救药！"

身家不幸诗家幸，先生诗笔已如神。观其黄州所作诗词文章，《定惠院寓居月夜偶出》《寒食雨二首》《鱼蛮子》《定风波·莫听穿林打叶声》《洞仙歌·冰肌玉骨》《念奴娇·赤壁怀古》《记承天寺夜游》《前赤壁赋》《后赤壁赋》诸篇什，篇篇贵于黄金，首首珍于美玉，每一篇每一首都可以拿来换五座城池，真似有鬼助神襄。苏东坡对此也是颇为自得的。《与陈季常书》："近者新阕甚多，篇篇皆奇。"又在笔记中说："吾文如万斛泉源，不择地而出，在平地滔滔汩汩，虽一日千里无难。及其与山石曲折、随物赋形而不可知也。所可知者，常行于所当行，常止于不可不止，如是而已矣。其他虽吾亦不能知也。"他评价韦应物、柳宗元诗："发纤秾于简古，寄至味于淡泊。"评价陶渊明诗："其诗质而实绮，癯而实腴。"这些评语，其实也可以拿来评价他自己。

黄州是他身体和灵魂的放逐之地，也是他的文章福地。后来的惠州、儋州也是。

苏东坡的诗文，虽然苏辙说"得之于天"，但其少作稍嫌稚、涩、粗、空，有刻意锻炼的痕迹，学李杜而未精熟，还未形成鲜明的苏氏文风。后来在朝廷、地方做官，特别是贬谪三地，其诗文风格逐渐形成。他后两次在朝中任职，熙宁时期与王安石变法派激烈争斗，无暇写诗作文章，作品很少；元祐时期又与司马光、程颐等缠斗，作品虽然不少，但多是应酬诗。在朝时，其作品风格大致是快利雄健、论辩滔滔，然而多不足观，除了题画之作，更无名篇。在地方官任上所作，大体而言，清旷简远，空灵蕴藉，远胜在朝时期。而在贬所，得大好河山之助，得身世多艰之力，又深受陶渊明诗风濡染，诗文日益精进，越来越趋向平淡自然，越来越精湛纯熟，名篇佳作迭出。其风格的形成和渐变，和其经历密切相关。

"秀语出寒饿，身穷诗乃亨。"这话是苏东坡说的，出自《次韵仲殊雪中游西湖二首》。"应怪东坡老，颜衰语徒工。"这话也是苏东坡说的，出自《行琼儋间肩舆坐睡梦中得句》。说起寒饿，说起身穷，说起老迈，于苏子而言，大体上惠州甚于黄州，儋州又甚于惠州。说起诗之亨，说起语之工，说起滔滔汩汩一日千里无难，说起笔如神，也是惠州甚于黄州，儋州又甚于惠州。东坡越老，头发越白越少，其诗词文章越工，书法绘画越妙。黄庭坚跋东坡文章："皆雄奇卓越，非人间语。""东坡道人在黄州时作，语意高妙，似非吃烟火食人语。非胸中有万卷书，笔下无一点尘俗气，孰能至此。"他论东坡书画："蜀人极不能书，而东坡独以翰墨妙天下，盖其天资所发耳。观其少年时字画，已无尘埃气，那得老年不造微入妙也。""东坡墨戏，水活石润，与今草书三昧，所谓闭户造车，出门合辙。"真乃知音之言。

清夜里，寒风在户外啸叫，我端坐书案前，重读苏东坡在惠州和儋州所作《荔枝叹》《章质夫送酒六壶，书至而酒不达，戏作小诗问之》《和陶拟古九首》《被酒独行遍至子云威徽先觉四黎之舍三首》《减字木兰花·春牛春杖》《书上元夜游》这些诗词文章，不禁拍案而叹曰：老东坡文神附体也！作诗填词著文章，出经入史，随物赋形，神完气足，酣畅淋漓，迅捷如弹丸走坂，浩荡如海水扬波，自然如和风吹湖，轻矫如野兔上山，清峭如雪中老梅，超妙如仙人隐现，不测如鬼魅去来。如之奈何！

20 世纪 40 年代，林语堂赴美，在大洋彼岸读苏东坡，用英文写苏东坡。他说："苏东坡是个秉性难改的乐天派，是悲天悯人的道德家，是黎民百姓的好朋友，是散文家，是新派画家，是伟大的书法家，是酿酒的实验者，是工程师，是假道学的反对派，是瑜伽术的修炼者，是佛教徒，是士大夫，是皇帝的秘书，是饮酒成癖者，是心肠慈悲的法官，是政治上的坚持己见者，是月下漫步者，是诗人，是生性诙谐的人。可是这些还不足以勾绘苏东坡的全貌。"

林语堂概括的苏东坡，的确不是苏东坡的全貌。譬如，苏东坡还是炼丹术士，是药剂师，是垦荒的农夫，是天涯流浪客，是五经博士，是学道人，是中国公立医院最早的创建者，是和尚道士的俗世密友，是画家，是制墨家，是美食家……最重要的，他还是一个积极的生活家。

诗人、词人、书画家、文学家的灵魂飘荡在天地之间；用来盛装和寄托风雅的肉身，却需要一个遮风挡雨的庇护所。即使在贬谪之中，苏东坡也积极认真地生活，无论在哪里，他都要为自己建一个虽然简陋但必然清雅的居所。

初到黄州，苏东坡暂住古刹定惠院。不久因为太守的礼遇，苏东坡一家迁居临皋亭。临皋亭本是驿亭，在长江边上，官员走水路时经过，可以在亭中小住。这里风景清旷，白云左绕，青江右回，有风涛烟雨之美，有云山水霞之胜，往下走十几步就是长江，江水一半来自故乡峨眉山。苏东坡对这里很是满意，在给友人的手札里说，此地"江南诸山在几席，此幸未始有也"。又感慨说："江山风月，本无常主，闲者便是主人。"后来陆游到黄州，在《入蜀记》中说，抵达临皋亭，烟波渺然，气象疏豁，东坡先生曾经寓居于此。

临皋亭是官家的，住家可以，读书会客却不太适宜。于是第二年，苏轼在东坡筑了雪堂。东坡是黄州城东的一面山坡，原是一片荒地，估计是已经废弃的兵营，瓦砾遍地，荆棘丛生。他的友人马正卿同情苏东坡一家缺衣少食，主动请求太守拨付数十亩荒地供苏东坡耕种。从元丰四年（1081）起，一直到元丰七年（1084）正月改迁汝州团练副使离黄赴汝，东坡先生一直躬耕其中，并自称东坡居士。在唱和孔毅甫的诗里，他说："去年东坡拾瓦砾，自种黄桑三百尺。今年刈草盖雪堂，日炙风吹面如墨。"雪堂就建在东坡，大雪纷飞时完工，有房子五间，墙是他自己油漆的，画着雪里寒林和江上渔翁。雪堂虽朴陋，却来过很多尊客，米芾就是在这里初识苏东坡的，他们在这里喝茶、饮酒、谈闲、论书画。几十年后，陆游也来过。陆放翁在文章里说，雪堂正中间挂着苏东坡画像，画像上的苏子身着紫袍，头戴黑帽，手持藤杖，倚石而坐。按陆游的描述，这幅画像很像李龙眠画在金山寺、后来苏东坡补题"问汝平生功业"那一幅。但肯定不是同一幅，苏东坡在世时，很多人为他画过像。最有名的除了赵孟頫画的东坡小像，李龙眠画的金山画像，就是《西园雅集图》中那幅纸本水墨像。《西园雅集图》也是李龙眠所画，画里的苏东坡倚桌写字，黄庭坚、秦观、米芾、晁补之等人在旁围观。

那几年，苏东坡白天在东坡劳作，或在雪堂读书著述，晚上回到临皋亭陪伴家人。暇日，与渔樵为友，遍览山水之胜。在僻陋多雨的黄州小镇，他很是过了一段逍遥日子。但元丰七年（1084）正月，神宗皇帝一通御札将他调至汝州。御札文字为："苏轼黜居思咎，阅岁兹深，人才实难，不忍终弃，可移汝州团练副使，本州安置。"哲宗皇帝即位，复朝奉郎，知登州。到了登州，又召为礼部郎中。既而，遵照神宗皇帝遗命，除起居舍人，再迁中书舍人，翰林学士兼侍读。

苏东坡品性高洁，又正直倔强，眼里容不得沙子，更不会韬光养晦，左右逢源。刘器之论苏东坡，说了句很到位的话："非唯不合于熙宁、元丰，而亦不阿于元祐，非随时上下者也。"此次在朝，苏东坡卷入政治旋涡，先是与司马光政见不合，后又陷入朋党之争，复因言论锋利被当权者所恨，屡屡不安于朝，为求自保，只好乞求外任。先以龙图阁学士知杭州，后辗转多地，再徙扬州。元祐七年（1092），以兵部尚书兼侍读召还朝中。不久迁礼部尚书，兼端明殿、翰林侍读二学士。第二年，御史黄庆基、董敦等人连连上疏弹劾，称朝中蜀党太盛，苏氏兄弟相为肘腋，又指苏轼起草诏制多次讪谤先帝。苏东坡无奈只好乞郡自效，以端明殿、翰林侍读二学士知定州。

绍圣元年（1094）四月，章惇拜相，为尚书左仆射兼门下侍郎，蔡京等也入朝任要职。这些人以绍述熙宁、元丰新政为名，尽复被后人尊为"女中尧舜"的高太后临朝时废弃的新法，同时大肆迫害元祐旧臣，党争之祸全面爆发。说起元祐党争，前人论述得十分明白，自司马光去世后，朝中一班贤臣失去了领袖，分裂为蜀党、洛党、朔党三党，君子与君子相互攻讦不已，终被奸人指为朋党，最终酿成大祸。洛党之首是程颐，朔党之首是刘挚、梁焘、王岩叟、刘安世，而蜀党之首就是苏轼。苏东坡是道德君子，但也并非完人。率蜀党排挤大儒程颐一事，就为当时朝臣所诟病。其言谈率性、尖锐又戏谑，行事意气，也容易得罪小人。

此时，章惇与苏东坡这一对故交早已反目，他第一个向苏东坡开刀，指使御史旧事重提，再次诬陷苏东坡"毁谤先王、讥斥先朝"，并说"当明正典刑"。苏东坡被削去二学士职，远调岭南为英州（今广东英德市）太守。赴岭南途中，一个月之内官职一降再降，一直贬到惠州，充任宁远军节度副使。贬惠州的圣旨由林希奉章惇风旨起草，用意极为恶毒，其中说道："朕初嗣位，政出权臣，引轼兄弟，以为己助。自谓得计，罔有悛心，忘国大恩，敢以怨报。若讥朕过失，亦何所不容，乃代予言，诬诋圣考。乖父子之恩，害君臣之义。在于行路，犹不戴天，顾视士民，复何面目？"

这年冬十月，苏东坡跋涉一千多公里到了惠州，开始了第二次流放生涯。此时的苏东坡，厌倦了朝中倾轧，身心疲惫不堪，有了贬居黄州的经历，加上当地官员和百姓的悉心照顾，他在惠州倒是过得不错。到惠州后，黄州老朋友陈季常来信，说打算过来探望。因路途迢遥，苏东坡回信劝阻："到惠将半年，风土食物不恶，吏民相待甚厚……欲季常安心家居，勿轻出入。老劣不烦过虑……亦莫遣人来，彼此须鬐如戟，莫作儿女态也。"

在惠州，苏东坡先是寓居合江楼，俄而迁嘉祐寺，又居松风寺。第二年春天，他开始在归善城城墙附近的一座小山上盖房子。因房子建在白鹤峰上，苏东坡名之为白鹤居，后人为纪念苏东坡侍姜王朝云，称之朝云堂。白鹤居很精雅，有房屋二十间，四周遍植柚子、荔枝、杨梅、橘子、枇杷、栀子和桧树。此前，他给王巩写信说："南北去住定有命，此心亦不念归，明年筑室作惠州人矣。"言语中有巴适之意。

已届花甲之年的苏东坡，是真心打算终老惠州。惠州离贬谪高安的苏辙不远，兄弟二人时相往还。邻近地区的官员都来和苏轼结交，不断送来酒、食物、药物、礼品。他也和州里的农民、读书人、和尚、道士、隐士、手工业者交朋友。他早说过，自己上可以陪玉皇大帝，下可以陪卑田院乞儿。不久，惠州连鸡鸭猫狗都认识苏东坡了。他的邻居，一家是翟秀才，东坡可以与之谈诗论画，一家是酿酒的林老妪，东坡可以经常赊她的酒喝。他依旧爱饮酒，写了好几篇酒赋，还亲手学习酿造当地人爱喝的桂酒。对于酒的态度，他在《书〈东皋子〉传后》里坦言："余饮酒终日，不过五合，天下之不能饮，无在余下者。然喜人饮酒，见客举杯徐引，则余胸中为之浩浩焉，落落焉，酣适之味乃过于客。闲居未尝一日无客，客至未尝不置酒。天下之好饮亦无在余上者。"又在《浊醪有妙理赋》中说饮酒佳境："在醉常醒，孰是狂人之药；得意忘味，始知至道之腴。"每每读来，心间湛若秋露，身上如沐春风。东坡先生是真饮者，真饮者不在酒量大小，在得酒之真趣。

他依旧研究佛经和道家的养生术，依旧热衷社会改革和公益事业。他建议并协助当地官员建筑桥梁，安葬暴露荒野的尸骨，赈济灾民，推广黄州用于插秧的"浮马"，用大竹子相连接，引山泉到城中，想方设法阻止瘟疫的流行。当然，读书著作，写字画画，仍是日课。

他在惠州心情舒畅，何况有朝云陪伴左右。朝云姓王，钱塘人，年龄比苏东坡小了近二十岁，美丽聪明又活泼有生气。她是苏东坡的爱妾，也是他的红颜知己。第二任妻子王闰之此前已经去世，朝云也是他事实上的妻子。苏东坡显然是爱恋朝云的，引佛经典故，称她为天女维摩，意思是她纯洁不染尘埃。在《朝云诗》中，苏东坡有句云："不似杨枝别乐天，恰如通德伴伶玄。阿奴络秀不同老，天女维摩总解禅。"关于她的相貌，秦观在诗中说她美如春园，目似晨曦。苏东坡在《殢人娇·赠朝云》词里也写道："朱唇箸点，更髻鬟生彩。"可见是个妙人。

只惜佳人命薄，生的儿子苏遁十个月时早夭，自己又不长寿，到惠州不久就染上瘟疫去世了，其时只有三十四岁。遵照她的遗愿，苏东坡把她安葬在湖边小山上。在《悼朝云》诗里，他这样追悼心爱的女人：

苗而不秀岂其天，不使童乌与我玄。

驻景恨无千岁药，赠行惟有小乘禅。

伤心一念偿前债，弹指三生断后缘。

归卧竹根无远近，夜灯勤礼塔中仙。

　　朝云往西方乐土去了，苏东坡在惠州的安心日子很快也到了头。绍圣四年（1097）二月四日，因怀疑皇帝拟再次起用元祐党人，章惇再次重贬司马光、吕公著、吕大防、刘挚、苏轼、苏辙等人。当年闰二月，苏轼责授琼州别驾、昌化军（儋州）安置。苏辙贬雷州。六月，苏轼在雷州别过苏辙，带着苏过渡海，七月抵达昌化。

　　这一回，一代大才子真是穷途末路了。读其"某垂老投荒，无复生还之望。昨与长子迈诀，已处置后事矣"诸语，长使英雄泪满襟。

　　海南那时候虽然在宋廷统治之下，实是化外之地，是荒服中的荒服。甫至儋州，苏东坡在笔记中写道："岭南天气卑湿，地气蒸溽，而海南为甚。夏秋之交，物无不腐坏者。人非金石，其何能久？"又写道："吾始至海南，环视天水无际，凄然伤之曰：何时得出此岛也？"

　　苏东坡初到海南，也是寄居官舍。所谓官舍，只是一所破旧的房子，雨一来屋就漏，床得东挪西移。如前所言，其后又被董必派人逐出，在当地官民帮助下，在桄榔林中盖了三间茅屋，如老僧一般居住其中，三餐食芋，日夜著书。

　　既然生还北土无望，要么老死儋州，要么病死儋州，苏东坡于是干脆乐观地生活着。他劝慰自己，海南固然不宜人居，但儋耳百岁老人很多，八九十岁的不计其数，自己未必不长寿。又参佛老之言，宽慰自己说，海南虽是孤岛，但天地在积水之中，九州在大瀛海之中，中国在少海之中，天下生物哪一个不是在孤岛上呢？他的意思是，在哪里生活都是一样的。

如此，在诸般用度紧缺的窘迫中，他大多时候也能安之若素。这种积极的、至少是随遇而安的生活态度，反映在诗歌里。《寄子由》："他年谁作舆地志，海南万里真吾乡。"《汲江煎茶》："大瓢贮月归春瓮，小杓分江入夜瓶。"

话虽如此说，诗虽如此作，其实他是口吃黄连苦在心。《纵笔三首》其二："父老争看乌角巾，应缘曾现宰官身。溪边古路三岔口，独立斜阳数过人。"斜阳下，当年的王朝重臣，孤独地站在三岔路口，默默数着路过的人。《海南人不作寒食》："老鸦衔肉纸飞灰，万里家山安在哉！"寒食之日，他携一瓢酒，找当地读书人共饮，不料他们都已经外出，只有一个符姓老秀才在家，两个人你一杯我一盏喝到酩酊。醉里想到远在万里之遥的故乡眉山，想到自己和兄弟都不能到父母坟前烧一刀黄表纸，落魄极矣，孤清极矣，惨淡极矣。

多年以前在黄州，苏东坡写《正月二十日与潘郭二生出郊寻春，忽记去年是日同至女王城作诗，乃和前韵》，诗中说："人似秋鸿来有信，事如春梦了无痕。"《念奴娇·赤壁怀古》中也有"人生如梦"之语。世事不过如春梦，春梦无痕迹，却有呼应。在儋州，有一天，他头上顶着一只大西瓜，在田野里边走边唱，遇见当地一个老妇人。老妇人对他说："翰林大人，从前你在朝廷上当大官，现在想起来，是不是像一场春梦？"我猜测，这个被苏东坡称为春梦婆的老妪，她的一番话让苏东坡愣怔了好久。就像那夜我"神遇"东坡先生，醒来在窗前愣怔了好久一样。

生还无望的人，终于等到了朝廷量移内郡的赦免令，六十四岁的苏东坡竟然生还了。归来再建大功就免了吧，君子出海岛矣，如同当年出黄州、出惠州，当地父老和泪相送，不舍先生离去。

即使是齐死生的人，有生之希望，还是愿意活着。离开儋州前，苏轼在《儋耳》诗里这样写："霹雳收威暮雨开，独凭栏槛倚崔嵬。垂天雌霓云端下，快意雄风海上来。野老已歌丰岁语，除书欲放逐臣回。残年饱饭东坡老，一壑能专万事灰。"狂喜之情态，绝似李太白《早发白帝城》。苏东坡赴廉州经过清迈，《澄迈驿通潮阁二首》其一如此写："余生欲老海南村，帝遣巫阳招我魂。杳杳天低鹘没处，青山一发是中原。"天帝派遣巫师来招我魂魄了，行行复行行，中原的青山像头发丝一样，隐隐在望。北归路上的苏东坡，心情实在是太复杂，但总体而言，是喜出望外。即使一年后就病逝于常州，相信他也无憾了，毕竟是死在心心念念的地方。

一生历事无数，游历做官所到地方无数，交友无数，诗文无数，先生生平正如其《六月二十日夜渡海》中的四个字：兹游奇绝。

小舟从此逝，江海寄余生。这个早年自称天涯倦客的人，其实也是天涯不倦客。

风流犹拍

——黄庭坚的逐客生涯

黄庭坚（1045—1105），字鲁直，号山谷道人等，洪州分宁（今江西修水）人。北宋诗人、词人、书法家，江西诗派开山始祖，"苏门四学士"之一。二十三岁登进士第，历官叶县县尉、北京国子监教授、太和令、监德州德平镇、秘书省校书郎、著作佐郎、涪州别驾、监鄂州在城盐税、签书宁国军节度判官、太平州知州等。先后被贬黔州、戎州、宜州。著有《豫章黄先生文集》等。

黄庭坚贬谪巴蜀的第五年，也即北宋元符二年（1099），在戎州贬所，他破了酒戒。五年后，在放逐岭南途中，经过衡州，他破了色戒。再过一年，在宜州，他破了肉戒。至此，他四十岁时在泗州僧伽塔下发的三大誓愿，全部破除。

黄庭坚手卷墨迹《发愿文》，为其传世行楷书珍品之一，现藏中国台湾兰千山馆。原文三百二十字，核心内容是："愿从今日尽未来世，不复淫欲；愿从今日尽未来世，不复饮酒；愿从今日尽未来世，不复食肉。"并说，若破此三戒，就堕入地狱，住火坑中、饮洋铜汁、吞热铁丸，经无量劫，众生因酒、肉、色所犯罪孽而应承受的苦报，他一概代受。

两宋士大夫宴集、饮酒、狎妓，是一种风习。黄庭坚生于分宁（今江西修水）世宦之家，生来仪表堂堂、风流俊赏，又饱读诗书、多才多艺，好酒、好肉、好色自是不免。其不惑以前所作诗词，多见酒字，所谓"无酒令人意缺然"（《次韵谢子高读渊明传》），所谓"连日无酒饮，令人风味恶"（《读方言》）。少年时期，更是沉迷欢场，放浪声色，写了很多情情爱爱的香艳小词，颇受当时和后世讥弹。四十五岁，他为晏几道《小山词》作序，自陈："余少时，间作乐府，以使酒玩世。道人法秀独非余以笔墨劝淫，于我法中，当下犁舌之狱。"按北宋僧人惠洪《禅林僧宝传》，法秀原话是这样说的："汝以艳语动天下人淫心，不止马腹中，正恐生泥犁中耳！"我法，即佛法；泥犁，梵语，指地狱。张耒也说，黄庭坚少年时风流似春柳。

元丰七年（1084）春，黄庭坚赴德州德平镇任职，路过泗州，在僧伽塔下，忽然醒悟以前饮酒、食肉、狎妓之非，在佛前沉痛忏悔，发三大毒誓。《山谷先生年谱》云："先生有与余清老书跋云：元丰甲子相见于广陵，又有过泗州僧伽塔，作《发愿文》，在三月。"

照理，发了誓愿就得终生坚守。黄庭坚也的确坚守了很多年，在《西江月·断送一生惟有》小引中，他自言："老夫既戒酒不饮，遇宴集，独醒其旁。坐客欲得小词，援笔为赋。"宋徽宗时无名氏所作《豫章先生传》，说他"痛戒酒色与肉食，但朝粥午饭如浮"。

浮，浮屠的简称，这里指僧人。

但十五年后，五十五岁的黄庭坚破了酒戒。客观原因是，巴蜀之地多毒瘴，且雨多湿气重，饮酒有利于辟瘴雨蛮烟、祛湿气。黄庭坚放逐夔梓之间，前后六年，贫病交加，饮酒也可纾解内心的纠结。关于巴蜀瘴疠，杜甫说："瘴疠浮三蜀。"（《闷》）宋人李复《潏水集》云："夔居重山之间，壅蔽多热。又地气噫泄而常雨，土人多病瘴疟，头痛脾泄，略与岭南相类。"黄庭坚《谪居黔南五首》云："瘴云稍含毒。"关于蜀中多雨，黄庭坚在《定风波·次高左藏使君韵》词中说："万里黔中一漏天，屋居终日似乘船。"

崇宁二年（1103）十二月，黄庭坚从流寓之地鄂州出发，前往贬所宜州（今属广西河池），路上走了半年。大致行程是：鄂渚、汉阳、洞庭湖、湘江、长沙、衡州、永州、全州、静江府、宜州。黄庭坚诗文和书法名满天下，所经之处，受到沿路官员和名流的盛情款待。到达衡州时也是如此，他被知州曾敩文奉为上宾，连续多日为他举行宴会，作陪的除了当地官员、本土贤达、僧人道士，还有衡阳营妓。其中一名歌妓名叫陈湘，年少美貌，能歌善舞。她久闻黄山谷大名，素来倾慕，这天亲眼见到其人，可谓喜出望外。她以向黄庭坚学习书法为名，主动靠近。黄庭坚也被她迷住，席上作词二首相赠。其一《阮郎归》，应是初相见所作，词气喜乐，称赞陈湘是湘江名珠，盈盈娇女似罗敷，并动情表白："它年未厌白髭须，同舟归五湖。"意思是，如果陈湘不嫌弃自己年老，他年得赦东归，愿与她同隐湖山，如范蠡西施故事。其二《蓦山溪》，应是别离之作，语调伤感，有"只恐远归来，绿成阴，青梅如豆"之句。意思是，只怕自己归来时，陈湘早已嫁作他人妇，生儿养女一大群了。抵达宜州后，他又寄《蓦山溪》一首给陈湘，说相忆，道相思。可见黄庭坚对陈湘是动了真情的。邂逅陈湘并与之同床共枕这一年，黄庭坚已经将近六十岁，可谓黄昏艳遇。

他破肉戒最迟，离逝世只有八个月。起因是长兄黄大临（字元明）从永州来探望，兄弟二人白发相对，自知可能是最后一面，故而破戒。黄庭坚在宜州所写日记《乙酉家乘》（也名《宜州家乘》），记崇宁四年（1105）正月二十四日："以元明至宜，予暂开肉。"

黄庭坚先后破酒戒、色戒、肉戒，都有客观因素促成，但这肯定只是表面，一定还有深层次原因。与两宋诸多文人士大夫一样，黄庭坚儒释道三教兼通合一，虽然没有直接证据证明他是虔诚的佛教徒，但他的故乡分宁遍布寺观，禅宗法席鼎盛，他自小受佛教文化熏陶，后来深研佛学，诗歌文章多引用佛经，又因仕途坎坷，借释道二教求得内心的平易安宁。在其思想文化体系中，释占据着仅次于儒的重要位置，这一点是无疑的。《豫章先生传》也说他"奉佛最谨"。他在佛前郑重发的誓愿，轻易不会破除。那么到底是什么原因让其破戒呢？

2022 年 1 月 28 日，农历除夕前，我与潜山友人何承熙，在古南岳天柱山下的石牛洞中徘徊，遍观唐宋以来历朝历代的摩崖石刻。其时洞中雨雪霏霏，清溪泠泠，清逸梅香自附近梅园中来，寒汀远渚尽作天然国画。我来看几个人，李白、王安石、苏轼和黄庭坚。

2021 年下半年，我曾日夜与这几位古人为侣，研读其作品、年谱和传记。先贤早已化作黄鹤飞去，但他们的手泽镌刻在苍石上，足音还回响在空谷里，我眼摩耳聆，悠悠似有心会。

李、王、苏、黄都爱天柱山，爱石牛洞，以黄庭坚为最。《宋史·黄庭坚传》："初，游潜皖山谷寺、石牛洞，乐其林泉之胜，因自号山谷道人。"他到古皖国（宋代为舒州，今安徽潜山），是元丰三年（1080）深秋初冬，在此逗留多日，上天柱山观雪景，登摧秀阁，游览山谷寺和石牛洞，作诗多首，留石刻数处。其题石在石牛洞东侧悬崖顶端就有一方："李参、李秉夷、秉文、吴择宾、丘揖观余书青牛篇。黄庭坚，庚申小寒。"

石刻有灵，手迹有神。我观赏久之，脑中忽然闪现一个念头：黄庭坚之所以破三戒，或许是因为他已经跳脱三教三界之外，不受任何拘束，得大自在。正如他经常引用的一句佛典："我犹昔人，非昔人也。"既然他已经不是黄庭坚，而是涪翁、摩围老人、黔安居士、八桂老人，那么何妨和光同尘、与世委蛇？何妨喝酒、吃肉、近女色？

于黄庭坚而言，"昔人"与"犹昔人"的分野，是绍圣元年（1094）。

这一年，哲宗亲政，朝中政局大变，元祐大臣尽遭窜逐。黄庭坚虽在党争中一直保持中立，官阶也低，但因是苏轼门下士，与之过从甚密，也被视为元祐党人。他的不偏不党，由追怀王安石并影射党争的四首诗《次韵王荆公题西太一宫壁二首》《有怀半山老人再次韵二首》可知。

九月，章惇、蔡卞、林希及其党羽，弹劾范祖禹、司马康、赵彦若、黄庭坚等《神宗实录》编修官。罪状是，他们修撰《神宗实录》，"相为表里，用意增损，多失事实"。朝廷随即勒令他们分别到京城附近指定地点"供报文字"，也就是限制人身自由令其呈报材料交代问题，黄庭坚被拘禁陈留接受审查。经查证，弹劾他的一千余条关于修史失实的罪状，大多无事实依据，只剩三十二条弹劾内容也都无关痛痒。实在找不到罪名，章惇等人就抓住他所写的"用铁龙爪治河，有同儿戏"这句话大做文章，说他诬蔑神宗皇帝推行的农田水利法。黄庭坚的回答是，他当时在山西大名府任北京国子监教授，亲眼见到修水利时，将铁龙爪挂在船尾用来疏通河道，但铁龙爪设计有重大缺陷，根本不起作用，的确如同儿戏。哲宗看了范祖禹、赵彦若、黄庭坚三人的供报文字，大怒道："庭坚供答尤不逊。"章惇等人罗织"修《神宗实录》多诬失实、谤讪先帝、诋毁熙宁新法、以微言讽刺先朝政事"等罪名，意欲将他们处以极刑。宋朝政治相对温和，处理结果多是贬谪荒州。年底，三人均遭窜黜，黄庭坚远流西蜀，责授涪州别驾、黔州安置。

绍圣二年（1095）初，他接到贬谪黔州（今重庆彭水）的诏命，由此开始了长达十年之久的放逐和流寓生涯，最后客死他乡。

清人赵翼《题遗山诗》说："国家不幸诗家幸，赋到沧桑句便工。"前一句，似也可以换作"身家不幸文章幸"。北宋的大文人很多遭遇过贬谪或罢职，有的还流放多次多地。他们的诗词文章，在贬谪和罢职时期也大多面目大变，日精月进，终成大方之家。杜甫贬夔州以后诗歌，韩愈贬潮州以后文章，苏轼贬黄州以后诗文，均妙绝古今。黄庭坚也是如此。他一生不曾做过高官，始终在五品以下，晚年窜逐西南和岭南，连俸禄都被剥夺了，久沉林皋，长期贫病交加，官做得一直不如意。但他在文学艺术上取得了非凡成就，是当之无愧的巨匠，不世出的卓荦通才。

在诗歌创作上，黄庭坚与苏轼并称"苏黄"，成就很大，提出"脱胎换骨"和"点铁成金"的创作理念，被尊为江西诗派开山始祖，作为宋诗代表性诗人载入史册。他钦慕陶渊明诗风，崇尚平淡自然。但在实际创作中，师法杜甫，兼学韩愈，谨于布置，重法度，标奇尚硬。苏轼称其诗为"山谷体"，评价道："超逸绝尘，独立万物之表，驭风骑气，以与造物者游。"并说："世久无此作。"因苏轼推重，黄庭坚声名始震。其作诗喜使事用典、锻炼词句，清人方东树说有三奇，"奇思、奇句、奇气"，整体风格奇崛瘦硬，与宋初西昆体纤弱浮薄的诗风大不相同。另有一部分诗歌，如《登快阁》《梅花》《摩诘画》《寄黄几复》《睡鸭》《雨中登岳阳楼望君山二首》诸篇什，自然条畅，易读好懂，诗风接近陶渊明。他的诗关切现实，忧国忧民，体现着强烈的现实性和批判性，《虎号南山》《流民叹》《上大蒙笼》《劳坑入前城》《丙辰仍宿清泉寺》《雕陂》等揭露苛政残民、新法害民的篇章，更让大吏怀恨在心。正如其外甥洪炎《豫章黄先生退听堂录序》中所言："其发源以治心修性为宗本，放而至于远声利、薄轩冕，极其致，忧国爱民，忠义之气蔼然见于笔墨之外。"

他的词，与秦观并称"秦七黄九"。年轻时所作俗词，抒情大胆直率，语言俚俗粗直。贬谪时期的雅词，踵武苏轼，清雅峻洁，豪健峭拔，可以看作金元曲子的滥觞。

他的文章，雅健警炼，虽不在唐宋八大家之列，实际上可以等量齐观。《上苏子瞻书》《毁璧》《小山集序》《家诫》《黔南道中行记》《承天院塔记》等文章，以及诸多题跋、墓志铭，可当千古文章楷模。他给外甥洪刍的两封书信《与洪驹父》，可以奉为读书宝典和作文金箴。苏轼当年作神宗皇帝侍从，举黄庭坚自代，评价他的文章和品格："孝友之行，追配古人，瑰伟之文，妙绝当世。"

他的书法与苏轼、米芾、蔡襄齐名，并称"宋四家"，擅长行、草、楷诸体。行书欹侧多变，不受羁束。楷书妍媚，自成一家。草书初学周越，二十年不脱俗气；后观苏舜钦书，得古人笔意；晚学张旭、怀素、高闲，得笔法之妙；又在舟中看船夫荡桨而悟书道，用笔随手万变，任心所成，通三才之气象，备万物之情状。

《宋史》评价黄庭坚学问文章，用了一个词：天成性得。话虽如此，但若无十年贬谪这一经历的淬火与锤炼，在群星灿烂的北宋文坛，黄庭坚未必有如此震古烁今的成就。《唐宋名贤诗话》说："黄鲁直自黔南归，诗变前体。"《豫章先生传》赞云："元祐间，苏、黄并世，以硕学宏才鼓行士林，引笔行墨，追古人而与之俱。世谓李、杜歌诗高妙而文章不称，李翱、皇甫湜古文典雅而诗独不传。

惟二公不然，可谓兼之矣。然世之论文者，必宗东坡，言诗者必右山谷……山谷自黔州以后，句法尤高，笔势放纵，实天下之奇作，自宋兴以来，一人而已。"《豫章先生传》的评价稍嫌拔高，但大致中肯。

自从元丰元年（1078）黄庭坚写信给时任徐州太守苏轼，并附古诗二首，以青松喻东坡，以松下小草喻自己，表达了拜师的愿望，此后一直到苏轼下世，黄庭坚对苏轼始终执弟子之礼甚恭。但情谊上两人却是密友。黄庭坚一生中活得最是光风霁月的时期，是元祐年间与苏轼同朝为官、诗文酬唱的日子。他还曾和苏轼约为儿女婚姻，让儿子黄相娶苏轼的孙女阿巽。后来契阔多变，婚约作废。耐人寻味的是，他的诗名与苏轼平齐，其贬谪经历也与苏轼相似。苏轼先后两次谪放三地，黄州、惠州、儋州，越贬越远，一直贬到岭南的海南岛；黄庭坚也是先后两次谪放三地，黔州、戎州、宜州，越贬越远，一直贬到岭南的广西。

古有诗谶之说，也就是作诗无意间言中后来的事。

我不知道，花甲之年的黄庭坚，在宜州见梅花初开，作《虞美人》词，感叹"去国十年老尽少年心"时，是否回忆起自己二十年前在德州写给好友黄介的诗《寄黄几复》。在我看来，诗中那句传唱千年的佳句"桃李春风一杯酒，江湖夜雨十年灯"，就像谶言。他谪居黔州和戎州、流寓江汉、羁管宜州，前后恰恰是十年。在漫长的贬谪生涯里，他依旧桃李春风、诗酒自娱，"风流犹拍古人肩"（《定风波·次高左藏使君韵》)。

黄庭坚谪黔州，时年五十一岁，兄弟姊妹四十口寄寓太平州芜湖县。长兄黄大临时任越州（今浙江绍兴）司理，即将赴任，但他不放心兄弟一人远走荒州，执意停官不做陪同入蜀。黄家人口众多，父母生养六儿四女，父亲黄庶四十岁时卒于康州太守任上，兄弟俩为官有父风，刚正清廉，所以家中一直清贫。黄庭坚后来在《书药说遗族弟友谅》《答李几仲书》中说："老夫往在江南贫甚，有于日中而空甑无米炊时。""庭坚少孤，窘于衣食，又有弟妹婚嫁之责。"他们入蜀的衣食川资，是远房亲戚李尧臣和陆游的外祖父唐之问等人资助的。陆游《家世旧闻》："黄鲁直以史事拘于陈留，或谓大臣且坐以谤讪先烈，置极典，虽亲戚不敢与通。公（唐之问）独自京师驰至陈留，谒之。比鲁直谪命下，公又调护其行，至衣袜茵被，皆出公家。"李尧臣还为黄庭坚派遣了随侍仆从。

黄氏兄弟俩从陈留出发，出开封、尉氏、许昌，渡汉水、沔水，经江陵，上夔峡，过一百八盘，涉四十八渡，历尽辛苦和磨难，于绍圣二年（1095）四月二十三日抵达黔州。

入蜀之路难于上青天，高山崔嵬，沟谷深险，栈道勾连如天梯。黄庭坚备尝山川艰阻，也饱览了壮丽风光，诗情文兴喷发。其《竹枝词》二首，状写巴蜀之远和山路的盘折屈曲高入云际："撑崖拄谷蝮蛇愁，入箐攀天猿掉头。鬼门关外莫言远，五十三驿是皇州。""浮云一百八盘萦，落日四十八渡明。鬼门关外莫言远，四海一家皆弟兄。"第二首末句暗引《论语》，写其遭遇贬谪而内心夷然自若的旷达之怀。《论语·颜渊》："子夏曰：四海之内皆兄弟也，君子何患无兄弟也。"事实也如此，黄庭坚无论在黔州、戎州还是宜州，所到之处从不缺兄弟。

作《竹枝词》当晚，他们借宿在大歌罗山下的歌罗驿中。夜里，黄庭坚梦见与李白相会于歌罗山中。李白问黄庭坚："往年我谪放夜郎，于此山听见杜鹃鸟鸣叫，曾经作《竹枝词》三叠，世间传唱之不？"又说："我仔细回忆，《李太白集》中好像没有。"黄庭坚请李白吟诵了一遍，并记录下来，是为《梦李白诵〈竹枝词〉三叠》。

当年三月，黄庭坚到达峡州下牢关。在此地，他与黄大临、巫山尉辛纮及其子辛大方，游三游洞、大悲院、虾蟆碚、黄牛峡、鹿角滩。按陆游《入蜀记》，三游洞大如三间屋子，有一穴可通人，阴黑险峻可畏。下面是溪潭，石壁十余丈，水声轰隆令人惊恐。他们在此留有石刻："黄大临、弟庭坚，同辛纮、子大方，绍圣二年三月辛亥来游。"在黄牛峡，他们用小猪和酒祭祀黄牛神，饮供神之酒以受神之福，拄杖林樾之间，观欧阳修《黄牛峡祠》和苏东坡《书欧阳公黄牛庙诗后》。想起陆羽《茶经》说黄牛峡茶可饮，于是从当地老妪手中买来新茶，品尝之后，竟然苦涩如同草叶。又取峡中寒泉，用风炉烹煮从峡州带来的夷陵茶，滋味不减江南茶。夜间，北斗星在天上闪耀，辛纮于乱山之间坐石抚琴，奏《履霜操》《烈女操》，黄庭坚兄弟听琴忘世。千年之后，我读《黔南道中行记》，遥想当时情境，前贤在逆境中风雅如此、豁达如此、坦荡如此，感佩系之。

抵达黔州后，黄庭坚寄身摩围山下的开元寺，住在摩围阁中。

蜀人称天为围，摩围山即摩天山，有峰峦、深峡、石林、绝壁、天坑、地缝、溶洞之胜。黄庭坚在家书中说，摩围阁临江，正对摩围峰，住处有水阁山亭，极潇洒。又说："余寓居开元寺之怡思堂，坐见江山。每于此中作字，似得江山之助。"

两个月后，黄大临离开黔州，到越州赴任。黄庭坚《书萍乡县厅壁》："元明送余安置于摩围山之下，淹留数月不忍别。士大夫共慰勉之，乃肯行。掩泪握手，为万里无相见期之别。"临别，两人都有诗作，黄庭坚说："万里相看忘逆旅，三声清泪落离觞。"

黔州士大夫对黄庭坚十分照拂，太守曹谱、通判张兟都是贤雅之人，待黄庭坚如兄弟，继任太守贾信臣也是如此。他们经常设宴款待黄庭坚，席上照例诗词酬唱。在给亲朋的信中，黄庭坚说："曹守、张倅相待如骨肉。""守、倅皆京洛人，好事尚文，不易得也。"

在黔州三年，虽然囊无一钱，黄庭坚却恬静自守。他在给弟弟黄知命的信中说："庭坚处摩围山下，安固寂静，无时不湛然。"湛然，淡泊之貌。《豫章先生传》也说："至黔，寓开元寺摩围阁，以登览、文墨自娱，若无迁谪意。"又说："（谪命初下）左右或泣，公色自若，投床大鼾……君子是以知公不以得丧休戚芥蒂其中也。"

说他枯荣自守是真，说他对贬谪毫不芥蒂则言过其实。毕竟，"万里投荒，一身吊影，成何欢意"（《醉蓬莱》）。其逐臣的抑郁愁闷、盼望得赦和怀乡思亲之情，由《谪居黔南十首》更可知："老色日上面，欢情日去心。今既不如昔，后当不如今。""病人多梦医，囚人多梦赦。如何春来梦，合眼在乡社。"

到黔州不久，弟弟黄知命将黄庭坚的小妾石氏和儿子黄相送到贬所。一家人团聚后，在一座破旧寺庙的荒地上，盖了一栋简陋房舍，又开荒种粮种菜，基本做到自给自足。黄庭坚《与唐彦道书》："到黔中来，得破寺埋地，自经营，筑室以居，岁余拮据，乃蔽风雨，又稍茸数口饱暖之资，买田畦菜，二年始歇肩。"并自称"黔中一老农"。

黔中老农黄庭坚在黔州作诗甚少，词和书法作品较多。因为诗多叙事言志，写诗容易惹祸上身，师友苏轼就是现例。词多言情，书法更不涉世事，不容易让"牵挂"他的政敌找到破绽。绍圣四年（1097），他唱和杨明叔，作诗四首，附信说："庭坚老懒衰堕，多年不作诗，已忘其体律。"又言："老人作颂，不复似诗，如蜂采花，但取其味可也。"

其黔州词作，学习苏轼"以诗入词、以文入曲"，并汲取巴蜀词的养分，一改先前香艳清丽的词风，佳作颇多。《定风波·次高左藏使君韵》云：

> 万里黔中一漏天，屋居终日似乘船。及至重阳天也霁，催醉，鬼门关外蜀江前。
> 莫笑老翁犹气岸，君看，几人黄菊上华颠？戏马台南追两谢，驰射，风流犹拍古人肩。

五十三岁的黄庭坚，在久雨初晴的重阳之日，皤然白发上乱插几枝黄菊，登高望远，气概傲岸，风流豪迈直追上古仙人浮丘、洪崖。2022 年立春，我再观此词，想见山谷道人风神气度，不禁独自挥洒一杯。

在黔州，黄庭坚书艺猛进，《廉颇蔺相如传》《李白秋浦歌十五首》《砥柱铭》等书法作品，为其奠定了宗师地位。他热心提携当地后生。《豫章先生传》："与后生讲学，孜孜不怠，两川人士争从之游，经公指授，下笔皆有可观。"此外，他还牵头把杜甫流寓两川和夔州的诗歌全部刻石，安置到新建的大雅堂中，使久已湮没的大雅之音重现三巴。

在黔州三年，黄庭坚没有得到特赦的佳音，反而被迁谪戎州（今四川宜宾）。原因是其姨妈家的表兄、知宗正丞张向，于绍圣四年（1097）三月，被朝廷派来提举夔州路常平司。黔州属夔州路，因表弟谪放在此，张向主动向朝廷提出避嫌。这年十二月，诏命下达：涪州别驾、黔州安置黄庭坚，移戎州安置。

元符元年（1098）三月，黄庭坚赴戎州，经涪陵、荔枝滩等地，六月抵戎，寓居南寺。

由黔徙戎途中，他给韦子骏写信说："庭坚居黔中，衣食之须粗给，既又放徙，一动百动。"他的心绪落寞，甚至十分消沉，因此将南寺的居室取名为"槁木庵、死灰寮"。槁木死灰，语出《庄子·齐物论》："形固可使如槁木，而心固可使如死灰乎？"后来，他僦居城南，又将居室取名"任运堂"。贬谪之人，时刻担心打击再次降临，他取这三个斋名，也有示人安分守己、随缘任运的意思。这种心态由《任运堂铭》可知："或见僦居之小堂名任运，恐好事者或以藉口。余曰：腾腾和尚歌云'今日任运腾腾，明日腾腾任运'，盖取诸此。余已身如槁木，心如死灰，但不除鬓发，一无能老比丘，尚不可耶？"

与黔州一样，戎州官员如前后知州刘广之、彭道微，属官黄斌老；阆州节度推官王观复；江安令石谅；以及青年学子、僧人、道士等，对黄庭坚都非常礼遇。初到时，刘广之广邀当地名流，在城郊锁江亭举办荔枝之会，欢迎他的到来。在戎州，黄庭坚结交了一大批朋友，游历和诗作也比在黔州时明显增多，开了酒戒，常喝当地名酒荔枝绿、姚子雪曲，心境渐渐明快。其心态的转变，由《水调歌头·瑶草一何碧》可知："醉舞下山去，明月逐人归。"他为戎州留下近百篇诗词文章，八十多件书法，其书法精品如《苦笋赋》《花气熏人帖》《诸上座帖》《苏轼寒食诗跋》《题张大同卷》等，大半出自戎州。

但他日渐衰老，身体不如从前，眩冒之症复发，自言写诗不合律，作书不成字。眩冒大约就是眩晕，发作时头晕眼花，记忆力下降。

在戎州的第三年，也即元符三年（1100）正月，宋徽宗登基，元祐诸臣全部遇赦，黄庭坚"赐勋如故"。按《山谷先生年谱》，其被贬前勋、品为左朝奉郎、充集贤校理、管勾亳州明道宫、云骑尉、赐绯鱼袋。五月，复宣义郎监鄂州在城盐税。十月，复奉义郎兼定国军判官。第二年三月，除奉议郎兼权知舒州。四月，又以吏部员外郎召回朝中。黄庭坚都推辞不就，一再请求到江淮的太平州或无为军任职。身体不好是表面理由，怕再陷入党祸才是真正原因。

是年底，黄庭坚离开贬居整整六年的巴蜀。出蜀途中作诗《戏题巫山县用杜子美韵》说："巴俗深留客，吴侬但忆归。"后来过巴陵，作《雨中登岳阳楼望君山》，又说："投荒万死鬓毛斑，生出瞿塘滟滪关。未到江南先一笑，岳阳楼上对君山。"欣喜之情，发于诗间。

虽然遇赦东归，但朝中政局持续震荡，蔡京拜相，元祐党人再遭重贬。震波所及，黄庭坚的命运也随之沉浮，名列元祐党人碑，流寓江汉之间的江陵和鄂州两年之久。

其间，苏轼、秦观去世，黄庭坚痛失好友，他自己又患痈疡（疮毒），卧病二十多日，几次差点死去。崇宁元年（1102）六月，做了九天的太平州知州就被罢免，改为管勾洪州玉隆宫的虚职。更可笑可气的是，他到任当天，免职诏令却提前到了。所以他在《木兰花令》词中自嘲："江山依旧云空碧，昨日主人今日客。"做知州九日被免，预示着风雨欲来。不久，他被除名（开除官籍），羁管宜州，开始了第二次流放生涯。宜州在宋代，是未开化的古百越瘴蛮之地。

《宋史》本传："庭坚在河北与赵挺之有微隙，挺之执政，转运判官陈举承风旨，上其所作《荆南承天院记》，指为幸灾，复除名，羁管宜州。"

　　《宋史》本传所言与赵挺之有微隙，是指元丰年间黄庭坚在德州时，与通判赵挺之对政事持不同意见，赵挺之欲在本地推行市易法，黄庭坚以"镇小民贫，不堪诛求，若行市易，必致星散"为由坚决反对，两人由好友变成仇人。元祐时期，苏轼曾保举黄庭坚为起居舍人，遭到时任监察御史的赵挺之强烈反对，理由是黄庭坚好色，喜作淫词，品性不端。赵挺之力主绍述之说，排挤元祐诸臣不遗余力。后拜尚书右仆射，居宰相位，与蔡京争权，屡次揭发蔡京奸恶。苏轼曾评价他："聚敛小人，学行无取。"顺便说一句，赵挺之是赵明诚之父、李清照的公公。

　　那个陈举，则是个十足的龌龊货色。荆州承天寺造佛塔，住持僧智珠请黄庭坚写一篇塔记，刻于碑上。刻碑时，转运判官陈举等人央求黄庭坚在碑后刻上他们的名字，以求不朽。但黄庭坚与陈举素无交往，没有答应。陈举因此忌恨黄庭坚，知其与赵挺之有旧怨，于是抄下塔记向赵举报，说此文"幸灾谤国"。

　　《荆南承天院记》即《承天院塔记》，其文涉及国事的文字是："然自余省事以来，观天下财力屈竭之端，国家无大军旅勤民丁赋之政，则蝗旱水溢，或疾疫连数十州，此盖生人之共业，盈虚有数，非人力所能胜者耶！"所写都是当时事实，并无"幸灾谤国"之意。

　　崇宁二年（1103）十二月十九日夜，黄庭坚携家人从鄂渚出发赴宜州，行前作诗《十二月十九日夜中发鄂渚晓泊汉阳亲旧携酒追送聊为短句》：

接淅报官府，敢违王事程。

宵征江夏县，睡起汉阳城。

邻里烦追送，杯盘泻浊清。

只应瘴乡老，难答故人情。

只应瘴乡老，逐客路上行。黄庭坚抵达宜州，已经是第二年夏天。《代书寄翠岩新禅师》："又将十六口，去作宜州梦。"中途在永州，天气太热，把家人全部留在那里。原本，他打算在桂州安家。

到宜州后，黄庭坚先后寄居城中的民家、寺庙和旅馆。但知州为讨好宰执赵挺之，数次逼迫黄庭坚，不准他在城中或寺庙居住。最后，黄庭坚只好抱着被子，搬到外城南面的戍楼上，也即南楼。南楼是边防驻军的瞭望楼，本不适合居住，黄庭坚却随遇而安，并名之为"喧寂斋"。其《题自书卷后》："崇宁二年十一月，余谪处宜州半岁矣。官司谓余不当居关城中，乃以是月甲戌抱被入宿于城南余所僦舍'喧寂斋'。虽上雨旁风，无有盖障，市声喧愦，人以为不堪其忧。余以为家本农耕，使不从进士，则田中庐舍如是，又何不堪其忧邪？既设卧榻，焚香而坐，与西邻屠牛之机相直。为资深书此卷，实用三钱买鸡毛笔书。"所谓"与西邻屠牛之机相直"，意思是与西边邻居宰牛的肉案相对。自此，黄庭坚一直住在南楼。

桑榆暮景再放岭表，遭知州再三威逼，加上身体又多病，黄庭坚自知生还无望，内心反倒静如寒潭。儒家言"君子忧道不忧贫"，佛家说"无处青山不道场"，他更加超然达观，从不戚戚。他在宜州的活动，从《宜州家乘》可知，主要是与朋友下棋、饮酒、吃饭、洗澡、出游、通信等。日记中有大量文字，记载宜州人给他送当地特产，包括椰子、含笑花、粽子、山药、木瓜、橄榄、雪菌等，细数有几十种。也有不少文字，记录参加宴集。可知当地人对黄庭坚很是爱戴和呵护，他们之间交往十分频繁，黄庭坚暮年并不孤清。

《宜州家乘》记崇宁四年（1105）正月至八月间的事，其中缺五月十九日以后和整个六月，我猜测其时他在病中。四月十五日日记："予病暴下，不能兴。"虽名为家乘，其实除记录长兄黄大临来宜州探望的三十五天外，其他多不涉家事，记的是个人日常起居、出行、游览、交友、饮食、馈赠往来、宜州时事和天气之类，不记载自己创作的大量诗文和书法作品，大概是这些作品都有题跋的缘故。据陆游说，《宜州家乘》曾失踪多年，后被宋高宗得到，当作宝贝法帖，时刻放在御案上。其文献价值自是不小，书法价值更是不可估量。

黄庭坚在宜州的诗词，最有名的是《虞美人·宜州见梅作》："天涯也有江南信，梅破知春近。夜阑风细得香迟，不道晓来开遍向南枝。玉台弄粉花应妒，飘到眉心住。平生个里愿杯深，去国十年老尽少年心。"另一首《南乡子·诸将说封侯》也广为传唱，词中有句云："万事尽随风雨去，休休，戏马台南金络头。"十年放逐，当年的分宁神童、一日千里之才、自由散漫风流傲岸的山谷道人，老矣，休矣，即将油尽灯枯。

山谷越老，诗文越健，所谓"不烦绳削而自合"，书艺更臻化境。在南楼，每天来求诗词、求字的人络绎不绝，黄庭坚有求必应。其《书自作草后》："余往在江南，绝不为人作草。今来宜州，求者无不可。"

崇宁四年（1105）三月，喧寂斋来了一位不速之客，名叫范寥，字信中。《宜州家乘》三月十五日："成都范寥来相访，好学之士也。"

范寥的经历颇有些传奇。按《梁溪漫志》记载，他善诗书，治《周易》，文理精妙，负才豪纵不羁，视钱财如粪土，曾因酒醉杀人，亡命远走他乡。某州太守翟思奇其才，用为书吏。翟思去世，范寥大哭一场，夜间却把桌上陈列的金银器皿全部盗走。然后远走广西宜州，拜倒在黄庭坚门下，陪伴黄庭坚生命中的最后六个半月，照顾他的起居，并用盗来的财物为黄庭坚办理后事。

范寥在《宜州家乘》序言中说："崇宁甲申秋，余客建康，闻山谷先生谪居岭表，恨不识之。遂溯大江，历溢浦，舍舟于洞庭，取道荆湘，以趋八桂。至乙酉三月十四日始达宜州，寓宿崇宁寺。翌日谒先生于僦舍，望之真谪仙人也。于是忘其道途之劳，亦不知瘴疠之可畏耳。自比日奉杖履，至五月七日，同徙居于南楼。围棋诵书，对榻夜语，举酒浩歌，跬步不相舍。"在《和范信中寓居崇宁寺遇雨二首》中，黄庭坚这样写范寥："范侯来寻八桂路，走避俗人如脱兔。""当年游侠成都路，黄犬苍鹰伐狐兔。"日记也多次写到范寥，比如一起搬到南楼，一起参加宴集，一起去民家或寺庙沐浴等。日记文字虽简洁，也可感知范寥对于黄庭坚，既是忘年交，也是关门弟子和生活秘书。

这年秋，黄庭坚写诗给曾公衮求钟乳粉，由诗意猜测，大概是用来治心腹疾病。他先前就患此病，逝前五年所作《庞安常伤寒论后序》说："适有心腹之疾。"古医书说，钟乳石治寒嗽，通音声，明目益精，安五脏，通百节，利九窍。《乞钟乳于曾公衮》诗云：

> 寄语曾公子，金丹几时熟。
>
> 愿持钟乳粉，实此罄悬腹。
>
> 遥怜蟹眼汤，已化鹅管玉。
>
> 刀圭勿妄传，此物非碌碌。

《山谷先生年谱》认为，这是黄庭坚的绝笔。九月，黄庭坚病重，三十日溘然长逝于南楼。

陆游《老学庵笔记》追记黄庭坚去世情状："居一城楼上，亦极湫隘，秋暑方炽，几不可过。一日忽小雨，鲁直饮薄醉，坐胡床，自栏楯间伸足出外以受雨，顾谓寥曰：'信中，吾平生无此快也。'未几而卒。"

自二十三岁初出仕，黄庭坚就无意仕途，一直有归隐山林之志、肥遁之思和恋乡之情，频繁形之于青年和壮年时期的诗词文章。如《登快阁》："万里归船弄长笛，此心吾与白鸥盟。"但为了养家，"身欲免官去，驽马恋豆糠"（《己未过太湖僧寺得宗汝为书寄山蔬白酒长韵诗寄答》）。他一生漂泊，直到生命终结，也未曾有机会退隐故乡。远离京城十年，流寓多地，非官非民，身份尴尬却淡然江湖，似也可以看作别一种隐居：谪隐。黔州有幸，戎州有幸，宜州有幸，荆州、鄂州、舒州、汝州、德州、吉州也有幸，黄山谷为这些地方，留下了宝贵的精神财富。

黄庭坚想必是登仙了。八岁时，他写《送人赴举》，诗里说："青衫乌帽芦花鞭，送君归去玉帝前。若问旧时黄庭坚，谪在人间今八年。"蒙稚之年，他就是以谪仙自许的。

风流犹拍古人肩的黄庭坚，谪在人间六十一年。

秦观（1049—1100），字太虚，后改字少游，号淮海居士、邗沟居士，高邮军（今江苏高邮）人。北宋词人、诗人、政论家，婉约派一代词宗，"苏门四学士"之一。三十七岁登进士第，历官蔡州教授、太学博士、校对黄本书籍、秘书正字、国史编修官、馆阁校勘、杭州通判、监处州酒税等。先后被贬杭州、处州、郴州、横州、雷州等。著有《淮海集》《淮海居士长短句》等。

东风呵冻，春归人间。

对于元祐党人而言，北宋元符三年（1100）那个初春，不仅意味着砚墨融解，是季节上的春天，也意味着否极泰来，是政治上的短暂回暖。这年正月，徽宗登基，皇太后向氏垂帘听政，权同处分军国事。她起用忠良，打击奸邪，宋室政局为之焕然一新。章惇、吕惠卿、蔡京等奸邪的新党人物悉数被逐出朝廷，免职、谪官或流放。同时，朝廷以新帝登基、皇子降生的名义大赦天下，并赦免按照常例不予赦免的重犯。元祐党人咸鱼翻身，已故宰执文彦博、司马光、吕公著等数十人官职得到追复，范纯仁等复官，苏轼等谪臣迁徙内地州郡。

其时，七年中连遭五次贬谪，已被除名（开除官籍）且永不叙用的秦观，正编管雷州，夹杂在卒伍之间，把锄灌园，如同一个犯人。他亦沾皇太后雨露，二月量移英州（两个月后复宣德郎，移衡州）。接到朝廷的特赦诏令，他立即托人渡过琼州海峡，将元祐诸臣全部遇赦的天大喜讯，送给流放儋州的苏轼。此前，道士吴复古已先行来到儋州，告知苏轼已经量移廉州安置（四月授舒州团练副使，永州居住），苏轼对此半信半疑。收到秦观的书简，才确认了这一消息。更让苏轼欣喜的是，同时遇赦的，还有弟弟苏辙以及门下四学士等人。他们都因为受他牵累而贬谪四方。

苏轼渡海北归之前，致信秦观，希望与他在海康晤面。

当年六月底，苏轼和秦观相会于雷州治所海康。师生二人，一个六十四岁，一个五十二岁，均已白发苍颜，衰老不堪，多年的贬黜生涯让他们吃尽了肉体和精神上的双重苦头。他们本已做好了客死他乡的准备，不指望生还，此番劫后重生，执手相看，似真似幻，千言万语哽咽不得出，只有四行清泪洒落酒杯。席间，秦观将不久前写的《自作挽词》呈给恩师看。挽词写道：

> 婴衅徙穷荒，茹哀与世辞。
>
> 官来录我橐，吏来验我尸。
>
> 藤束木皮棺，槁葬路傍陂。

家乡在万里，妻子天一涯。

孤魂不敢归，惴惴犹在兹。

昔忝柱下史，通籍黄金闺。

奇祸一朝作，飘零至于斯。

弱孤未堪事，返骨定何时。

修途缭山海，岂免从阇维。

荼毒复荼毒，彼苍那得知。

岁晏瘴江急，鸟兽鸣声悲。

空蒙寒雨零，惨淡阴风吹。

殡宫生苍藓，纸钱挂空枝。

无人设薄奠，谁与饭黄缁。

亦无挽歌者，空有挽歌辞。

诗前有小序，云："昔鲍照、陶潜自作哀挽，其词哀。读予此章，乃知前作之未哀也。"意思是说，鲍照的《代挽歌》和陶渊明的《拟挽歌辞三首》尽管哀伤已极，与自己这首挽词相比，其悲哀的程度还是要轻多了。

今年（2022）盛夏至初秋，连续数十日酷热少雨，我日夜躲在空调房中，身上仍有无数小溪纵恣奔流。但每读秦观自挽词，立觉阴风窣窣，暑气被杀却一半。验尸、槁葬、木皮棺、纸钱、殡宫、苍藓、空枝、薄奠等语，一个个寒如千年墓石。秦观此诗，何其悲凉凄苦，真千古伤心人也。

苏轼当时读了这首挽词，并未多想，当作秦观蹭蹬无聊时的戏笔而已。且以为自己的这位得意门生，经历数年磨难之后，已然参透生死，精神上达到了庄子《齐物论》中所说的至高境界。何况，在儋州他也为自己作了一篇《志墓文》。他从行囊中取出这篇文章，秦观读罢，两人举酒大笑。

苏轼未料到，两个月后秦观就下世了。在为秦观《自作挽词》所写跋语《书秦少游挽词后》中，苏轼说："庚辰岁六月二十五日，予与少游相别于海康，意色自若，与平日不少异。但自作挽词一篇，人或怪之。予以谓少游齐死生，了物我，戏出此语，无足怪者。已而北归，至藤州（今广西藤县），以八月十二日卒于光华亭上。呜呼，岂亦自知当然者耶？乃录其诗云。"

在海康，苏轼与秦观短暂相聚，啸咏而别。秦观赋《江城子·南来飞燕北归鸿》词赠予恩师，卒章云："饮散落花流水、各西东。后会不知何处是？烟浪远，暮云重。"海康一别，他们后会无期。这一次是永诀。

当初，苏轼任徐州知州，秦观初次去谒见苏轼，拜于门下。秦观在《别子瞻》诗中说："我独不愿万户侯，惟愿一识苏徐州。"又说："据龟食蛤暂相从，请结后期游汗漫。"表达了对苏轼的顶礼膜拜之情，以及生死追随的愿望。古人重诺，言出必行，二十四年来，无论顺境逆境，无论进退荣辱，秦观唯苏轼马首是瞻，共休戚，同浮沉，至死无悔。在"苏门六君子"中，苏轼也尤其钟爱秦观，奖掖不断，视同亲生。南宋林机在翻刻秦观《淮海集》后序中说："元祐中，海内之士望苏公门墙，何止数仞。独高邮秦君，与黄鲁直、张文潜、晁无咎四人者，以文章议论，颉颃其间。而秦君受公之知为最深，以贤良方正直言极谏科荐于朝，且上其文，汲汲焉不啻若己出。"苏轼与秦观之间的情分，是师生，类父子，更是同道挚友。

《周易·离卦》，其《彖传》说："离，丽也。日月丽乎天，百谷草木丽乎土。"离，附丽的意思。秦观之于苏轼，就像日月附丽于天空，草木百谷附丽于大地。他后半生的命运，是和苏轼紧紧捆绑在一起的，一荣俱荣，一损俱损。

结识秦观之前，苏轼曾在友人家中见过秦观的诗文，对其诗歌、文章和书法大加赞赏。后来，孙觉和李常向苏氏兄弟极力推荐秦观之才，苏轼也想见见这位青年才俊。

熙宁十年（1077）四月，苏轼由密州移知徐州，苏辙同行。时年二十九岁的秦观，借进京应举之机，带着李常的书简，从家乡高邮顺道来到徐州，谒见苏轼。二人相见恨晚，秦观正式拜苏轼为师，并在王巩操持下，举行了拜师仪式。陈师道后来在《秦少游字序》中记载道："扬秦子过焉，置醴备乐，如师弟子。其时，余病卧里中，闻其行道雍容，逆者旋目，论说伟辩，坐者属耳。世以此奇之，而亦以此疑之，惟公以为杰士。"根据陈师道所记，拜师仪式甚是隆重，秦观的气度和谈锋，令参加仪式的人侧目交耳。世人大为骇异，并以此怀疑其才；只有苏轼独具慧眼，视之为杰出才士。

秦观对苏轼的道德文章，更是高山仰止。其《贺中书苏舍人启》

说苏轼："当世大儒，斯民先觉，议论为四海之轻重，出处系一时之安危。"《贺苏礼部启》赞颂苏轼："道贯神明，智周事物。"

一连数日，秦观流连于徐州，苏轼、苏辙亲自陪同他畅游云龙山等当地名胜，并介绍他与山中隐士张天翼相识。临别，秦观作《别子瞻》诗，苏轼、苏辙均作诗相和。苏轼《次韵秦观秀才见赠秦与孙莘老李公择甚熟将入京应举》云："故人坐上见君文，谓是古人吁莫测。新诗说尽万物情，硬黄小字临黄庭。"又说："谁谓他乡各异县，天遣君来破吾愿。一闻君语识君心，短李髯孙眼中见。"他对秦观的喜爱之情溢于言表，并约他秋后再游徐州。苏辙在《次韵秦观秀才携李公择书相访》中，对秦观的诗文和论辩之才，也不吝赞美之辞。他说秦观"袖中秀句淮山青""清谈亹亹解人颐"，又说"醉吟君似谪仙人"。未届而立的秦观，虽然尚未登进士第，还只是个白衣秀才，却从容放旷，倜傥风流，在文坛山斗面前谈吐自如，毫不畏怯。

秦观生于士大夫之家，祖父、父亲和叔父分别在太学和州县为官，官位不显，家境也不富裕。青少年时期的秦观极聪慧，读书过目不忘，天性不拘礼法，恃才负气，孤标傲世，好兵书，好醇酒，好美色，好山水，好结交文人雅士，也好与浪荡子嬉游，乡里指为狂人。其《送钱秀才序》："昔日浩歌剧饮，白眼视礼法士，一燕费十余万钱，何纵也！"《与苏公先生简》："某鄙陋，不能脂韦婉变，乖世俗之所好。"《与苏子由著作简》："某受性庸昧，与世异驰。"《精骑集序》："予少时读书，一见辄能诵。暗疏之，亦不甚失。然负此自放，喜从滑稽饮酒者游。旬朔之间，把卷无几日，故虽有强记之力，而常废于不勤。"《宋史》本传："少豪隽，慷慨溢于文词，举进士不中。强志盛气，好大而见奇，读兵家书，与己意合。"他也为自己的狂狷付出了相应的代价：举进士多年不中，淹留场屋将近二十年，直到三十七岁，第三次应举才进士及第；后来为官，因附丽苏轼，在两次朋党之争（蜀、洛、朔三党之争和新旧党争）中屡屡遭到弹劾，罪名之一就是行为不检点。

科场连连败北，家中生计一天比一天困顿，秦观遭到亲友的耻笑，乡里读书的士子甚至把他当作反面教材。《谢王学士书》："乡人悯其愚而笑之，干禄少年至指以为戒，虽某亦自疑焉。"这对秦观打击很大，一度打算放弃科举，做一个山林隐士。结识苏轼之后，苏轼时常当面或写信勉励他多读书，勤著述，切切不可放弃科举这条入仕门径，秦观这才闭门却扫，发愤攻书，并作《掩关铭》以自励。

不仅如此，苏轼还不遗余力地荐举秦观。苏轼在徐州治水成功，于东门之上建造黄楼以魇镇水害。诸多闻人达士为黄楼写赋作诗，他都不甚满意，写信邀请秦观作一篇赋。秦观《黄楼赋》写成，苏轼作诗答谢，盛赞秦观的赋，雄文大篇，直追屈原、宋玉。《太虚以黄楼赋见寄作诗为谢》："夫子独何妙，雨雹散雷椎。雄词杂今古，中有屈宋姿。"

后来，苏轼由徐州移知湖州，经过高邮，将秦观、范寥一起带到湖州，于饮食游历之间，时加谆谆教诲，秦观的诗文因此日益精进。

元丰七年（1084），苏轼由黄州团练副使量移汝州，仍在贬谪之中，六月与政敌王安石相会于江宁，二人携手同游，前嫌尽释。其时秦观即将第三次赴京师应试。言谈中，苏轼向王安石力荐秦观之才。别后不久，又致信王安石再次托付道："向屡言高邮进士秦观太虚，公亦粗知其人。今得其诗文数十首拜呈。词格高下，固无以逃于左右，独其行义修饬，才敏过人，有志于忠义者，某请以身任之。此外，博综史传，通晓佛书，讲习医药，明练法律，若此类未易以一二数也。才难之叹，古今共之。如观等辈，实不易得。愿公少借齿牙，使增重于世，其他无所望也。"（《上荆公书》第二书）王安石虽然已经罢相，但深得神宗信任，且门生故吏众多，在朝野仍有崇高的威望。他不负苏轼之托，称扬秦观诗文"清新妩丽，鲍谢似之"（王安石《答苏内翰荐秦公书》），也就是清丽自然，有鲍照、谢灵运之风。

此外，苏轼还向扬州知州鲜于侁推荐秦观。秦观游历扬州，鲜于侁待之颇厚，后来也多次举荐秦观。

因为苏轼持续勉励，秦观应举的信心大增。又因为苏轼提携，秦观在士大夫中声望渐隆，客观上为他成进士营造了良好的舆论环境。元丰八年（1085），秦观终于登进士第，名列仕版，开始了官宦生涯。

进士及第后，他作了一篇青词，虔诚感谢上苍的眷顾，并祈祷家人平安健康，自己官运亨通。《登第后青词》："伏愿上真昭答，列圣顾怀。增寿考于慈亲，除祸殃于眇质。私门安燕，无疾病之潜生；

官路亨通，绝谤伤之横至。"只可惜现实并不如他所祷，入仕后直至亡故，诬陷和诽谤与他如影随形。

是年，他改表字太虚为少游，向西汉伏波将军马援的堂弟马少游致敬。马少游淡泊处世，曾劝马援放下功名执念，说："士生一世，但取衣食裁足，乘下泽车，御款段马，为郡掾吏，守坟墓，乡里称善人，斯可矣。致求盈余，但自苦尔。"（《后汉书·马援列传》）由改字少游，可知秦观举进士，是为了衣食俸禄，赡养老母，并非为了显贵。他是个纯粹的文人，并无出将入相建功立业的勃勃雄心。

生秦观者，父母也；再造秦观者，苏轼也。终其一生，秦观视苏轼为再生父母。在《同子瞻赋游惠山三首》第二首中，秦观诚挚感激恩师的奖拔之恩："顾惭蒹葭陋，缪倚琼枝新。"以神话传说中的玉树琼枝比喻苏轼，以卑微的水边凡草蒹葭比拟自己，用的是《韩诗外传》里的典故："闵子曰：吾出蒹葭之中，入夫子之门。"譬如鲤鱼跳龙门，秦观自师从苏轼后，身价顿涨百倍。

"问世间情为何物，直教人生死相许。"元好问《摸鱼儿·雁丘词》里的这两句深情语，不只适合知心爱人，也是苏轼与秦观之间绵深情谊的最佳判词。

自拜入苏门，秦观一直追随苏轼，同升而并黜，生死以之。细观苏、秦结交之后两人的年谱，但凡苏子春风得意，秦观也春风得意，但凡苏子遇挫贬黜，秦观也遇挫贬黜，但凡苏子卷入朋党之争，秦观也卷入朋党之争，其人生轨迹高度相似。

绍圣元年（1094），亲政不久的哲宗，决意继续推行熙宁新政，于四月改元祐九年为绍圣元年。这个年号的意思，就是"绍述先王之政"，将神宗和王安石开启的熙宁变法进行到底。他起用章惇、蔡京等奸人，同时迫害元祐党人，朝中新旧党争之祸再次猛烈爆发。小人道长，君子道消。神宗朝执政大臣吕大防、范纯仁、刘挚、苏辙等先后被贬谪流放，苏轼被安上"毁谤先王、讥斥先朝"等罪名，削端明殿、翰林侍读二学士职，自定州徙岭南英州，中途再贬惠州，充宁远军节度副使。受苏轼牵连，"苏门四学士"也纷纷被谪。秦观由宣德郎、秘书正字、国史编修官，改官馆阁校勘，出为杭州通判。这一年，他四十六岁。

这并不是秦观入仕后第一次遭受打击。事实上，自释褐为官，他就不由自主地深陷朋党之争，犹如一叶小舟，颠簸于大风大浪之中。

早在元祐三年（1088），秦观任蔡州教授的第四年，因苏轼、鲜于侁、范纯仁、曾肇等人先后举荐，秦观赴京师参加制科考试。所谓制科，是为选拔非常之才举行的不定期非常规考试，由皇帝亲自主持，其出身比进士及第更为高贵。制科其时有十个科目，秦观参加的是贤良方正能直言极谏科。他的恩师苏轼过去也曾参加过这一科目的考试，位列榜首，名动天下。不巧的是，秦观应制科这一年，以苏轼为首的蜀党，和以程颐为首的洛党，正斗得不可开交，只要是苏轼举荐的人，无一例外受到洛党攻击和诬陷。秦观也未能幸免，差点连教授这一冷官也保不住。在范纯仁暗中帮助下，秦观以疾病突发不能应试为由，匆匆逃回蔡州，总算逃过一劫。

元祐五年（1090）五月，经范纯仁引荐，秦观由蔡州教授召至朝中，再应制科，除太学博士。甫一上任，就遭到洛党骨干、右谏议大夫朱光庭弹劾："新除太学博士秦观，素号薄徒，恶行非一，岂可以为人之师？伏望特罢新命，诏观别与差遣。"（南宋李焘《续资治通鉴长编》）所谓薄徒、恶行，说的是秦观入仕之前，经常饮酒啸聚，游优色府，与秦楼歌妓密切往来。这并不算诬陷，秦观确实曾经沉湎于吴歌越艳，有《满庭芳·山抹微云》《一丛花·年时今夜见师师》《迎春乐·菖蒲叶叶知多少》《南歌子·玉漏迢迢尽》等诸多艳词为证。在《满庭芳·山抹微云》中，秦观更是赤裸裸地自道："销魂。当此际，香囊暗解，罗带轻分。谩赢得、青楼薄幸名存。"唐宋时代，士大夫大多爱逛青楼，官宴通常也召妓歌舞侑酒，与歌妓交往以至眠花宿柳，算不得什么污点，朝廷一般不过问，坊间甚至视为风雅之事。况且，正如王国维《人间词话》中所说："词之雅、郑，在神不在貌。永叔、少游虽作艳语，终有品格。"秦观的艳词多系宋词名篇，非登徒子的浪语亵言可比。但是当月，秦观还是因此被罢去太学博士之职。

六月，范纯仁、曾肇又向朝廷举荐秦观入秘书省，校对黄本书籍。

第二年，秦观再次经历仕途起落。七月，他由校对黄本书籍迁秘书省正字。但第二个月就被罢免，依旧校对黄本书籍。正字任命诏书刚下，殿中侍御史贾易就以暧昧之事攻击秦观，上疏"诋观不检之罪"。所谓不检点、暧昧之事，仍是老调重弹，说秦观与歌妓纠缠不清。御史中丞赵君锡、御史黄庆基紧随其后，也各上了一道奏疏，弹劾秦观"薄于行""素号狷薄"，请求罢去其秘书省正字之职。赵君锡、贾易、黄庆基等人弹奏秦观，本意不在秦观，而意在他背后的靠山苏轼和苏辙。黄庆基在奏疏中，就直接攻击苏轼"援引党羽"。又据《续资治通鉴长编》，贾易在弹章中攻击苏轼和苏辙："苏轼兄弟阴结权幸，分布腹心，伺察中外，苟有与之少异者，必能中伤摧辱。故贪利小人，竞相趋附。而秦观狡猾尤甚，当其鹰犬之寄，同恶相济，谋害正直，不顾国家利害、朝廷得失……"读史至此，我抚膺长叹：正与邪，忠与奸，自古难辨，奸邪小人攻击忠直君子，与忠直君子痛斥奸邪小人，出语竟然如此相似！

受攻击时，苏轼上《辨贾易弹奏待罪札子》自辩，并为秦观辩护："秦观自少年从臣学文，词采绚发，议论锋起，臣实爱重其人。"

犹如白衣与污泥缠斗，白衣无论如何也斗不过污泥，最终被抹一身黑。苏轼、苏辙斗不过章惇、蔡京之流，秦观也斗不过贾易、赵君锡之类。因为君子有底线，小人无廉耻。恰如秦观《进策》三十篇之《朋党（上）》所言："邪正不辨而朋党是嫉，则君子小人必至于两废，或至于两存。君子小人两废、两存，则小人卒得志，而君子终受祸矣。"

前贤早就说过，宋家亡于朋党之祸，而非亡于敌国。近些年读《宋史》《续资治通鉴长编》，读《涑水记闻》《邵氏闻见录》《容斋随笔》《桯史》《宾退录》《却扫编》《鹤林玉露》等宋人笔记，读宋朝衣冠人物传，信然。像秦观这样的才高官卑者，一旦卷入朋党之争，就如同一颗玉石被卷入洪流，轻则伤筋动骨，重则殒命杀身。

其实，秦观并不愿意卷入党争，尤其不愿卷入洛党、朔党与蜀党三党之争（世人谓之君子相争），这从他元祐年间所作的诸多相关诗文可以清晰地看出。《寄张文潜右史》："日出想惊儒发冢，风行应罢女争桑。"以春秋后期吴、楚两国因边民争桑而启战祸，来比喻朝中党争，希望尽快停息朋党相斗。《南池》："泛泛池中凫，上下与水俱。不与水争力，所以全其躯。遇物贵含垢，修身戒明污。胡能若云月，浪自惊群愚。"说愿意学水中的鸭子，随水浮游，明哲保身。《漫郎》："乃知达人妙如水，浊清显晦惟所遭。无时有禄亦可隐，何必冕岩远遁逃。"表达吏隐于朝、不介入争斗之愿。有一段时间，因厌恶党争，他甚至想弃官归乡，《清夜》诗说："胡为蜗角端，相与竞寻尺。劝君归去来，飞空鸟无迹。"

但就连两宋历任帝王对党争也无可奈何，任由朋党之祸殃及大好江山，秦观一介小吏，又如何能阻止得了。哲宗即位后，朝中朋党之争更趋激烈，天下汹汹，元祐党人被驱逐殆尽。

绍圣元年（1094）四月，秦观离开汴京，踏上了贬谪杭州的旅途。这只是苦难的开端。自此以后的七年里，他连续遭遇五次贬谪，一直贬到岭南，再也未能回到京师和故乡。

离京时，他作《望海潮·梅英疏淡》《江城子·西城杨柳弄春柔》《风流子·东风吹碧草》《虞美人·高城望断尘如雾》等词，以泻胸中愤郁。《风流子·东风吹碧草》词云：

> 东风吹碧草。年华换、行客老沧洲。见梅吐旧英，柳摇新绿，恼人春色。还上枝头，寸心乱、北随云黯黯。东逐水悠悠。斜日半山，暝烟两岸。数声横笛，一叶扁舟。
>
> 青门同携手。前欢记、浑似梦里扬州。谁念断肠南陌，回首西楼。算天长地久，有时有尽，奈何绵绵，此恨难休。拟待倩人说与，生怕人愁。

秦观携母亲戚氏和侍妾边朝华同赴杭州。到了淮上，也即今天的安徽省蚌埠市淮上区，他遣别爱妾，让她回开封再嫁他人。这是他第二次遣送边朝华。

秦观早年丧父，对母亲极其孝顺，在外做官一直将母亲带在身边尽心奉养，留妻子徐文美在高邮老家操持家事。在京师任职时，他在开封本地找了个小女子侍奉母亲。这个女子就是边朝华，时年十七八岁，慧丽无双。元祐八年（1093），四十五岁的秦观纳她为妾，其《四绝》诗第三首写他们的合卺之夜："织女明星来枕上，了知身不在人间。"可见秦观对她十分怜爱。不久，秦观跟从道士学习修真（修仙）之术，希望借助佛老之学，求得精神上的解脱。修真不可近女色，于是他忍痛割爱，厚赠衣物钱财，将边朝华打发回娘家，让她嫁人，临别作《遣朝华》诗相赠。二十多天后，边朝华托父亲来告诉秦观，她不愿意改嫁，想回到他身边，于是二人复合。

这次秦观因党争被贬杭州，边朝华执意陪伴，秦观先是不肯，后来想到恩师苏轼贬谪惠州，有王朝云一路相伴，也就同意了。但转念间他又后悔了，派人回开封将边朝华的父亲找来，领她回家，且又作了一首《再遣朝华》："玉人前去却重来，此度分携更不回。肠断龟山离别处，夕阳孤塔自崔嵬。"有人说，秦观此番再遣朝华，是不想她跟着自己吃苦头。或许有这个因素，但我以为，根本原因在于他当时沉迷修真，立誓戒断女色。他的两首遣别诗，都写得十分绝情，前一首说"百岁终当一别离"，后一首说"此度分携更不回"，也是明证。北宋张邦基《墨庄漫录》记载此事甚详："秦少游侍儿朝华，姓边氏，京师人也。元祐癸酉岁纳之……时朝华年十九也。后三年，少游欲修真，断世缘，遂遣朝华归父母家，资以金帛而嫁之。朝华临别泣不已……既去二十余日，使其父来云：不愿嫁，却乞归。少游怜而复取归。明年，少游出倅钱塘，至淮上，因与道友论议，叹光景之遄。归谓华曰：汝不去，吾不得修真矣。亟使人走京师，呼其父来，遣朝华随去，复作诗……时绍圣元年五月十一日。少游尝手书记其事，未几遂窜南荒去。"

佳人此去，再无消息，秦观从此形单影只，独自面对七年的凄风苦雨。他的所谓修真，后来自然也不了了之。读文至此，我不禁暗骂一句：秦观啊秦观，负心如此，你真是活该！

北宋王直方《归叟诗话》说："秦少游以校勘出为杭倅，方至楚泗间，有诗云：'平生遍欠僧房睡，准拟如今处处还。'诗成之明日，报责监处州酒。好事者以为诗谶。"

王直方所言为秦观惹来祸事的诗，题为《赴杭倅至汴上作》。原诗是这样写的：

> 俯仰觚棱十载间，扁舟江海得身闲。
>
> 平生孤负僧床睡，准拟如今处处还。

很显然，这是秦观内心百般苦楚时的自宽之词。所谓江海得身闲，所谓处处僧床睡，故作高蹈逍遥之态罢了。因诗文惹祸，历史上例子众多，但秦观被贬处州（今浙江丽水），并不像王直方所言是因为两句诗。由元祐诸臣在绍圣年间的悲惨遭际可知，章惇、蔡京等人打击政敌，是有计划有步骤的，即使秦观一路哑默无言，诗也不作，词也不写，贬谪他的罪名也可以随时罗织。

这年（1094）闰四月，御史刘拯上疏弹劾范祖禹、黄庭坚、张耒、秦观等史官修撰《神宗实录》不实，"或毁诋先烈，或凿空造语以厚诬"（《墨庄漫录》）。并揭发黄庭坚、张耒、秦观等人"影附苏轼"，请朝廷深究苏轼之罪，并褫夺秦观等人的职务。随后，御史周秩也上了一道奏疏，批评朝廷对秦观的惩罚不到位。于是秦观被削馆阁校勘，由杭州通判贬为监处州酒税，寄禄官也由宣德郎降为左宣议郎。

一个多月内二次遭贬，秦观心情越发沉重，强烈预感到更大的风雨还在后头。因而在停留泗州等候朝廷的指挥公文时，他向知州借了一条船，回了一趟高邮老家，和家人短暂团聚，展拜过祖先墓茔之后，又带着母亲匆匆赶赴处州。

处州地处浙江省西南部，是一个偏僻的小州，与天堂一样的杭州有霄壤之别，监酒税更是个管理税收的小吏。途中，秦观担心到了处州没有住处，于是致信处州的胡姓友人，请他帮忙租赁住宅。《与胡子简》："远方必无闲空地宅，如成都僦债。然括苍士大夫渊薮，其父兄必多贤，闻仆无居，宜有轸居，以见赁债者。幸前期闻之，不然，使迁客有暴露之忧，亦郡豪杰之深耻也。轸寻事契，叙此一篇。"书简于旅途中匆匆草就，语气却铿锵有力且有戏谑成分，足见秦观与胡氏交情不浅，也足见秦观性情之率真。

抵达处州后，秦观先寄居在隐士毛氏的故居文英阁里。不久，他又移居酒税署，办公居住合一。处州城中有一座小山，名姜山，酒税署就建在山上。在处州贬所两年多，在征收酒、鱼、肉等税赋之外，秦观以吟咏自适，诗词代表作有《题务中壁》《文英阁二首》《处州水南庵二首》《题法海平阇黎》《千秋岁·水边沙外》《好事近·梦中作》。《千秋岁·水边沙外》词云：

水边沙外，城郭春寒退。花影乱，莺声碎。飘零疏酒盏，离别宽衣带。人不见，碧云暮合空相对。

忆昔西池会，鹓鹭同飞盖。携手处，今谁在？日边清梦断，镜里朱颜改。春去也，飞红万点愁如海。

　　显然，他在处州非常孤单，连饮酒也无情无绪，有时干脆懒得端起酒杯。他常常独步郊外，回忆起从前在京城与师友宴集唱和的欢乐场景，以此打发漫漫光阴。他心中有大海一样的忧愁，堪比被俘投降之后的南唐后主。南宋曾季狸《艇斋诗话》记载，此词传至朝中，宰执曾布说："秦七必不久于世，岂有'愁如海'而可存乎？"

　　在《好事近·梦中作》词中，秦观写道：

　　　　春路雨添花，花动一山春色。行到小溪深处，有黄鹂千百。
　　　　飞云当面化龙蛇，夭矫转空碧。醉卧古藤阴下，了不知南北。

　　关于此词结拍"醉卧古藤阴下，了不知南北"二句，在秦观卒于藤州光华亭后，当时秦观的诸多师友，以及后世很多文人，以为是秦观无意中说出的谶言。

　　没有亲朋好友，秦观就与隐士毛氏交游，与当地僧人来往。他结识了法海寺住持昙法师，时常一起品茗作诗。闲暇之日，秦观也经常到寺中抄写佛经，两年多抄写《阿弥陀经》七万字。《题法海平阇黎》："因循移病依香火，写得弥陀七万言。"

　　秦观与僧人交往，抄写佛经，固然是遁世之法，以防朝中政敌找到破绽继续迫害自己；另一方面，也是潜心向佛。他和两宋诸多士大夫一样，受宋代帝王和世风影响，圆融儒释道三教。青年时代，秦观乡居期间，曾跟从高邮乾明寺昭庆禅师学佛。在《五百罗汉图记》中，他以佛门弟子自居，并且自言："余家既世崇佛氏。"苏轼在给王安石的举荐信《上荆公书》第二书中，也曾说秦观"通晓佛书"。

孰料，抄写佛经也是罪过。

绍圣三年（1096），秦观再次罹罪。《宋史》本传："使者承风望指，候伺过失，既而无所得，则以谒告写佛书为罪，削秩徒郴州。"谒告，即请假。本传的意思是，自秦观贬黜以来，朝中执政大臣秘密授意两浙路转运副使胡宗哲，派人日夜对他进行严密监视，伺机寻找过失，罗织罪名，但久无所获。最后以请假抄写佛书、"败坏场务"定罪，削职编管郴州（今湖南省郴州市）。所谓编管，是宋代惩罚罪臣的一种方式，剥夺其阶官（寄禄官）、职官（实际职务）、封号、俸禄等，流放到荒远州郡，编入当地户籍，并由地方官严加监视管束，不得自由行动。如此，秦观一无所有，且被限制了人身自由，等同于戴罪之民。这一年，秦观四十八岁。

其实，后来的史实证明，即使是躲到天涯海角，即使是死后，章惇、蔡京也不会放过秦观和其他元祐诸臣。

离开处州去郴州之前，秦观再次来到法海寺，修忏三天。在《留别平阇黎》一诗的跋语中，秦观说："绍圣元年，观自国史编修官蒙恩除馆阁校勘、通判杭州，道贬处州管库。三年，以不职罢，将自青田以归。因往山寺中修忏三日，书绝句于住僧房壁。"诗云："缘尽山城且不归，此生相见了无期。"贬谪途中，他的诗词多作这般不祥之语。

谪人带着老母和老仆再次起程，目的地在遥远的南蛮之地湘南，要穿越整个江西。

这一年中秋时分，秦观抵达庐山脚下的鄱阳湖畔。四十八年前，他就出生在这片水域。其时，他的祖父带着家人自高邮往南康上任，经过九江，秦观降生于舟中。《书王氏斋壁》："皇祐元年，余先大父赴官南康，道出九江，余实生焉。"数十年来，秦观多次经过庐山和鄱阳湖。但这一次，他是一个罪人。

当晚，秦观系舟古寺之下，夜里做了一个奇怪的梦：一个美丽的女子，自称是维摩诘身边的散花天女，拿着维摩诘的一幅画像，来求秦观作像赞。北宋僧人释惠洪《冷斋夜话》："秦少游南迁，宿庙下，登岸纵望久之，归卧舟中。闻风声，侧枕视，微波月影纵横，追绎昔尝宿云老惜竹轩，见西湖月色如此。遂梦美人，自言维摩诘散花天女也，以维摩诘像来求赞。少游爱其画，默念曰：非道子不能作此。天女以诗戏少游曰：不知水宿分风浦，何似秋眠惜竹轩。闻道诗词妙天下，庐山对眼可无言？"秦观梦中在画像上题了几行字，醒来记于纸上，即《梦中题维摩诘像赞》："竺仪华梦，瘴面囚首，口虽不言，十分似九。应笑荫覆大千，作狮子吼，不如搏取妙喜，如陶家手。"此事并非释惠洪信口开河，他和秦观是旧交，亲耳听秦观说起过，还曾在雷州天宁寺见过秦观这篇像赞的墨迹。

绍圣三年（1096）十月十一日，秦观抵达洞庭湖。在湖畔，他备好纸钱、纸马、香、酒、茶、果，并写了一篇祝文，虔诚祭拜洞庭诸神。在《祭洞庭文》中，秦观哀告道："观罪戾不肖，顷缘幸会，尝厕朝列，备员儒馆，承乏史臣。福过灾生，数遭重劾，蒙恩宽贷，投窜湖南。老母戚氏，年逾七十，久抱末疾。尽室幼累，几二十口，不获俱行。"又祈求诸神照拂护佑："观之得罪本末，诸神具知，愿加哀怜。老母异时经彼重湖，赐以便风，安然获济。仍愿神贶，早被天恩，生还乡邑。观以疾走便道，不遑躬诣祠下，尽此血诚。"其词之哀，叫人千载后不忍卒读。

舟至湘水，泊于江上，秦观作《临江仙》：

> 千里潇湘挼蓝浦，兰桡昔日曾经。月高风定露华清。微波澄不动，冷浸一天星。
> 独倚危樯情悄悄，遥闻妃瑟泠泠。新声含尽古今情。曲终人不见，江上数峰青。

秦观五次迁谪，越谪越往南，诗词也越发感伤幽冷，越发凄婉惨苦。"曲终人不见，江上数峰青"两句，也似自挽词。

大半年中，秦观和母亲风餐露宿，经历了千辛万苦。《如梦令》："遥夜沉沉如水。风紧驿亭深闭。梦破鼠窥灯，霜送晓寒侵被。无寐。无寐。门外马嘶人起。"岁末，他们终于抵达郴州。

除夕之夜，郴州家家团圆户户欢笑，秦观和母亲寓居客舍，孤苦冷清。百般穷愁中，秦观作《阮郎归》词："乡梦断，旅魂孤，峥嵘岁又除。衡阳犹有雁传书，郴阳和雁无。"衡阳城南有雁回峰，相传，北雁南飞至此而止。雁回峰以北，大雁尚能传递书信，过了衡阳，连大雁也不肯到了。此词极言谪放之苦和郴州之远。

绍圣四年（1097）初，秦观在郴州写了多首语调凄苦的诗词。《点绛唇》："尘缘相误。无计花间住。烟水茫茫，千里斜阳暮。"《鼓笛慢》："好梦随春远，从前事、不堪思想……那堪万里，却寻归路，指阳关孤唱。"《如梦令》："肠断，肠断，人共楚天俱远。"他的这些词作，经秦楼楚馆传唱，很快传遍潇湘，传至四方。

编管之人，与囚犯相差无几。投荒索居，日月难挨，秦观在写诗作词之余，修改以前在秘书省任正字时撰写的十篇书法论文，自作序言，结集为《法帖通解》。在《法帖通解》序言中，秦观说，他供职秘书省时，有机会见到藏在秘府的历代传世法帖真迹，"字皆华润有肉，神气动人，非如刻本之枯槁也"。他自己是当世有名的书法家，又亲眼见过诸法帖墨迹，并时常揣摩，故而他这部书并非人云亦云的平庸之作。

流离播迁，惶惶如丧家犬之时，秦观住在旅舍中，仍然发愤读书著述，惜寸阴胜于尺璧。纵观古来大方之家，哪一个又不是如此？

郴州只是秦观流放途中的一个中转站，他的厄运接踵而至。在郴州落脚未稳，绍圣四年（1097）二月，朝廷诏命又到："郴州编管秦观，移送横州编管。其吴安诗、秦观所在州，差得力职员押伴前去，经过州军交割，仍仰所差人常切照管，不得别致疏虞。"（《续资治通鉴长编》）

这一次，秦观被投窜到五岭以南的横州（今广西横州市），时年四十九岁。诏书并且命郴州派专人押送，沿途严加约束。秦观已由罪人升级为朝廷重犯。他心如枯木，临行作《踏莎行·郴州旅舍》，词云：

> 雾失楼台，月迷津渡。桃源望断无寻处。可堪孤馆闭春寒，杜鹃声里斜阳暮。
>
> 驿寄梅花，鱼传尺素。砌成此恨无重数。郴江幸自绕郴山，为谁流下潇湘去。

南宋吕本中说，秦观过岭以后所作诗，高古严重，自成一家，与旧作不同。这首词是其岭南作品的开篇，身世多艰，词风已由凄婉渐变为凄厉。不久，秦观将这首词寄给谪放儋州的苏轼，苏轼极其喜爱，书结尾二句于扇面。秦观逝后，苏轼又在扇子背面写道："少游已矣，虽千万人何赎。"

是年（1097）三月，秦观被押往横州，途中经过衡州、永州和桂州。岭南气候炎热，他怕母亲经受不住，请人将她送回高邮老家，自己只身前往岭表。

路过衡州，知州孔平仲是秦观在朝时的旧友，因"附和旧党当权者"，绍圣初年由秘阁校理出知衡州。孔平仲款留秦观数日，饮酒赋诗之外，两人同游回雁峰等南岳诸峰，并去拜访衡山花光寺僧人仲仁。仲仁善画墨梅，当世极有名，后世称之"墨梅鼻祖"。但仲仁当时出了远门，秦观寻他不遇，于是留下一封书简，求其墨迹。《与花光老求墨梅书》："仆方此忧患，无以自娱。愿师为我作两枝见寄，令我得展玩，洗去烦恼。幸甚。"

四月，秦观抵达永州祁阳，观摩了名闻天下的浯溪摩崖石刻《大唐中兴颂》。此石刻在潇湘二水交汇处的浯溪峭壁之上。其字真力弥满，朴茂清雄，气度恢宏，系唐人元结撰文，颜真卿书丹，为历代所宝。秦观一见，嗟叹久之，题诗于附近崖壁上。

到达横州治所宁浦，已是深秋时分。初到时，秦观寓居城西登高岭浮槎馆。南国四季燠热，时令虽然已近初冬，横州的蚊子却既大且多，咬得他无法入眠。饶是如此，他仍然勤勉把卷。《宁浦书事六首》其一："挥汗读书不已，人皆怪我何求。我岂更求荣达，日长聊以销忧。"流放的日子漫长又无望，他埋首书中，以解心中郁江一样长长的忧愁。

横州位于广西东南，四围群山环抱，中部开阔平缓，郁江自西向东横贯流淌。当地虽炎热、多蚊虫，但山水风光甚美，物产也丰富。《宁浦书事六首》其二就说："鱼稻有如淮右，溪山宛类江南。"

他早就没有了俸禄，衣食无着。为了生存，他在当地人资助下，设帐课徒，开办书院。"苏门四学士"之一的秦观，誉满天下，横州学士喜其南来，纷纷投入门下，荒凉的浮槎馆书声琅琅。清光绪版《横州志》说，秦观选择当地聪颖少年悉心教授，这些学子也不负秦观之望，写诗作文渐有法度。秦观因此受到横州人的普遍敬重，经常受邀到当地人家中做客。

但遭受连环打击，只身漂流至此，身体又因屡次长途迁徙染上疾病，秦观的心情多数时候是痛苦甚至绝望的。《宁浦书事六首》：

> 南土四时尽热，愁人日夜俱长。
>
> 安得此身作石，一齐忘了家乡。（其三）
>
> 身与杖藜为二，对月和影成三。
>
> 骨肉未知消息，人生到此何堪。（其五）
>
> 寒暑更拚三十，同归灭尽无疑。
>
> 纵复玉关生入，何殊死葬蛮夷。（其六）

任是无情人、木头人，读了这些诗歌，也心有戚戚焉。贬黜以来，秦观日夜悲伤忧愁，所作诗词也多有"愁"字。悲愁伤心，也伤肺，他急剧衰老。此前过衡阳与孔平仲相会，秦观离开后，孔平仲就对家人说："秦少游气貌大不类平时，殆不久于世矣！"

横州仍然不是秦观贬谪生涯的终点，他的厄运仍将继续。

此时，朝中章惇、蔡京、吕升卿等，将元祐党人赶尽不算，还打算全部秘密杀绝。《宋史·哲宗本纪》载元符元年（1098）大事："二月，蔡京等根治同文馆狱，卒不得其要领，乃更遣吕升卿、董必使岭外，谋尽杀元祐党人。"

当年九月，秦观第五次被贬，罪名是附会旧党。《宋史·哲宗纪》："庚戌，横州编管秦观特除名，永不收叙，移送雷州编管，以附会司马光等，同恶相济也。"《续资治通鉴长编》所记与《宋史》

基本相同，只是在"横州编管秦观特除名"前面，补充了"追官勒停"四字。是年秦观已届知天命之年。

开除官籍，且永远不再录用，押送濒临大海的雷州（今广东雷州市），离京师有万里之遥，无疑是极重的处罚，仅次于流放儋州的苏轼。犹如一顿皮鞭之后，再加一记闷棍，秦观自知北归的希望已经渺茫。由横州迁往雷州，途中经过鬼门关，其《鬼门关》诗云：

> 身在鬼门关外天，命轻人鲊瓮头船。
> 北人恸哭南人笑，日落荒村闻杜鹃。

鬼门关本是神话传说中阴曹地府的一个关隘，所谓阴阳两界交界处。现实中的鬼门关在今广西北流县（今北流市）西，处于北流和郁林两县之间，又称阴阳道。此关双峰对峙，中成关门。其阔不过三十步，瘴气滋生，多蚊虫鼠蚁，夜间被一团白雾笼罩，人行其中，但闻鸦雀悲鸣，甚是可怕。唐宋两朝，诸多北人南迁蛮荒之地，死于此关者迭相踵接。

在秦观之前，苏轼谪儋州，黄庭坚贬黔州，都曾经过此关，也都留下令人读之胆寒的诗作。

关于秦观在雷州的生存境况，《海康书事十首》略说过一些，主要是务农以糊口，读书以忘忧："白发坐钩党，南迁海濒州。灌园以糊口，身自杂苍头。""读书与意会，却扫可忘忧。"当年苏轼门下意气风发的秦学士，如今皤然白发。为了填饱饥肠，他夹在当地士卒之间，握锄耕作，闲暇时闭门读书，或者混迹于市井之间，看穿着青色裙子打着赤脚的美妙粤女售卖鱼虾。他时刻盼望着得赦北归，自我安慰说："何关二千石，时至自当还。"

五十岁生日那天夜里，秦观躺在床上，往事一幕幕在脑海中飘过，怎么也睡不着，索性披衣下床，于涕泪纵横中作长诗《反初》。反，返也；反初，返还初服，复归本原也，语出屈原《离骚》："进不入以离尤兮，退将复修吾初服。"前人多借指辞官归田。秦观在诗中说："昔年淮海末，邂逅安期生。谓我有灵骨，法当游太清。区中缘未断，方外道难成。一落世间网，五十换嘉平。"又说："誓当反初服，仍先谢诸彭。晞发阳之阿，餔啜太和精。心将虚无合，身与元气并。陟降三境中，高真相送迎。"再三讽诵此诗，我以为秦观所说的反初，非指辞官归田（他已是布衣之身），而是再续仙缘、重新修真的誓言。自绍圣初年遭贬以来，六年了，他一谪再谪，早已将修真弃之身后。起初，他对朝廷还抱有幻想，如今终于清醒过来，认为只有修道才能让自己脱离无边苦海。

但是，一个堕入尘网沉入深渊的人，老命尚且不保，又如何能邀游三清之天？博学智慧如秦观，又怎么会不明白这简单的道理？在困顿之中，他只不过是借此宣泄对朝廷的强烈不满罢了。

过五岭特别是抵雷州以后，秦观的诗多作佛家语、道家语、堪破之语。《自警》："争名竞利走如狂，复被利名生怨隙。贪声恋色镇如痴，终被声色迷阡陌。"《口号》诗小序："美酒忘忧之物，流光过隙之驹。不称人心，十事常居八九；得开口笑，一月亦无二三。莫思身外无穷，且睹尊前见在。功名富贵，何异楚人之弓？"只是，堪破又能如何？他在泥淖中越陷越深，泥巴快要没到他的脖子了。

莫道雷州远，更有海角人。

在秦观编管雷州前一年，他的恩师苏轼由惠州再贬琼州别驾、昌化军安置。昌化军即儋州，神宗熙宁六年（1073）改州为军。落难师生，隔着风涛险恶的大海。他们都是被限制了行动自由的人，烟波浩渺，只能远远想念，频繁互寄诗文书简，以相慰藉。

苏轼《跋秦少游书》："少游近日草书，便有东晋风味，作诗增奇丽。乃知此人不可使闲，遂兼百技矣。技进而道不进则不可，少游乃技道两进也。"他又曾对陪伴在身边的小儿子苏过说："秦少游、张文潜，才识学问为当世第一，无能优劣二人者。少游下笔精悍，心所默识而口不能传者，能以笔传之。然而气韵雄拔，疏通秀朗，当推文潜。二人皆辱与予游，同升而并黜。有自雷州来者，递至少游所惠书诗累幅。近居蛮夷，得此如在齐闻《韶》也。汝可记之，勿忘吾言。"（南宋朱弁《曲洧旧闻》）即使流放海外，苏轼对他门下的得意弟子，仍是称誉不迭。

"我观人间世，无如醉中真。"穷途末路，秦观《饮酒诗四首》如是说。他原本心宽体胖、大腹便便，而今形销骨立；原本豪迈慷慨、傲睨不群，而今头颅低到了尘埃里。他自感不久于人世，提笔给自己写了一篇叫人柔肠寸断的挽词。

挽词写好不久，春天来了，朝廷的特赦令也来了。绝处逢生，这怎能不让久迁之客欣喜若狂？

元符三年（1100）六月底，苏轼与秦观在海康短暂相会。七月初，秦观踏上了归程，临行作《和陶渊明归去来辞》：

> 归去来兮，眷眷怀归今得归。念我生之多艰，心知免而犹悲。天风飘兮余迎，海月炯兮余追。省已空之忧患，疑是梦而复非。及我家于中途，儿女欣而牵衣。望松楸而长恸，悲心极而更微。升沉几何，岁月如奔……封侯既绝念，仙事亦难期。依先茔而洒扫，从稚子而耘耔。修杜康之废祠，补《由庚》之亡诗。为太平之兴老，幅巾待尽更奚疑？

悲欣交集，笑泪齐发，苦甜参半。读此诗，可以想见当年遇赦北返的秦观，内心是如何激动和复杂。他想象着儿女欢喜相迎的场面，想象着归乡后的优游岁月。

但是，福祸相倚。

这年八月，秦观北归途中经过藤州。

谪人复官，心情大好。秦观游览了藤州名胜流杯桥、玉井泉和光华亭，作《藤州诗三首》。他不曾料到，这是自己的绝笔。

八月十二日，痛饮美酒之后，秦观醉卧在光华亭上，中途称口渴，想喝水，仆人用水盂捧江水奉上，秦观笑看水盂而逝，得年五十二。其死因，据苏轼说是中暑。

　　关于他的离世，《宋史》本传说："至藤州，出游光华亭，为客道梦中长短句，索水欲饮，水至，笑视之而卒。"所谓梦中长短句，是指贬谪处州时，梦中所作《好事近》，其结句云："醉卧古藤阴下，了不知南北。"世事多奇，冥冥之中，似有前定。

　　苏轼得到秦观下世的噩耗，是当年九月七日，正值北返途中。收到凶信，他悲伤痛惜无以复加，连续多日吃不下饭，还曾怀疑是道路传言，抵达白州，即今天的广西博白县，消息被证实。后来，他在《与欧阳元老书》中说："其死则的矣，哀哉痛哉，何复可言。当今文人第一流，岂可复得？此人在，必大用于世；不用，必有所论著以晓后人。前此所著，已足不朽，然未尽也。哀哉！哀哉！"

　　秦观遽然离世，最悲痛的除了家人，就是苏轼。苏轼伤心之余，更是倍感愧疚，因为秦观的贬谪和早逝，都是自己牵累的。第二年五月，苏轼回常州途中经过金陵，在给弟子李廌（字方叔）的复信中说："某自恨不以一身塞罪，坐累朋友。如方叔飘然一布衣，亦几不免。纯甫、少游，又安所获罪于天，遂断弃其命。言之何益，付之清议而已。"东晋王导当年曾说："吾虽不杀伯仁，伯仁由我而死。幽冥之中，负此良友。"苏轼的自责，与王导绝似。

　　秦观卒后一年，苏轼病逝于常州。他们相濡以沫，同生共死，比管鲍之交更可风世。高山流水曲已终，苏轼秦观不见了。此等妙人，再难寻觅，以至人间寂寥如斯。

陆游（1125—1210），字务观，号放翁，越州山阴（今浙江绍兴）人。南宋诗人、词人、史学家，"南宋四大家"之一。三十八岁赐进士出身，历官宁德县主簿、福州决曹掾、敕令所删定官、大理司直兼宗正簿、枢密院编修、太上皇圣政所检讨官、镇江府通判、隆兴府通判、夔州通判、四川宣抚使司干办公事兼检法官、成都府路安抚使司参议官、蜀州通判、嘉州知州、荣州知州、成都府路安抚使司参议官兼四川制置使司参议官、提举福建常平茶盐公事、提举江西常平茶盐公事、严州知州、礼部郎中、实录院检讨官、宝谟阁待制、秘书监等。先后五次被黜，后隐居山阴。著有《剑南诗稿》《渭南文集》《老学庵笔记》《南唐书》等。

南宋嘉定元年（1208）二月，致仕家居多年，时年已经八十四岁的陆游，被朝廷削去宝谟阁待制、提举江州太平兴国宫的职衔，剥夺了祠禄。所谓祠禄，是主管宫观的俸禄。按宋代制度，大臣罢职后大多令其遥领道教宫观，无实际职事，也不用到岗，支取半俸养家，以示优崇。于陆游而言，这不是第一次被褫夺祠禄，也不是第一次遭遇罢职。多数时候，在偏安江左的南宋朝廷看来，爱国、主战、主张恢复中原是大罪，屈膝侍奉金国、称臣称侄、在江南安享荣华富贵才是忠臣顺民。此前，陆游四落四起，仕途屡振屡挫，从来蹭蹬不平，许国无门、报国无路的愤恨之情和郁郁之怀，频频写于诗篇。

历次罢职闲居期间，陆游雄心不减、壮志不改，时刻以诸葛亮、韩信、霍去病自比自励，期待有朝一日东山再起，手握虎符，肩扛大纛，带领千军万马杀过淮河，杀向长安，将黄头女真逐出中原，撵到漠北。但这一次，他重病缠身，油已尽，灯将枯，再也没有复出的可能，实现国家统一的宏愿只能托付给后辈。嘉定二年（1209）十二月二十九日，陆游留下那首著名的《示儿》诗，含恨而逝。

逝世前，陆游心中不仅有大恨，见不到王师北定中原之恨，还有大冤，蒙受"晚年改节"之冤。

按照南宋周密《浩然斋雅谈》记载，朝廷罢去陆游宝谟阁待制、提举江州太平兴国宫职衔的诏书，出自周密的外祖父、时任礼部侍郎兼侍讲章良能之手。制词是这样写的："山林之兴方适，已遂挂冠；子孙之累未忘，胡为改节？虽文人不顾于细行，而贤者责备于《春秋》。某官早著英猷，浸跻膴仕。功名已老，潇然鉴曲之酒船；文采不衰，贵甚长安之纸价。岂谓宜休之晚节，蔽于不义之浮云？深刻大书，固可追于前辈；高风劲节，得无愧于古人？时以是而深讥，朕亦为之慨叹。二疏既远，汝其深知足之思；大老来归，朕岂忘善养之道？勉图终去，服我宽恩。"制词中的鉴曲，指的是山阴鉴湖水湄。鉴湖原名镜湖，陆游致仕后隐居在鉴湖边上。二疏，指汉宣帝时名臣疏广和他的侄子疏受，疏广为太傅，疏受为少傅，二人同时以年老请求致仕，让位他人，时人贤之。

制词高度肯定陆游在文学上的杰出成就，以及早年对国家的贡献，但责备他在耄耋之年不安于林下，被不义浮云蒙住了眼睛，阿附权臣韩侂胄，讽刺他晚节不保，愧对古人。

这一评价，对于一生忠君爱国、志在恢复中原的陆游来说，无疑是天大的冤屈。而元代脱脱等所修《宋史》，在《陆游传》的卒章据此评价道："游才气超逸，尤长于诗。晚年再出，为韩侂胄撰《南园》《阅古泉记》，见讥清议。"并引用朱熹品评陆游之言："其能太高，迹太近，恐为有力者所牵挽，不得全其晚节。"说朱熹有先见之明。国史这般盖棺定论，直接把陆游所谓的晚节不保坐实了。

实际上，制词对于陆游的评判，是朋党之争的扭曲产物，不符合史实。

其时，南宋朝廷内部，主战派与主和派各为一党，宗室赵汝愚和外戚韩侂胄又各为一党，相互残酷缠斗。北宋名臣韩琦的曾孙韩侂胄，此前在宫廷政变中，因拥立宁宗的翼戴之功，由汝州防御使、知阁门事逐步晋升，进而击败右相赵汝愚，独掌军国权柄。为调和内部矛盾，巩固自己的权力，韩侂胄响应朝中主战派和沦陷区人民的呼声，积极准备北伐。《宋史·韩侂胄传》："或劝侂胄立盖世功名以自固者，于是恢复之议兴。"在恢复中原的大旗下，朝廷内部实现短暂和平，各党捐弃前嫌，携手一致对外。致仕家居山阴多年的陆游，日夜渴盼统一中原，对此自然欢欣鼓舞。在七十八岁那年，也即嘉泰二年（1202）五月，他曾应召出山，在史馆修撰《孝宗实录》和《光宗实录》。在出山前后，陆游受韩侂胄之请，为韩侂胄新建的私家园林南园写《南园记》，为韩府西面山上的阅古泉作《阅古泉记》。陆、韩二人并无深交，陆游为韩侂胄写这两篇文章，以及为韩侂胄生日作《韩太傅生日》诗，都因为韩侂胄是主战派，二人政治理想相同。陆游把中兴、恢复的希望寄托在韩侂胄身上，为韩侂胄写诗作文章，也是在精神上予以鼓励和支持。

开禧二年（1206）四月，宋军未经充分的军事准备，贸然围攻金人占领的寿春（今安徽寿县），五月朝廷下诏北伐。第二年（1207），北伐战争正呈胶着状态，宋军连吃败仗，锐气即将耗尽，作战意志动摇。这个时候，朝廷内部的主和派密谋向金人投降，宁宗皇后杨桂枝、礼部侍郎兼刑部侍郎史弥远等，设计将韩侂胄杀害，南宋王朝再次向金国臣服。为向金人示好，南宋朝廷还被迫将韩侂胄的头颅送给金国，所谓"函首安边"。以此为前提，金国与南宋签订了和约，史称"嘉定和议"。《宋史·韩侂胄传》："嘉定元年，金人求函侂胄首，乃命临安府斫侂胄棺，取其首遗之。"主张北伐恢复中原、洗却国家八十年屈辱的韩侂胄，被朝廷定性为罪人，指为权奸误国。《宋史》据此将他列入《奸臣传》，与章惇、蔡京、秦桧、贾似道等人为伍。

韩侂胄死后，其党人或杀或贬或流放，陆游因与韩侂胄有来往而被罢职，证据就是《南园记》和《阅古泉记》。

韩侂胄独掌朝政多年，专权、排斥异己、僭越、出入宫闱无度皆有之，北伐的动机也不单纯，禁绝朱熹理学、贬谪以宗室赵汝愚为代表的大臣、实施长达六年之久的"庆元党禁"更为清流士大夫所忌恨，无疑是权臣，但他不是误国奸贼。而陆游更不存在附从权奸、晚年失节一说，他一生行事的出发点，都是为了宋朝中兴。《宋史》对陆游的评判严重不公，但这无损于他的美名。数百年来，爱国诗人陆游的诗文和事迹，如黄钟大吕之音在人间传唱不衰，世世代代，不息青衿仰令仪。

陆游的文学成就以诗为主，当时人称"小李白"。平生作诗数万首，流传下来的就有九千余首，体量极其庞大且大半质量优良。比陆游稍后的南宋诗词家刘克庄，在《题放翁像二首》中说："三百篇寂寂久，九千首句句新。譬宗门中初祖，自过江后一人。"称陆游就像一苇渡江成为东土禅宗第一代祖师的菩提达摩，是宋室南渡之后，文人中的第一人。刘克庄又评陆游的词："放翁长短句，其激昂感慨者，稼轩不能过；飘逸高妙者，与陈简斋、朱希真相颉颃；流丽绵密者，欲出晏叔原、贺方回之上。"指出陆游的词作风格多样，集辛弃疾、陈与义、朱希真、晏几道、贺铸诸家之长。陆游又具史才，除参与国史的修撰之外，还著有《南唐书》。在古代，是否具有修史的才能，是衡文的一个重要标准。他还擅长书法，草书尤其精妙，落笔纵横如风雨。

可是陆游本人并不太喜欢文人这个标签，至少不满足于此。他在《读杜诗》里评说杜甫：

城南杜五少不羁，意轻造物呼作儿。

> 一门酣法到孙子，熟视严武名挺之。
>
> 看渠胸次临宇宙，惜哉千万不一施。
>
> 空回英概入笔墨，生民清庙非唐诗。
>
> 向令天开太宗业，马周遇合非公谁。
>
> 后世但作诗人看，使我抚几空嗟咨。

他的意思是，杜甫气概英勇，胸襟阔大，非寻常诗人可比，假如机遇到了，杜甫能创造一番雄伟大业，但人们只把杜甫当作诗人看，这让他慨叹不平。他说的是杜甫，其实也是说自己。

三十二岁时，陆游就以经纶天下自我期许。在诗文中，屡屡自命为管仲、乐毅、诸葛亮一类的军事家，认为如果有掌兵的机会，自己会是韩信、霍去病那样出色的将帅。《融州寄松纹剑》诗说，他学剑十年，自幼英勇，甚至一跃而上三千尺。三千尺当然是诗家之语，不用当真，学剑十年即使是真的，也未必有同时代人辛弃疾的真、勇、猛。他又在《题醉中所作草书卷后》《弋阳道中遇大雪》这两首诗里分别说自己"胸中磊落藏五兵""弹压胸中十万兵"。胸次磊落是真，熟读兵书也是真，但未必会带兵打仗。他自许的军事才能，并没有得到公认，无论是当时还是后世。

一生中，陆游两次投笔从戎。一次是隆兴元年（1163），三十九岁时，通判镇江府军府事。一次是乾道八年（1172），四十八岁那年，入四川宣抚使王炎的征西幕府，任宣抚使司干办公事兼检法官。镇江府府治京口，四川宣抚使司所在地南郑，其时都是对金作战的前线。他两次从军，实际在军中供职的时间都不长，但他平生最为津津乐道的事，正是在南郑短短半年的军旅生涯。

他的五次落职，也多与一贯主张抗金有关。

乾道三年（1167）初，陆游任隆兴府（今江西南昌）通判期间，言官弹劾他"交结台谏，鼓唱是非，力说张浚用兵"。于是遭遇第一次罢黜，三月由南昌回到故乡山阴（在今浙江绍兴）。

事情要从绍兴三十二年（1162）说起。这年六月，高宗传位于孝宗，自己做太上皇。后世普遍认为，孝宗是南宋最有作为的皇帝，也是唯一有志恢复中原的君主。在位期间，加强集权，励精图治，整顿吏治，裁汰冗官，重视农耕，百姓安居乐业，南宋一度呈现中兴气象，史称"乾淳之治"。孝宗即位之初，平反岳飞冤案，大幅度起用被贬谪的主战派人士，锐意收复中原，一洗靖康之耻。枢密院编修官陆游因力主抗战，又一身才华，孝宗赐其进士出身。

第二年，也即隆兴元年（1163），孝宗任命张浚为枢密使，都督江淮东西路，在建康、镇江府、江阴军、池州等地屯驻军马，准备北伐。正月，中书省和枢密院这二府定议，由陆游起草给西夏的国书（《代二府与夏国主书》），提出两国联手伐金的建议。当时的西夏，也受到金国的威胁和压迫，联手伐金在理论上是成立的。但因宋与金实力悬殊，地处南宋西北、金国之西的西夏，采取在夹缝中求生存、观望待变的策略，故而宋与西夏最终未能达成协议。二月，二府又令陆游起草《蜡省弹札》，发动北方沦陷区人民起义抗金。

在此前后，陆游与主战的台谏官多次上疏，请孝宗下诏讨伐女真，并多次鼓动张浚在适当时机发兵收复中原。

陆游还建议迁都建康，以利统治和北伐。《上二府论都邑札子》："车驾驻跸临安，出于权宜，本非定都，以形势则不固，以馈饷则不便，海道逼近，凛然常有意外之忧。"但朝廷没有采纳。一来，皇帝和大臣怕迁都会引起金人的猜疑；二来，他们被强悍的女真打怕了，假如金兵再次南下，他们可以像高宗当年那样，一溜烟逃到海上。

其时，主战论压倒主和论，孝宗决定收复沦陷区。当年（1163）四月，南宋以张浚为都督，主持北伐。张浚令大将李显忠、邵宏渊率十三万大军北进，五月十四日渡过淮河，十六日进围宿州，随即拿下，进据宿州州治符离。二十三日，金国左副元帅纥石烈志宁进攻宿州。当时李显忠与邵宏渊不和，邵宏渊耻于没有战功，不愿接应李显忠，违令退出，第二天宋军大溃。纥石烈志宁趁机渡过淮河，攻取盱眙、濠州、庐州等地，宋军完全丧失了战斗力和战斗意志。

符离之战的大败，对南宋是一个沉重的打击。战败后，因太上皇和左相汤思退等主和派施压，孝宗不得不下罪己诏，罢免张浚，并派使臣向金人求和。隆兴二年（1164）十二月，在金国大军的胁迫之下，南宋与金国签订了和议。根据隆兴和议，金、宋两国皇帝以叔、侄相称，南宋割唐、邓、海、泗、商、秦六州之地给金国，另外，南宋每年向金国贡献岁币银二十万两、绢二十万匹。这份令宋人倍感屈辱的和议签订后，宋、金两国维持了四十年和平。

张浚被罢后，主和派清算主战派，陆游也受到牵连，罢职还乡。此前，他先后担任镇江府通判和隆兴府通判。任镇江府通判期间，他与张浚及其属下也确实交往密切。陆游的父亲陆宰，当初与张浚在南郑共事，有通家之谊，所以张浚待陆游甚厚。陆游在给张浚的《贺都督启》中曾说：北伐"长算要在熟讲而缓行，顾非明公，谁任斯事，不惟众人引颈以归责，固亦当宁虚心而仰成"。意思是张浚身负家国众望，北伐战略要讨论成熟，不能急于求成。

回乡后，陆游闲居三山。三山即石堰山、行宫山、韩家山的统称，三山呈鼎足之势，矗立在鉴湖之滨，离今天的绍兴市区三四公里远。在《幽栖》一诗的自注里，陆游说："乾道丙戌，始卜居镜湖之三山。"三山的住宅原来只有十余间，陆游回乡后陆续扩建到二十余间，周围遍植花卉，费用来自镇江府通判任内的积蓄。《家居自戒》："曩得京口俸，始卜湖边居。屋财十许间，岁久亦倍初。"关于三山住宅的地理环境和这段隐居生活，陆游后来在《春晚怀故山》里说："吾庐烟树间，正占湖一曲。远山何所似，鬒鬖千髻绿。近山更可人，连娟两眉蹙。"又说："淖糜不救口，断简欲满屋。兀兀不知春，青灯伴幽独。"

自乾道三年（1167）三月还乡，到乾道六年（1170）五月赴夔州，这三年多陆游一直住在三山，很少出门，以诗书自娱，一家人的生计来自田租。他把书房题为"可斋"，意思是"只向君心可处行"（《书室名可斋或问其义作此告之》）。偶尔也转转所在的西村，看看景，散散心。《游山西村》：

莫笑农家腊酒浑，丰年留客足鸡豚。

> 山重水复疑无路，柳暗花明又一村。
>
> 箫鼓追随春社近，衣冠简朴古风存。
>
> 从今若许闲乘月，拄杖无时夜叩门。

在另一首《雨霁出游书事》里，他写道："十日苦雨一日晴，拂拭拄杖西村行。清沟泠泠流水细，好风习习吹衣轻。"

乡居期间，陆游看起来闲适自在，其实他的内心十分苦闷焦灼。盛年放废，前程茫然，一腔报国志无处可伸，心情怎么闲适得起来？《闻雨》：

> 慷慨心犹壮，蹉跎鬓已秋。
>
> 百年殊鼎鼎，万事只悠悠。
>
> 不悟鱼千里，终归貉一丘。
>
> 夜阑闻急雨，起坐涕交流。

他时刻在等待朝廷起复的诏命。

乾道四年（1168）十月，陈俊卿任右相。他曾在张浚帐下参赞军事，和陆游是故交，也是一个有血性的人。陆游给陈俊卿写了一封《贺莆阳陈右相启》。贺启中，陆游请求陈俊卿拔擢自己："某孤远一介，违离累年。登李膺之舟，怳如昨梦；游公孙之阁，尚觊兹时。敢誓糜捐，以待驱策。"乾道五年（1169）十二月，朝廷起复陆游为夔州通判。

　　夔州离山阴有万里之遥，极其偏远荒陋，所以虽然得到起用，陆游却高兴不起来。《将赴官夔府书怀》："浮生一梦耳，何者可庆吊。但愁瘦累累，把镜羞自照。"加上其时他正生病，不能远行，所以一直拖到第二年夏天才启程。途中一百六十天，作《入蜀记》，逐日记录这段旅行经历，详述沿途山川风物。抵达巴东，他在当天的日记中写道："始有流落天涯之叹。"

　　陆游在蜀中前后九年，历任夔州通判、四川宣抚使司干办公事兼检法官、权通判蜀州事、摄知嘉州事、摄知荣州事、成都府路安抚使司参议官兼四川制置使司参议官。

　　淳熙三年（1176）秋，朝廷任命陆游为嘉州知州。在即将走马上任时，言官弹劾他在摄知嘉州事期间"燕饮颓放"，也就是不拘礼法，饮酒无节，颓唐放纵。陆游因此被罢免知州，改为主管台州桐柏山崇道观的虚职。陆游这次被罢职，真正的原因仍然是因为积极主战，遭到朝中主和派的忌恨。但说他沉迷燕饮，行为颓放，也不算诬陷。

　　乾道七年（1171）底，陆游的夔州通判三年任期只剩下一年，即将无官可做。他上书宰相虞允文，请他为自己谋一个职位。在《上虞丞相书》中，陆游向虞允文哭穷，说自己已经四十八岁，家族世居山阴，"以贫悴逐禄于夔"。三年前由山阴来夔州赴任，路费还是朋友们资助的。夔州俸禄微薄，衣食之外没有结余，现在任期将满，离受代只有几个月了，自己身无分文，无法返回故乡。家中儿女都已经大了，还未婚嫁。"某而不为穷，则是天下无穷人。"因而请求虞允文给一个官做，让自己继续有俸禄养活家小。

经虞允文举荐，枢密使、四川宣抚使王炎辟陆游为幕僚，任宣抚使司干办公事兼检法官。宣抚使司所在地南郑是抗金前线，位于秦岭高处，下面是褒城和骆谷，由这条路可以直通沦陷金人之手的长安。接到诏命，陆游激动万分，从后方调到前线，是朝廷对自己的信任和重用。更重要的是，"上马击狂胡，下马草军书"（《观大散关图有感》），"平生万里心，执戈王前驱"（《夜读兵书》），直捣女真的腥臊窟穴，是他二十岁时就存于胸中的抱负。现在，实现许国之志的机会来了，他焉能不喜出望外？在给王炎的《谢王宣抚启》中，陆游表白道："凡一时之荐宠，极多士之光华，岂谓迁疏，亦加采录。某敢不急装俟命，碎首为期，运笔飒飒而草军书？才虽尽矣，持被刺刺而语婢子，心亦鄙之。尚力著于微劳，庶少伸于壮志。"他雄心勃勃，跃跃欲试。

乾道八年（1172）初春，陆游从夔州出发，于三月十七日抵达南郑。途经万县、梁山、岳池、南充、广元、宁羌，一路都有诗作。《饭三折铺在乱山中》："但令身健能强饭，万里只作游山看。"《蟠龙瀑布》："古来贤达士，初亦愿躬耕。意气或感激，邂逅成功名。"豪迈之情溢于字里行间。

其时，王炎的征西幕府正在为收复长安做准备，陆游遇到知音和同道，不辞劳苦，日夜积极出谋划策，踏勘山川形势，成为王炎的得力臂膀。陆游在南郑，往西到过仙人原、两当，往西北到过黄花驿、金牛驿，附近常到西县、定军山、孤云、两角。还到过大散关下的鬼迷店，广元道上的飞石铺。很快，他对方圆三百里内的地形地貌了如指掌。哪里宜设伏，哪里宜架桥，哪里宜埋锅造饭，他默记于心。其间，他参加过渭水夜间强渡和大散关与小股金兵的遭遇战，还亲手刺杀过一只老虎。后来他在《独酌有怀南郑》一诗中说："投笔书生古来有，从军乐事世间无。"于陆游，那是一段激情燃烧的岁月。

不久，他向王炎提出自己的主张：收复中原，必先收复关中，夺取关中，以之为根本，中原可传檄而定。进而说，收复关中必须从陇右开始，而不是直接攻打城池坚固的长安。《宋史》本传："游为炎陈进取之策，以为经略中原必自长安始，取长安必自陇右始。当积粟练兵，有衅则攻，无则守。"这一主张也体现在同期诗作中。《山南行》："国家四纪失中原，师出江淮未易吞。会看金鼓从天下，却用关中作本根。"《晓叹》："王师入秦驻一月，传檄足定河南北。安得扬鞭出散关，下令一变旌旗色。"这与收复中原必先出兵江淮的主流意见完全不同，与辛弃疾进取中原必先收复山东的主张也不同。其实这一主张也不是陆游的，早在四十二年前的建炎四年（1130），张浚就说过"中兴当自关陕始"。陆游以前对张浚的话将信将疑，在南郑详细勘察地势后，认为张浚所言极当。

王炎十分赞同这一策略，日夜加紧操练兵马，随时准备进军。可惜的是，当年九月，因与宰相虞允文不和，王炎进兵关中的计划屡屡被其牵制，愤而自请罢职，随即，一纸诏命把他调回临安。征西幕府解散，陆游也调到成都，任成都路安抚司参议官兼四川制置使司参议官，成了后方闲官。"画策虽工不见用"（《三山杜门作歌》），征西幕府的一切筹划都成了泡影，一切精心准备都付之东流，陆游沮丧万分。

官闲无事，壮志难酬，在相当长的时间内，他日夜以酒浇愁。《太息》："平生铁石心，忘家思报国。即今冒九死，家国两无益。"《自兴元赴官成都》："今朝忽梦破，跋马临漾水。此生均是客，处处皆可死。"《三月十七日夜醉中作》："今年摧颓最堪笑，华发苍颜羞自照。谁知得酒尚能狂，脱帽向人时大叫。逆胡未灭心未平，孤剑床头铿有声。"《秋波媚·七月十六日晚登高兴亭望长安南山》："悲歌击筑，凭高酹酒。"《凌云醉归作》："玻璃春满琉璃钟，宦情苦薄酒兴浓。饮如长鲸渴赴海，诗成放笔千觞空。"从第二次罢职到再次起用这一段时间，是陆游人生中的至暗时刻。他写了《长门怨》《长信宫词》《铜雀妓》等多首宫怨诗，以失宠幽居永巷的后妃比喻被黜放的自己。沉迷于醇酒妇人，生命消磨于歌楼酒肆之中，其"燕饮颓放"不仅仅表现在嘉州，也包括在成都、蜀州、荣州和范成大幕府期间。

淳熙二年（1175）六月，范成大以敷文阁待制来到成都，知成都府、权四川制置使。范成大是陆游的上司，和陆游是旧交。他对陆游很是照拂，陆游在他面前也颇为自在狂放，不像个下属。在范成大麾下，陆游继续过着花天酒地的日子。《锦亭》："琵琶弦繁腰鼓急，盘凤舞衫香雾湿。春醪凸盏烛光摇，素月中天花影立。"沉迷酒色当然是表象，陆游更多的诗篇，表现的仍然是扫荡贼庭的雄心，对朝廷屈膝偏安的失望，以及报国无门的苦闷。《松骥行》："士生抱材愿少试，誓取燕赵归君王。"甚至经常梦到金兵大败、中原恢复、国家一统的景象。《中夜闻大雷雨》："中原腥膻五十年，上帝震怒初一洗。黄头女真褫魂魄，面缚军门争请死。"

陆游是个坚定的主战派，当然也是主和派的肉中刺。终于，言官抓住了他的把柄，将他弹劾罢官。陆游被罢职后，范成大写诗相安慰，陆游作诗酬答。《和范待制秋兴三首》其一：

> 策策桐飘已半空，啼螀渐觉近房枕。
>
> 一生不作牛衣泣，万事从渠马耳风。
>
> 名姓已甘黄纸外，光阴全付绿尊中。
>
> 门前剥啄谁相觅，贺我今年号放翁。

这一年，陆游五十二岁，在古代已是老人。既然朝廷说他"燕饮颓放"，他一不做二不休，干脆自号放翁。

自号放翁的陆游，在这次罢职期间并没有返回山阴，而是盘桓在成都，更加燕饮无度，更加颓放纵肆，经常流连歌楼酒馆，与人赌博、豪饮。《芳华楼夜饮》："春风射雉苑城旁，走马远来入醉乡。夜暖酒波摇烛焰，舞回妆粉铄花光。"甚至包下整个酒楼，与朋友作长夜轰饮。《楼上醉书》："益州官楼酒如海，我来解旗论日买。酒酣博簺为欢娱，信手枭卢喝成采。"诗中的"解旗论日买"，意思就是独包酒楼一日，让店家解下酒旗，不再接待其他宾客。"博簺"和"枭卢"，都是博戏。其间，陆游看中歌女杨氏，两情款密。在第二任妻子王氏过世后，陆游纳杨氏为妾。杨氏为他生有一女，后来不幸夭折。

在失意潦倒的日子里，陆游分外想念南郑。那短短六个月的戎马生涯，是他人生中最精彩、最闪亮、最自豪的一段。在王炎幕府期间，他为南郑写了大量的诗篇，内容涉及备战、筹谋、打猎、刺虎、蹴鞠、军训等。离开南郑后，直到去世前，他回忆南郑的作品数不胜数。六十五岁，他在词作《谢池春》中写道："壮岁从戎，曾是气吞残虏。阵云高、狼烟夜举。朱颜青鬓，拥雕戈西戍。笑儒冠、自来多误。"

南郑是他诗歌创作的成熟期和巅峰。不仅量多质优，诗风也由雕琢藻绘、重视文采，一变而为雄浑豪健、宏肆奔放。在《九月一日夜读诗稿有感走笔作歌》中，他自陈在南郑得"诗家三昧"。可以说，没有南郑，就没有大诗人陆游。

南郑不可返，往事不可追。清宵酒醒时，他常常问自己：陆游是谁？谁是陆游？

与醇酒妇人相伴的陆游，更像一个浪荡老公子。但燕饮颓放的是陆游的肉身，也可以说是替身，真正的陆游住在那些血性蓬勃的诗篇里。譬如《关山月》："中原干戈古亦闻，岂有逆胡传子孙。遗民忍死望恢复，几处今宵垂泪痕。"譬如《枕上》："报国计安出，灭胡心未休。明年起飞将，更试北平秋。"再譬如写给当世奇士独孤策的《猎罢夜饮示独孤生》：

> 客途孤愤只君知，不作儿曹怨别离。
>
> 报国虽思包马革，爱身未忍价羊皮。
>
> 呼鹰小猎新霜后，弹剑长歌夜雨时。
>
> 感慨却愁伤壮志，倒瓶浊酒洗余悲。

他像晋代的刘琨，枕戈待旦，志枭逆虏；又像战国时的冯谖，怀才不遇，弹剑长歌。

陆游诗名日盛，孝宗惜其才华。淳熙五年（1178）初，在落职两年后，陆游被朝廷起用为叙州知州。还未到任，又奉诏还临安，除提举福建常平茶盐公事。第二年，改为提举江西常平茶盐公事。淳熙七年（1180）十一月，陆游再次奉诏回临安面君。

但当他踏上归程，从抚州抵达严州时，却接到"许免入奏"的诏命。突如其来的变故，让陆游隐隐感到不祥，意识到是有人暗中阻挠。果然，给事中赵汝愚弹劾他"不自检饬，所为多越于规矩"。

赵汝愚所奏，大约是陆游在罢职居成都期间，沉湎酒色，纳妓为妾。或许还有一个因素：陆游提举江西常平茶盐公事时，因江西水灾，未经允许，私自号令各郡开仓放粮，并"榜舟发粟"，也就是亲自驾船给灾民发放粮食。

面对这次弹劾，陆游愤然辞官。这一年，陆游五十六岁。朝廷

给其祠禄，除朝奉大夫、提举成都府玉局观，准予还乡。年近花甲，
又一次从政治舞台上被排挤出去，其内心之荒芜、失意可想而知。
回到山阴，他作《玉局歌》自嘲：

> 玉局祠官殊不恶，衔如冰清俸如鹤。
>
> 酒壶钓具常自随，五尺新篷织青篛。
>
> 倚楼看镜待功名，半世儿痴晚方觉。
>
> 何如醉里泛桐江，长笛一声吹月落。
>
> 蒋公新冢石马高，谢公飞旐凌秋涛。
>
> 微霜莫遣侵鬓绿，从今二十四考书玉局。

从前孜孜追求功名，过了半世光阴，陆游才醒悟自己一身痴气
如同小儿，不如放浪江湖，做一个不问世事的渔翁。

第三次罢官居乡，陆游确实经常垂钓于鉴湖的浩渺烟波之上。
更多的时候是读书、写诗、学习务农。其《小园四首》，满眼尽是锄
瓜、耕桑、桑柘、春耕、蚕月、麦秋、新秧、丘樊、微雨、邻父、
鹁鸪声、饭牛歌、夕阳闲这些充满田园色彩的词语。

农事之余，陆游读书更勤，把自己的书房改名为"书巢"。在
《书巢记》这篇文章里，他说书巢里横七竖八全是书，客人来了进不
去，进去了也出不来，读书之夜，外面即使风雨雷雹，自己也全然
不知。"吾室之内，或栖于椟，或陈于前，或枕藉于床，俯仰四顾，
无非书者……客始不能入，既入又不能出，乃亦大笑曰：信乎其似

巢也。"

他貌似很享受晴耕雨读的田园生活，不过很显然，他志在经纶天下，不甘老死山窗之下。《书悲》："今日我复悲，坚卧脚踏壁。古来共一死，何至尔寂寂。秋风两京道，上有胡马迹。和戎壮士废，忧国清泪滴。"古今人都有一死，奈何自己凄凉寂寞于山村，无聊到卧在床上蹬墙壁的地步。东西二京汴梁和洛阳的官道上，尽是金人的车马，而国家的将士们，因为朝廷一味向敌人屈服，久不打仗，已经老迈无用。又说："平生搴旗手，头白归扶犁。谁知蓬窗梦，中有铁马嘶。何当受诏出，函谷封丸泥。筑城天山北，开府萧关西。万里扫尘烟，三边无鼓鼙。"他日思夜想的，仍然是担任军队将帅，建功立业，驱逐女真。

同期诗作，陆游反复申言报国壮志。《冬夜不寐至四鼓起作此诗》："八十将军能灭虏，白头吾欲事功名。"《冬夜》："老夫壮气横九州，坐想提兵西海头。"《读书》："虽然知人要未易，讵可例轻天下士。君不见长松卧壑困风霜，时来屹立扶明堂。"

同期诗作，也反复表达内心的愤懑。《有感》："书生事业绝堪悲，横得虚名毁亦随。怖惧几成床下伏，艰难何啻剑头炊。"《秋风曲》："秋风吹雨鸣窗纸，壮士不眠推枕起。床头金尽酒尊空，枥马相看泪如洗。"《感愤》："诸公尚守和亲策，志士虚捐少壮年。"

观其一生作品，尤其是诗歌，许国忘身、誓驱辙房的英雄气概，与报国无门、怀才不遇的悲愤激切贯穿终始，占据了全部诗作的绝大部分，晚年作品才有一部分表现恬淡。悲愤出诗人，但悲愤伤身。

照理说，陆游不应该长寿。况且，他的曾祖父、祖父和父亲，父系三代寿数都不超过六十。《居室记》："家世无年，自曾大父以降，三世皆不越一甲子。"他的长寿，很可能与壮年之后修习养生之术有关。《居室记》这篇文章，与其说是居室记，不如说是养生记。

关于养生，陆游说：早晚饮食，丰盛与简约视家庭经济状况而定，无须刻意，稍饱即止，"不必尽器"。休息时重在调养气血，"不必成寐"。读书只读畅适性灵的书，"不必终卷"。"三不必"之外，又说：随气候变化增减衣服，有时一天增减数次；散步不过数十步，稍感疲倦就停止，即使本来打算到哪里去，也中途作罢；与人聊天或饮酒，疲惫了就离场；生病了也不急着求医问药，不久自然平复。

五十四岁以前，陆游经常喝得酩酊大醉。他开始注重养生，应当是在第三次罢职隐居山阴期间。他的养生术，与今人有同有异。由此可见，世上并没有绝对正确的养生术，体质不同，习惯各异，养生方式也应各适其性。

淳熙十三年（1186）春，陆游六十二岁，放黜已经五年多的他，再次被朝廷起用，除严州知州。这次起用，应当是左相王淮、枢密使周必大共同推荐的结果。

赴严州之前，陆游奉诏进京觐见，孝宗召见于延和殿。动身去临安之际，想到这些年百般坎坷的遭遇，想到中原已经沦陷六十年，他精心准备了《上朝札子》，并写了那首著名的《书愤》：

> 早岁那知世事艰，中原北望气如山。
>
> 楼船夜雪瓜洲渡，铁马秋风大散关。
>
> 塞上长城空自许，镜中衰鬓已先斑。
>
> 出师一表真名世，千载谁堪伯仲间。

面君时，他向孝宗建言以公道治国，执行政策必须坚决。"臣闻善观人之国者无他，惟公道行与否尔……凡为政，施行之甚易，坚凝之甚难。"其次，他认为必须振作士气，以防国势衰颓，"气不素养，临事惶遽，心动色变，则其举措岂不误陛下事耶"。最后，他预料金国必然内乱，"其乱不起于骨肉相残，则起于权臣专命，又不然，则奸雄袭而取之耳"。建议孝宗缮修甲兵，搜拔人才，明号令，信赏罚，待金人之变而趁机进取中原。

孝宗爱惜陆游的文才，也深敬他的爱国心，但并不认为陆游是捍卫国家的塞上长城，也不认为他是诸葛孔明一流的军事家。何况，此时的孝宗已不复当年之勇，恢复中原的雄心消磨殆尽，宋室文恬武嬉，戈朽钺钝，沉湎安乐。所以陛辞的时候，孝宗对陆游说："卿笔力回斡甚善，非他人可及。"又说："严陵，山水胜处，职事之暇，可以赋咏自适。"他待陆游以文士，而非国士。

陆游对此很失望，但仍然感念皇帝的宠遇。当年七月抵严州，在到任谢表中写道："亲降玉旨，俯怜雪鬓，慰其久别，盖宠嘉近侍之所宜，勉以属文，实临遣使臣之未有。"柳永当年"奉旨填词"是假，他这回"奉旨属文"是真。

严州是大州，公务繁剧，诉讼极多，陆游初到时穷于应付。后来理顺了，治郡之余优游当地山水，确实写了很多诗词文章，并删定蜀中作品集《剑南诗稿》。但他在严州过得很寡淡，不时起弃官返乡之念。《思故山赋》："仆之念归，如寒鱼之欲就箔也。"

即将任满时，他给朝廷上《乞祠禄札子》："年龄衰迈，气血凋耗，夏秋之际，瘄疾多作，欲望钧慈特赐矜悯，许令复就玉局微禄，养瘄故山，及天气尚凉，早得就道。"朝廷批准了他的请求。淳熙十五年（1188）七月，严州任满，陆游回到山阴。是年冬召回朝中，任军器少监。

第二年二月，孝宗传位于光宗，自己做了太上皇。陆游除朝议大夫、礼部郎中，七月，兼实录院检讨官。陆游在这一年给光宗上了四道《上殿札子》，建议光宗处理好与太上皇的关系，戒除嗜好，宽减赋役，节俭以励风俗。

十一月，谏议大夫何澹突然弹劾陆游"前后屡遭白简，所至有污秽之迹"。朝中的主和派随即群起而攻之，弹劾其"喜论恢复，不合时宜"。几天后，朝议以"嘲咏风月"的罪名，将陆游削职罢官，食祠禄，提举建宁府武夷山冲祐观。这一年陆游六十五岁，第四次被罢回乡。

所谓"嘲咏风月"，大概是指陆游常常作诗讥讽朝廷偏安江左，不思恢复中原。回到山阴后，陆游越想越气，干脆把自家的住宅题为"风月轩"。

从淳熙十六年（1189）罢官，到嘉定二年（1209）去世，这二十一年间，除了七十八岁那年短暂回朝修国史，陆游一直蛰居山阴，避世于鉴湖水曲，过着平淡的乡居生活，诗风也再次一变，恬淡风格渐显。《故山》：

> 功名莫苦怨天悭，一棹归来到死闲。
>
> 傍水无家无好竹，卷帘是处是青山。
>
> 满篮箭竹瑶簪白，压担棱梅鹤顶殷。
>
> 野兴尽时尤可乐，小江烟雨趁潮还。

又如《舟中戏书》："三百里湖随意住，人间真有地行仙。"《闲中书事》："一亩山园半亩池，流年忽逮挂冠期。"《野堂》："更喜鸥鹭来渐熟，一溪烟水与中分。"《夜坐闻湖中渔歌》："明星已高声未已，疑是湖中隐君子。"他优游田亩，看上去逍遥得很。《跋韩晋公牛》："予居镜湖北渚，每见村童牧牛于风林烟草之间，便觉身在图画。"

回首大半生的蹭蹬历程，陆游深刻剖析，认为所遭遇的数次谗言，都是自找的。《避世行》："作官蓄妻孥，陷阱安所避。刀锯与鼎镬，孰匪君自致。"坚定地告诫自己，从此安于乡居，与麋鹿和白云为侣。

他自称是会稽山下一老农，希望天下太平年丰岁稔，哪怕是偏安江南一隅，也远远胜过在烽火狼烟中逃命。并希望子孙安于农作，不交权贵，割断名利之心。《稽山农》："安得天下常年丰，老死不见传边烽。利名画断莫挂口，子孙世作稽山农。"

晚年，陆游读书更勤，瓦檠黄卷，孤影荧荧，常常读到五更天。《五更读书示子》："暮年于书更多味，眼底明明见莘渭。但令病骨尚枝梧，半盏残膏未为费。"他将书房名由书巢改为"老学庵"。按陆游《老学庵》一诗的自注，这个名字出自春秋时期晋国乐师师旷老而笃学之典。"予取师旷老而学如秉烛夜行之语名庵。"他为老学庵写诗多首，又著笔记体文集《老学庵笔记》，以简练文字记录平生所见所闻，包括舆地方物、民情风俗、奇人逸事、朝野掌故、人物臧否、文学评弹等。

烈士暮年，壮心不已。虽然一再警示自己栖心畎亩，不要再汲汲于功名，少谈国事，但人的本质是不可改变的，对于国家兴亡，尤其是对于胡虏未灭、中原未复，陆游怎么可能真的忘怀？《十一月四日风雨大作》这首名作之外，他还写了难以计数的爱国诗篇。譬如《冬夜读书有感》："胸中十万宿貔貅，皂纛黄旗志未酬。莫笑蓬窗白头客，时来谈笑取幽州。"头已全白，身已衰老，壮志未酬，但他胸中的十万甲兵仍在，时刻想着北伐。再譬如《追感往事》："诸公可叹善谋身，误国当时岂一秦。不望夷吾出江左，新亭对泣亦无人。"他嘲笑朝堂上的衮衮诸公，一个个都是缩头乌龟，臣服金人，不以为耻，讽刺他们与误国害民的秦桧是一丘之貉。他担忧中原沦陷的日子过久，士大夫偏安惯了，淡忘了靖康之耻、家仇国恨，销尽了恢复雄心。《跋张监丞云庄诗集》："虏覆神州七十年，东南士大夫视长淮以北，犹伧荒也。以使事往者，不复《黍离》《麦秀》之悲，殆无以慰答父老心。"

所以，当韩侂胄当权，打算北伐时，陆游自然视之为同道和希望。虽然明知韩侂胄的才能和品格远逊其曾祖父韩琦，仍然为他写诗作文章。并因此在将逝之前，再次遭遇惩罚和羞辱。

寿则多辱，这是上古帝王尧说过的话，庄子引用于《天地篇》。岂不然乎？但陆游的身家之辱，更是南宋的邦家之辱。

一直到死，陆游都像其《卜算子·咏梅》里的梅，《言怀》里的兰和竹，"无意苦争春，一任群芳妒"，"兰碎作香尘，竹裂成直纹"，孤傲高洁，哪怕零落、碾碎、化尘、开裂，也分毫不改其本色。

淳熙十六年（1189）东归以来，直到第八年，陆游仍享受着祠禄。《拜敕口号》："日绝丝毫事，年请百万钱。"自注说："祠俸钱、粟、絮、帛，岁计千缗有畸。"一缗为一两银子，也就是说，他一年的祠禄折合起来，仍然超过一千两白银，颇为丰厚，足以让自己和家人过上衣食无忧的日子。宋代制度，祠官一任两年，到期可以申请延续。陆游一共申请了三次，加上朝廷任命的一次，总计四次八年。祠禄本是朝廷对罢职大臣的优待，在有生之年可以一直申请下去，但陆游在第四任任期满后，上书表示不再提举宫观。朝廷同意了陆游的请求，准予致仕。

陆游决意拒绝祠禄，表面看，是罢职后对国家没有贡献，一直领取，内心有愧。根本原因是他不愿与朝中那一帮苟且偷安的缩头乌龟为伍，领取祠禄有乞怜之嫌。其《病雁》诗小序说："祠禄将满，幸粗支朝夕，遂不敢复有请而作是诗。"他还有几首题为《祠禄满不敢复请作口号》的诗，说得更为直接："祠庭八载窃荣名，一饱心知合自营。""心如脱阱奔林鹿，迹似还山不雨云。"前者说白拿俸禄内心惭愧，一衣一饭应当通过自己的劳作得来；后者说辞去祠禄一身轻，从此真正自由了，就像从陷阱中脱身而出奔向森林的小鹿。

陆游晚年，韩侂胄当国，他应召回朝，以原官提举佑神观、兼实录院同修撰、兼同修国史，类似今天的退休返聘，这才继续享受半俸，直到再次被诬陷，祠禄被夺。

一直到死，陆游都英雄热血，自视甚高。

陆游八十三岁的时候，友人陈伯予请画师给他画了一幅像，并让陆游题诗。陆游据二人谈话信笔写道：

> 进无以显于时，退不能隐于酒，事刀笔不如小吏，把锄犁不如健妇。或问陈子：何取而肖其像？曰：是翁也，腹容王导数辈，胸吞云梦者八九也。（《放翁自赞》）

王导是晋室南渡后的中兴名臣，陈伯予以陆游比王导，甚至说他抵得上几个王导，又说陆游胸襟阔大，可以容纳八九个云梦泽。由陆游所题可知，他对这个评价并不谦让。在另一篇《放翁自赞》里，他又写道：

遗物以贵吾身，弃智以全吾真。剑外江南，飘然幅巾。野鹤驾九天之风，涧松傲万木之春。或以为跌宕湖海之士，或以为枯槁陇亩之民。二者之论虽不同，而不我知则均也。

一直到死，陆游都不忘发妻唐琬。

二十岁时，他娶舅舅的女儿唐琬为妻，婚后两情相悦，幸福和美。可是陆游的母亲不喜欢这个做了自己儿媳妇的侄女，强令陆游将她休掉。唐琬后来嫁给宗室赵士程。十年后的一个春日，陆游到山阴禹迹寺之南的沈园踏青，碰巧遇见赵士程和唐琬夫妇在园中饮酒。唐琬让人给陆游送来酒菜，然后飘然而去。喝完这壶滋味万千的酒，陆游趁醉在墙壁上写下《钗头凤·红酥手》。不久，唐琬香消玉殒。陆游后来又娶了王氏，子孙满堂。尽管时间已经过去数十年，但他对唐琬仍念念不忘，伊人的倩影时常出现在梦中。

七十五岁那年，又一个踏青的日子，他重游沈园。园子已经易主，当年题在粉墙上的词模糊尚可辨，睹物思人，唐琬娇丽的面影宛在眼前。之后，他陆续写下《春游》《禹迹寺南有沈氏小园四十年前尝题小阕壁间偶复一到而园已易主刻小阕于石读之怅然》《沈园二首》《十二月二日夜梦游沈氏园亭》《城南》等诗词，纪念并遥祭佳人。《沈园二首》其一云："梦断香消四十年，沈园柳老不吹绵。此身行作稽山土，犹吊遗踪一泫然。"写的人泫然，读的人也泫然。与许国之心永世不变一样，他对唐琬的缱绻深情也永世不变。

一直到死，陆游都在为收复中原大声呼号。

嘉泰四年（1204），陆游已经八十岁高龄。这一年，北伐的方略基本确定，韩侂胄建议宁宗起用辛弃疾，知绍兴府兼浙东安抚使，并召其入朝。辛弃疾于绍熙五年（1194）在知福州兼福建安抚使任上，第二次被弹劾罢职，退居上饶，至此已经放废八年多。在觐见宁宗时，辛弃疾说金国必乱必亡，北伐必胜。宁宗加辛弃疾宝谟阁待制，提举佑神观，奉朝请。随即出知抗金重地镇江府，又赐其金带。辛弃疾赴临安前，专门拜访好友陆游。两人政见相同，都是坚定的主战派，金国气数已尽、必乱必亡的观点也非常一致。辛弃疾在陆游家中盘桓数日，二人所谈无非北伐，无非恢复。

辛弃疾赴朝时，陆游作长诗《送辛幼安殿撰造朝》送别。诗中，他把辛弃疾比作管仲、萧何，"大材小用古所叹，管仲萧何实流亚"。庆贺辛弃疾被重新起用，预祝好友取得抗金战争的胜利，把犬羊一样的女真赶出中原。最后他写道："古来立事戒轻发，往往谗夫出乘衅。深仇积愤在逆胡，不用追思灞亭夜。"提醒辛弃疾在北伐战争中，一定要慎之又慎，同时劝他放下与朝中政敌的旧怨，携手一致把矛头对准金国。只可惜，第二年辛弃疾就被言官攻击，以"谬举"（妄举人才）等罪名被罢免。

又过了一年多，辛弃疾仙逝。陆游闻知，痛惜莫名。英雄惜英雄，对于这位与自己生在同一时代，比自己晚生又比自己早逝的英雄人物，陆游是以知音相看的。如今人琴俱杳，自己的余生更加寂寞。

开禧三年（1207），北伐战事再次失败，主和派又在谋求和议。

陆游对此十分焦急和担心，作《雨晴》诗警示统治者不能再次屈服，要坚持抗战到底。韩侂胄被杀后，恢复中原的大势已去，陆游悲愤绝望之余，作感怀感事诗多首，中心意思可以归结为《感事六言》中的两句："双鬓多年作雪，寸心至死如丹。"

报国之路一再堵塞，许国之志从来不衰，陆游的心至死如丹，陆游的眼至死不瞑。弹剑长歌以当哭，击筑酹酒以销忧，陆游的一生，就是一首慷慨苍凉的《悲歌行》。

安得宝瑟五十弦，为之写尽无穷哀？

杨万里（1127—1206），字廷秀，自号诚斋野客，吉州吉水（今江西吉水）人。南宋诗人、理学家，"南宋四大家"之一。二十八岁登进士第，历官赣州司户参军、零陵县丞、临安府学教授、奉新令、国子监博士、太常博士、太常寺丞、将作少监、常州知州、提举广东常平茶盐公事、直秘阁、吏部员外郎、吏部郎中、太子侍读、枢密院检详诸房文字、尚书左司郎中、秘书少监、筠州知州、接伴金国贺正旦使、实录院检讨、直龙图阁、江东转运副使兼淮西军马钱粮总领、宝文阁待制等。先后被贬筠州、建康，后弃官回乡。著有《诚斋集》《诚斋易传》等。

黄庭坚在《苏李画枯木道士赋》中说："东坡先生佩玉而心若槁木，立朝而意在东山。"意思是说，苏东坡身在朝堂之上，乘轩服冕做大官，心却神游于江湖之外，不为利禄所困。东山槁木之喻，其实也适合杨万里。

南宋淳熙十五年（1188）四月，时任秘书少监的杨万里，因上疏论高宗配享，拂逆孝宗旨意，被贬筠州（今江西高安市），是年六十二岁。接到诏命当天，他就离开了都城临安，寄寓西湖边上的南屏山兴教寺，等待家人收拾行装。当夜春风骀荡，四野繁花盛开，他独自坐在僧舍中，想到从此可以徜徉于故乡的清绝山水，与渔樵翁媪为伍，心如鸿雁逸出尘表，拈须作《戊申四月九日得请补外初出国门宿释迦寺》：

> 出却金宫入梵宫，翠微绿雾染衣浓。
>
> 三年不识西湖月，一夜初闻南涧钟。
>
> 藏室蓬山真昨戏，园翁溪友得今从。
>
> 若非朝士相追送，何处冥鸿更有踪。

逃离是非丛聚的庙堂，暂住佛门清修之地，快意何如之！入仕三十余年来，目睹宋室朝纲日坏，国势日颓，帝王和大臣偏安东南一隅，偷安肆乐，不思恢复大计，杨万里心间时时生起隐遁之思，并且早早就做好了归田的准备。十八年前，在国子博士任上，他就让妻子罗旭准备了一只小小的木头箱子，里面装着返乡的路费，上锁放在床底下。并禁止家人添置大件器物，以免成为归去途中的累赘。近些年来，朝中大臣结党相轧，蜗牛角上较雌论雄，正直之士被一个个排挤出朝，让他更加渴望弃官归田。所以，对于贬黜外任，他心中非但没有苦楚和怨恨，反而暗自窃喜。何况，筠州治所高安离他的故乡吉州吉水县（今江西省吉安市吉水县）不远，两地之间有赣江和锦江水道相连，交通很是便利。远离朝堂，在家门口做州官，也部分实现了他的归隐之志。

家人抵达兴教寺后，杨万里买舟溯钱塘江西上，打算先回故乡安顿好家小，再去筠州赴任。出发前，他写了一首《明发南屏》：

> 新晴在在野花香，过雨迢迢沙路长。
>
> 两度立朝今结局，一生行客老还乡。
>
> 犹嫌数骑传书札，剩喜千山入肺肠。
>
> 到得前头上船处，莫将白发照沧浪。

乾道六年（1170）十一月至乾道九年（1173）十一月，杨万里第一次在朝，历任国子博士、太常博士、太常丞、将作少监。淳熙十一年（1184）十月到现在（1188），他第二次任朝官，由吏部员外郎渐次升转为秘书少监。两次在朝，因屡屡犯颜直谏、为官清正、待人宽和，加上诗歌传扬天下，他名重当世，也与众多仁人志士结下了深厚的友谊。这几天，朝中诸友闻知他即将踏上归程，纷纷遣人骑着快马送来书信和诗词，以表依依惜别之意。杨万里却嫌这些繁文缛节耽误了他的工夫。

他归心似箭，不可遏也。

两宋名臣大多遭遇过贬谪、流放或废黜，绝大多数是因为御史、谏官上疏弹劾甚至诬陷。与他们不同的是，杨万里为官前后四十余年，无论是做京官、升朝官还是任地方官，从未遭遇过台谏官的白简。这次谪守筠州，是孝宗的旨意。直接原因是杨万里论高宗配享一事，与孝宗心意严重不合。

淳熙十四年（1187）十月，做了二十六年太上皇的高宗赵构驾崩，第二年葬于绍兴永思陵。按照宋朝制度，帝王木主升入太庙，要选择文武大臣祔祀，名曰配享。配享皇帝庙庭，享受后世帝王的香火供奉，对于臣子而言，是身死之后莫大的殊荣。历代帝王用这种方式来表彰过世功臣，激励和笼络臣子，巩固自己的统治。宋代的配享大臣，必选功勋卓著、德性无亏、为天下所推服者，标准十分严苛。过程也很缜密，要经过都省（尚书省）大臣集体商议来决定，连天子也不能擅自做主。苏轼在哲宗朝任翰林学士、知制诰兼侍读时，曾有关于神宗配享的奏札说："本朝自祖宗以来，推择元勋重望始终全德之人，以配食列圣。盖自天子所不敢专，必命都省集议，其人非天下公议所属，不在此选。"对于半壁江山沦陷金国、是战是和动摇不定的南宋而言，配享大臣的取舍，直接关系到朝廷的政治倾向，绝非小事。

孝宗指令翰林学士洪迈拟配享名单。按配享制度规定，洪迈应当先与尚书省大臣集体商议，然后拿出一份备选人员名单，呈送皇帝御览。但洪迈违反程序，不经集体商议，就私自拿出一份列着吕颐浩、赵鼎、张俊、韩世忠四人的配享名单，经孝宗过目同意后，才请大臣来详议。所谓详议，其实是宣布。之后，洪迈将同一份名单再次呈请孝宗过目。《宋史·礼志》载："淳熙中，高宗祔庙，翰林学士洪迈言：'配食功臣，先期议定。臣两蒙宣谕，欲用文武臣各两人。文臣：故宰相、赠太师、秦国公、谥忠穆吕颐浩，特进、观文殿大学士、谥忠简赵鼎；武臣：太师、蕲王、谥忠武韩世忠，太师、鲁王、谥忠烈张俊。此四人皆一时名将相，合于天下公论。'议者皆以为宜，遂从之。秘书少监杨万里独谓丞相张浚不得配食为非，争之不得，因去位焉。"

实际上，这份配享名单只有宇文子英等十一人认为妥当，并不合天下公议。名单一出，立即引起朝臣的激烈非议，纷纷上疏争论。非议之一：吕颐浩不餍人望，也就是名望不足，不宜配享。非议之二：张俊晚年阿附秦桧，力主和议，诬杀岳飞，不宜在配享之列。另外，权吏部侍郎章森上疏，建议配享武臣用张浚、岳飞；秘书少监杨万里建议以张浚代替张俊。比较集中的意见是：配享只用两人，文臣用赵鼎，武臣用张浚。

此时的孝宗，已非即位之初那个立志光复神州、雪洗宋室耻辱的英主。自从隆兴元年（1163）北伐失败，被太上皇逼迫下罪己诏之后，孝宗就意志消沉，怯懦畏惧，不敢再有作为。他做了二十多年傀儡皇帝，任凭太上皇和宰臣摆布。高宗宾天之后，孝宗终于收揽大权，渐渐刚愎自用，猜忌多疑，听不进不同意见。况且，洪迈所列四人名单，本来就出自他的圣裁。所以对于这些反对的奏疏和意见，他统统视而不见。不止如此，看了杨万里的奏疏，他还十分恼火。

杨万里在奏疏中，历数张浚于江山社稷的五件大功劳，认为张浚最该配享。同时，指责洪迈有欺、专、私三罪，并说，洪迈以张俊配享而弃用张浚，无异于指鹿为马。惹怒孝宗的，正是指鹿为马这四个字。他认为，杨万里斥责洪迈是秦代的赵高，就等于影射自己是昏君胡亥。览罢，他怒气冲冲地质问宰辅："杨万里以朕为何如主？"

礼部侍郎、同修国史兼侍讲尤袤等，建议孝宗召集群臣再次讨论，孝宗断然道："吕颐浩等配享正合公论，更不须议。洪迈固是轻率，杨万里亦未免浮薄。"

杨万里当然没有含沙射影讥刺皇帝的意思，他一时激愤，奏疏措辞也确实有欠考虑。但事已至此，不可挽回。

孝宗不用抗金名臣张浚配享，坚持用秦桧一党的张俊，用意很明显，就是告诉天下人，他没有北伐的打算，将继续遵循与金国签订的所谓和议。皇帝甘当投降派，杨万里和其他主战派对此心知肚明。他们与孝宗的分歧，实质上不是配享之争，而是主战、主和之争。

孝宗本来很器重杨万里，曾表扬他"秀才知兵"，有"仁者之勇"，于乾道六年（1170）十月将他召回朝中，一再为其加官晋职，有大用之意。但杨万里立朝谔谔，遇事敢言，持挺特之操，因而屡次开罪皇帝。其中有两件事，尤其令孝宗耿耿于怀。

其一，淳熙十四年（1187）十月高宗崩逝时，孝宗下诏，说自己要像民间孝子一样，为高宗守制三年，在此期间不临朝听政，请太子赵惇与宰辅大臣参决政事。杨万里其时身兼东宫侍读之职，是太子的老师，熟读经史的他，深知太子代行皇权，极有可能与皇帝产生矛盾，最终导致萧墙之祸，历史上多有前车之鉴。于是上疏坚决反对，请孝宗收回成命。并上书再三告诫太子，切切不可接受。

《宋史》本传："会高宗崩，孝宗欲行三年丧，创议事堂，命皇太子参决庶务。万里抗疏力谏，且上太子书，言'天无二日，民无二王。一履危机，悔之何及？与其悔之而无及，孰若辞之而不居。愿殿下三辞五辞，而必不居也'。太子悚然。"

对于杨万里的反对意见，满朝文武都不能理解，认为是否让太子参决庶务，纯粹是皇帝家事，做臣子的无权过问，也无须多嘴。孝宗更认为，自己历练太子，让其早些学会处理朝政，是一桩美事，杨万里的激烈反对简直不可理喻。

但数年之后，孝宗和光宗这对父子矛盾重重，反目成仇，乃至孝宗崩逝时，光宗以患病为由坚决不肯出面主持丧礼，直接导致宫廷政变，印证了杨万里的远见卓识。

其二，此前的淳熙十二年（1185）五月，因东南地震，杨万里上《论天变地震书》。书中有"陛下以今日为何等时耶？金人日逼，疆场日扰，而未闻防金人者何策，保疆场者何道"等语，建议孝宗"以重蜀之心而重荆襄，以保江之心而保两淮"，"姑置不急之务，精专备敌之策"。并劝其"勿矜圣德之崇高，而增其所未能"，也即不可刚愎自用。孝宗看了，内心十分恼怒。当时，杨万里退意已浓。

这次议高宗配享再次惹怒孝宗，杨万里更加坚定了退隐之念。于是上章告老，请求朝廷给他一个提举宫观的闲职，领一份祠禄，回江西老家安度晚年。同时打发长子杨长孺，先行回到吉水县湴塘村老家，修葺屋庐，整理荒径。

但孝宗不许杨万里辞职，只是罢去其直秘阁的贴职（兼职），令其出知筠州，同时也打发洪迈出知镇江府。而一代名臣张浚，最终不得配享高宗庙廷。

杨万里被贬出朝，诸多同僚为之愤慨。后来官至参知政事的袁说友作《送诚斋二首》，其一诗中说："谁作朝阳一凤鸣，公朝今复叹斯人。抗章宁夺三军帅，去国尤轻一叶身。"又说："公名此去如山重。"

贬出朝堂，无损令名，声价反而更高，威望反而更重，两宋被谪名臣大多如此。

发如蚕丝白，身似柳叶轻，西上归乡的杨万里喜上眉梢，心情大好。沿途所作《过南荡》《过杨村》《洗面绝句》《嘲稚子》等诗，语调欢乐明快，绝不似贬谪之人，倒像刚刚登科看花长安的孟郊。

船过严州，在此地任知州的好友陆游，早已在严子陵钓台摆下盛筵，为杨万里接风洗尘。席间，陆游舞剑侑酒，杨万里作诗助兴，两人极欢而别。

淳熙十五年（1188）五月，杨万里抵达故乡。为两个儿子杨长孺、杨次公分别娶亲之后，于九月赴筠州上任。

筠州辖高安、上高、新昌三个县，州治高安位于隆兴府（今江西南昌）西部。其南部是蒙山、末山余脉，北部是九岭山脉余脉，中部偏南有荷岭、枫岭横亘其间，锦江自西向东贯穿全域。境内山水清嘉，田畴连绵，为上等州。其地民风纯良，政务简易。

当时，州县官的主要职责是理讼、催科、捕盗、劝农、兴教等，最难办的是催科，也就是催缴赋税。宋代赋役名目繁多，冗官、冗兵、冗费问题极其严重。宋室渡江以后，江山只剩下东南半壁，"三冗"问题变本加厉。因对抗金国，军费开支更是北宋时期的数倍，敲民之骨，沥民之髓，导致农民负担更加沉重。催科也最令州县官头疼。但高安有银矿，朝廷在此设有专门的开采管理机构，当地竹纸制造业也十分发达，所以税赋征收比其他地方较为容易。杨万里曾在赣州、零陵、奉新、常州、广东等多地任地方官，谙熟地方政务，治理筠州驾轻就熟，不费什么气力。

到筠州不久，他发现高安县没有县学，当地学子一直在州学西庑的一个小斋房里就读，因而令高安县立即动工兴建学校。不久县学建成，虽然简陋，但一方士子咸集，学风大盛，高安父老且歌且咏。杨万里应县令陈师宋之请，写了一篇《高安县学记》。文章中说："使二三子开一卷之书于竹牖之下，举目而见尧、舜、孔、颜，属耳而闻金声玉振，潜心而得性与天道，家焉而亲其亲，官焉而民其民，国焉而君其君，塞则淑诸身，亨则淑诸世，于环堵乎取之，不既充然矣乎？"他对高安士子寄望遥深，希望他们修习先贤遗教，在家为孝子，在官为良吏，在国为忠臣。"塞则淑诸身，亨则淑诸世"一语，略同达则兼济、穷则独善，既是儒家立身之道，也是杨万里自况：外放为州官，他毫无谪臣常见的幽怨心态，坦然，怡然。

秋后某夜，杨万里饮罢浊醪，独自坐在官舍里构思诗作。周围蛩声四起，此起彼伏，彻夜不休，仿佛在为杨万里的贬黜鸣不平。虫音在酣醉中的杨万里听来，十分好笑，提笔作《感秋五首》。其一云：

> 陨照趣夕黯，孤灯启宵明。
>
> 老夫倦欲睡，似醉复如醒。
>
> 寸心无寸恨，坦如江海清。
>
> 秋蛩何为者，四面作怨声。
>
> 凄恻竟未已，抑扬殊不平。
>
> 切切百千语，递递三四更。
>
> 绕砌寻不得，静坐复争鸣。
>
> 有口汝自苦，我醉不汝听。

他嫌秋虫不解事，不知筠州知州此刻心间清澈一如大江大海，实无一丁点愁怨，相反，他陶然自得，很享受这无拘无束的外放生涯。

在筠州一年，杨万里像当初治理奉新、常州等地一样，以德抚民，无为而治，州内刑清讼简，百姓安居乐业。他离开时，筠州百姓建三贤祠，纪念先后贬谪此地的余靖、苏辙和杨万里。

治州之余，杨万里遍访筠州山水，写了一大批诗歌。《雨后晓登碧落堂》："斜东见西山，粹碧无纤雾。须臾半崦间，冉冉动微絮。吹作千峰云，立变万姿度。"《过上湖岭望招贤江南北山》："晓日秋山破格奇，青红明灭舞清漪。画工著色饶渠巧，便有此容无此姿。"《江水》："水色本正白，积深自成绿。江妃将底药，软此千里玉。"

《咏十里塘姜店水亭前竹林》："客思方无那，诗愁得共论。问渠能饮否，把酒酹霜根。"他的"诚斋体"诗，遣词平易，构思奇特，立意隽永，每一首都通透洒脱，有"三百篇"和"古诗十九首"遗味。当地志书后来记载："诚斋飘然乘风来此，高安山水，衣被云锦，而胜绝闻天下矣。"

十多年前，杨万里任常州知州，自序《荆溪集》说："忽若有寤，于是辞谢唐人及王、陈、江西诸君子，皆不敢学，而后欣如也……步后园，登古城，采撷杞菊，攀翻花竹，万象毕来献予诗材。盖麾之不去，前者未雠，而后者已迫，涣然未觉作诗之难也。"大意是说，他在常州忽然大悟诗道，断然告别曾经以之为师的江西诗派、晚唐诗风以及王安石、陈师道诸人，作诗从此得大自在、大自由，无须百般寻觅题材，苦苦遣词造句，眼前万事万物都像长了脚和翅膀，争着抢着投怀送抱，形之笔尖，翻为绝妙好辞。十多年过去了，他诗艺精进，渐渐超越侪辈尤袤、陆游、范成大、萧德藻等人。葛天民在《寄杨诚斋》中评价他的诗："参禅学诗无两法，死蛇解弄活鲅鲅。"鲅鲅，鱼儿跳跃之貌也。刘克庄比较他和陆游："放翁学力也，似杜甫；诚斋天分也，似李白。"（《后村大全集》）在筠州，杨万里作诗二百五十首，辑为《江西道院集》。

作诗之外，杨万里在筠州动笔撰写《易外传》。这部阐释《周易》的学术著作，前后写了十七年，直到嘉泰四年（1204）四月才定稿，共二十卷，十八万余字，可谓呕心沥血的皇皇巨著。其《〈易外传〉序》说："《易》者，圣人通变之书也……其穷理尽性，其正心修身，其齐家治国，其处显，其俶穷，其居常，其遭变，其参天地合鬼神，万事之变方来，而变通之道先立。"《〈易外传〉后序》说《周易》是"蕴道之玉府，陶圣之大钧"。杨万里继承程颐以人事证《易》的研究方法，大量引用三代至隋唐年间的史实，取人事而谈天道，来阐发易理。嘉熙元年（1237），朝廷令杨万里后人缮写了一部珍藏本，更名为《诚斋易传》，藏于秘阁。杨万里的解《易》方法对后世易学影响颇大，清代乾隆时期修《四库全书》，四库馆臣将之列为义理派史事宗的代表。

淳熙十六年（1189）二月，孝宗禅位于光宗，效仿高宗做了太上皇。八月十日，杨万里接到回朝的诏命。

返临安途中所作诗歌，如《出横山江口》《宿兰溪水驿前三首》《过白沙竹枝歌六首》《夜宿东渚放歌三首》等，词调依旧平和，不见欢喜之态。出朝不愠，入朝不喜，大君子风范。其中有几首诗，谈到诗道，《跋徐恭仲省干近诗三首》其三：

> 传派传宗我替羞，作家各自一风流。
> 黄陈篱下休安脚，陶谢行前更出头。

在这首题跋诗中，杨万里鲜明地表达了自己的诗道主张：摒弃宗派门户，挣脱前人窠臼，各自独树一帜。他写诗，最初学的是江西诗派，后来相继以陈师道、王安石、晚唐诗人为师，知常州以后，得自家诗法，而今他更认为，要勇敢决绝地突破陶渊明、谢灵运、黄庭坚、陈师道这些前代大诗人的羁绊，再伐山林，重辟天地。

另有《下横山滩头望金华山四首》，其中一首说到作诗之法：

> 山思江情不负伊，雨姿晴态总成奇。
> 闭门觅句非诗法，只是征行自有诗。

杨万里的意思是，作诗不能闭门苦思，要游历四方，邀江山风月来相助。他的四千二百首存世诗作，佳构多于旅行中得来。其诗妙处，正在山思江情、雨姿晴态之间，在山程水驿、萍踪浪迹之中。

此时的杨万里，在南宋诗坛已享有盛誉。周必大说他"学问文章独步斯世，执诗坛之牛耳"。陆游《谢王子林判院惠诗编》说："我不如诚斋，此评天下同。"姜特立《谢杨诚斋惠长句》说："今日诗坛谁是主，诚斋诗律正施行。"杨万里成为公认的诗坛盟主。

一船山水一船诗，骚人兴味自无穷。当年九月，杨万里抵达临安，月底除秘书监。回朝后，杨万里直道事君、犯颜直谏的作风丝毫不改，针对当世利病，接连上了三道札子。

第一道札子，鉴于北宋以来残酷的朋党之祸，建议光宗勿以朋党之罪处罚臣子。他说："天下有无形之祸，僭非权臣而僭于权臣，扰非盗贼而扰于盗贼，其惟朋党之论乎！盖欲激人主之怒莫如朋党，空天下人才莫如朋党。党论一兴，其端发于士大夫，其祸及于天下。前事已然，愿陛下建皇极于圣心，公听并观，坏植散群，曰君子从而用之，曰小人从而废之，皆勿问其某党某党也。"关于朋党，欧阳修、范仲淹、苏轼等北宋名臣论述已经十分精详，杨万里所论与前贤一致。但朋党之争自始至终困扰着两宋，直到江山换主前一夜也未停息。赵宋亡国，朋党之争是罪魁祸首。

第二道札子，劝光宗谨防外戚和近习窃权。他说："古之帝王，固有以知一己揽其权而不知臣下窃其权者。大臣窃之则权在大臣，大将窃之则权在大将，外戚窃之则权在外戚，近习窃之则权在近习。窃权之最难防者，其惟近习乎？非敢公窃也，私窃之也。始于私窃，其终必至于公窃而后已。可不惧哉！"不幸的是，因与父亲矛盾激化，光宗后来举止失常，后宫、宗室和外戚联手将他废黜，皇权被"公窃"。

第三道札子，劝光宗勤、俭、断、亲君子、奖直言。他说："惟能勤，则一日之中亲学问机务之时常多，亲燕游逸乐之时自少矣。惟能俭，则浮费尽省而用自足，国用既足而民可宽矣。惟能断，则依违牵制之情皆不得而夺，险诐私谒之事皆不得而至矣。惟能亲君子，则正言日闻，正行日见，而小人自疏，君德自进矣。惟能奖直言，则不讳之门开，敢言之风振，下情日通，奸邪日消矣。"这道札子，陈说的是帝王治道之要。

四十岁时，杨万里在故乡为父亲守制期间，作政论《千虑策》三十篇，深刻总结宋室自靖康之耻以来惨痛的历史教训，直率批评朝廷腐败无能，并提出一系列振兴国运的策略。他后来的奏疏包括上光宗的三道札子，是《千虑策》的延续和深化。可惜的是，此时的南宋朝廷，皇帝心智暗弱，太上皇暗中干政，朝政云诡波谲，宋室气象日益衰索，杨万里这三道札子就像当年所献《千虑策》一样，并不起多大作用，一塘死水稍起微澜而已。

十一月，杨万里受命借焕章阁学士衔，任接伴金国贺正旦使，也即迎接和陪伴金国派来祝贺正旦（正月初一）的外交使臣。宋金签订隆兴和议之后，两国之间维系了四十年和平，其间，遇到重大节日或庆典，两国互派使节。看似是正常邦交，事实上是不平等的。金宋两国皇帝以叔侄相称，宋朝向金国进贡"岁币"，每年银二十万两，绢二十万匹。金国贺正旦使、贺生辰使等来访，宋朝要派人一直迎送到淮河边界。宋朝所选接伴使多是老成持重者，因为言行稍有不慎，就有可能引起外交摩擦甚至军事对抗。对于势利之徒而言，这是一个美差，有可能因此加官晋爵。但对于杨万里来说，这是一个令他倍感屈辱的苦差。

月底，杨万里乘坐官船，沿京杭大运河北上，前往淮河南岸的楚州，迎接金国使者。第二年也即绍熙元年（1190）正月，又送金使北返。这一往一返中，他忍受着金使的傲慢和刁难，亲眼看见了淮河北岸原本属于宋朝的大好江山，心情与河山一样破碎。其间写下的诸多诗篇，一反平常的活泼恬淡，充满着激愤和痛苦。

来到国界淮河南岸，眺望广袤的北方，他依稀望见沦陷敌国的北方人民正在田间勤苦劳作，仿佛听见他们在金人残酷统治下的哀号，心中百感交集。《初入淮河四绝句》其一：

> 船离洪泽岸头沙，入到淮河意不佳。
>
> 何必桑乾方是远，中流以北即天涯。

淮河以北，就是可望而不可即的天涯，此生也许都没有机会踏上中原的土地。诗人极度沉痛之情，以淡语出之，沉痛更增百倍。

陪同金使抵达镇江，登上长江中流的金山，他作长诗《雪霁晓登金山》，末句云："大江端的替人羞，金山端的替人愁。"此时，半数国土沦陷已经六十余年，帝王和满朝文武中的大多数人，对金国低三下四如同家奴，甘心称臣称侄，按时纳银纳绢，以换取一时的富贵安乐。江山阽危，亡国在即，士大夫却乘驷马，坐高车，住华屋，衣纨绔，食珍馐，偎佳人，豪竹哀丝醉生梦死。苟且偷安如此，连长江和金山都替他们感到惭愧，他们自己却不知羞耻。

在《蜂儿》一诗中，他把江山比作蜂房，把百姓比作蜜蜂，指责统治者是不劳而获的蜂王，斥骂索取无厌的金人是腥膻老饕：

> 蜜蜂不食人间仓，玉露为酒花为粮。
>
> 作蜜不忙采花忙，蜜成犹带百花香。
>
> 蜜成万蜂不敢尝，要输蜜国供蜂王。
>
> 蜂王未及享，人已割蜜房。
>
> 老蜜已成蜡，嫩蜜方成蜜。
>
> 蜜房蜡片割无余，老饕更来搜我室。
>
> 老蜂无味只有滓，幼蜂初化未成儿。

老饕火攻不知止，既毁我室取我子。

完成接伴使命，金使满载宋廷孝敬的金银器物，渡淮扬长而去。暮色四起，霏霏细雨中，杨万里又一次站在淮河岸边，遥望北方久之，心中的屈辱、愤懑、痛楚，随着暮色一寸寸加深。《雨作抵暮复晴五首》其一："细雨如尘复似烟，两淮渡口各收船。南商北贾俱星散，古庙无人烧纸钱。"虽说南北休兵已经三十年，但淮河南岸的千里沃土，依然疮痍满目荒无人烟，战争给人民造成了持久而巨大的苦难，商贾不来做生意，古庙里连香火都没有一星半点。

同样是著作等身的爱国诗人，同样是坚定主张北伐的志士，在南宋，杨万里的诗名盖过陆游，但在后世，其名气显然远逊于陆游。很大一部分原因，是因为杨万里的诗远不似陆游那般壮怀激烈。杨、陆二人，性格一柔一刚，一内敛一外露，一深沉一直白。秉性如此，诗风亦然。今世一些人，说杨万里不如陆游爱国，其实是误解，是读书少使然。

正人在朝，小人如芒刺在背。杨万里此番在朝仅十四个月，就被左丞相留正排挤出去。

绍熙元年（1190）五月，《孝宗日历》编纂告成，只待加上序言，呈送光宗御览，即可雕版印刷。按照惯例，《孝宗日历》的序言应由掌管国家藏书与编校的秘书省长官来撰写。杨万里其时任秘书监兼实录院检讨，参知政事兼提举史馆王蔺命他作了序言。

七月，王蔺转枢密使，留正在太上皇的干预下晋升为左丞相，提举史馆之职也由他兼任。留正是南宋著名的投降派之一，忠于孝宗，也是做了太上皇的孝宗用来牵制儿子光宗的重要棋子。自争议高宗配享一事之后，杨万里就在孝宗心中留下浮薄、狂狷的不良印象。留正知道太上皇很讨厌杨万里，自己又忌妒杨万里的才华，憎恨他的清操和直切，于是借机找碴儿。他佯装不知《孝宗日历》的序言应由秘书监执笔，且杨万里已经写好，令礼部郎中傅伯寿另写了一篇。杨万里得知后，立即毁弃自作的序言，上《自劾状》自请罢黜。

在《自劾状》中，杨万里详述了事情经过，进而写道："今也，撰序篇者，臣之职也。而文词不足采录，可谓失职矣。仲尼曰：'守道不如守官。'今也，撰序篇者，臣之官也。他官乃复改撰，臣可谓不得守其官也。臣之二罪，何敢自恕？臣愚，欲望圣慈将臣罢黜，以为有司不称职者戒。"并且说，"臣有肺气痰嗽之疾，遇秋复发，见请朝假将理。"随即，他就出朝居家待罪。光宗览罢，批曰："所请不允，依旧供职。"加盖御玺，予以退回，并派内侍上门宣谕，劝勉慰留。

杨万里接着上《谢御宝封回自劾状表》和《奏报状》，感谢光宗对自己的眷顾，请求免去现职，提举宫观。光宗非但不许，反而拟拔擢他为三品工部侍郎。皇帝如此垂青，杨万里也就不好再说什么，依旧上朝供职。

不久，《孝宗圣政》修成，依例由杨万里敬献太上皇和皇帝，但孝宗看见杨万里，犹念旧恶，很不高兴。杨万里离开后，他对光宗说："杨万里直不中律，性情狂狷，不守中道，不堪大用。"光宗无奈，只好外放杨万里任江东转运副使，加直龙图阁贴职。这是杨万里第二次被贬，时年六十四岁。

杨万里的外放诏命甫下，满朝哗然。中书舍人倪思拟行使封驳权，缴还诏书。杨万里得知后，赶紧去信制止。据南宋周密《癸辛杂识》，倪思复信说："贤者去国，公论以为不然。既辱宠喻，不敢复缴，却当别作商量也。"杨万里回了一封更加恳切的信，信中说："死无良医，幸公哀我。"并且说，"别作商量"也完全不必。但倪思还是上了一道札子，请求皇帝收回成命，将杨万里留在朝中加以重用。札子中说："窃见秘书监杨万里，学问文采，固已绝人，乃若刚毅狷介之守，尤为难得。夫其遇事辄发，无所顾忌，虽未尽合中道，原其初心，思有补于国家，至惓惓也。"朝中还有很多人上书谏留杨万里，倪思的这道札子是他们的共同心声。

杨万里感荷之余，一一致信劝止，声明外放是自己的心愿，请他们不要再为难皇帝。实际上，经此劫数，他的归隐之念更加坚决，只是碍于光宗的情面，又怕因为自己激化孝宗和光宗的矛盾，才百般隐忍，奉旨赴任。

当年十二月二十六日，他抵达江东转运司衙门所在地建康府（今南京），翌日开始视事。

宋代的转运司权力很大，为四大监司之一，掌管一路财赋以供国用，兼分巡所部，监察官吏，以转运使、副使主管其事。江南东路辖建康府、江州、饶州、信州、宣州、徽州、池州、太平州、南康军和广德军，管辖范围颇大。建康府又是军事重镇，朝廷在此驻有重兵以控扼江淮。所以江东转运司的权责更重。杨万里虽是副使，但光宗特意交代留正空缺正使位置，让杨万里实际履行正使职责。不久，又让杨万里兼任淮西军马钱粮总领，与闻边事，调配军需，兼考察将帅。

杨万里在建康任上一年多，其间两次行部（巡行所属部域），足迹遍布整个江南东路。第一次，于绍熙二年（1191）八月初由建康出发，经秣陵、溧水、建平、宣州、青阳、池州，然后沿长江东下回程，历时一个月。第二次，于绍熙三年（1192）三月初出发，经宣城、宁国、绩溪、祁门，过浮梁、乐平、弋阳、上饶、安仁，浮鄱阳湖，游庐山，抵江州，然后泛舟长江，巡行彭泽、湖口、东流、舒州、池州、铜陵、芜湖、和州，回到建康，历时将近两个月。两次行部，他考察所辖州县，荐举贤才，罢黜庸吏，饱览壮丽河山，作诗数百首，后编入《江东集》。

文章千古事，仕途一时荣。于杨万里而言，诗歌文章才是活着的意义所在。行部到当涂，在展拜青山之下的李白墓园时，他作《望谢家青山太白墓二首》，诗中说："六朝陵墓今安在，只有诗仙月下坟。"经过建康西南郊卖国贼秦桧的坟冢，作《宿牧牛亭秦太师坟庵》，无情嘲讽秦桧，其中诗云："只看壁后新亭策，恐作杓中属国羞。今日牛羊上丘垄，不知丞相更嗔不。"他的爱憎是极分明的。

他的是非也是极分明的。

第二次行部回到建康，也即绍熙三年（1192）四月底，他接到户部的措置令，命令在江南地区发行铁钱会子。他当即上《乞罢江南州军铁钱会子奏议》，痛陈利害，并坚决予以抵制。

所谓铁钱会子，是一种以铁钱为本位的地区性纸币。此前，孝宗批准在毗邻金国的川陕和两淮地域使用。朝廷发行铁钱会子的初衷，是为了方便商品流通，因为纸币易于携带。但后来，因为滥印滥发，铁钱会子不断贬值，信用完全丧失，导致非常严重的通货膨胀。朝廷则通过铁钱会子，不断掠夺百姓的财产。

杨万里在奏议中说，两淮发行铁钱会子，百姓怨声载道，咒骂朝廷、怨愤官府的言语，让人掩耳不及。如果江南诸州再发行，这里的百姓又要遭殃，极有可能引起民变。最后说："缘有此利害，不敢镂版晓谕，若将来降到会子，亦不敢交收。"也就是说，他拒绝执行。留正看了奏议，大为光火。

五月初，朝廷召杨万里赴临安，意在当面听他申述拒绝发行铁钱会子的理由。杨万里拒不奉诏，并上札子请求将自己罢黜。七月，他接到不许辞职的诏命，诏书同时敦促他入朝述职。他坚不赴召，再次上札子请求赐予祠禄，许他告老还乡。一向温文尔雅的杨万里，态度忽然如此强硬，令光宗十分讶异。他说："杨万里也有性气。"

友人周必大评价杨万里："平居温厚慈仁，真可解愠。临事则劲节凛然，凌大寒而不改。"（《文忠集》）其凌寒劲节由此事可见一斑。

依留正的意见，顺势给杨万里一个提举宫观的闲差，打发他回江西老家便是。但光宗留恋这位正直敢言、饱学多才的东宫旧人，决定授杨万里知赣州军州事。赣州与吉州毗邻，既可留住杨万里，又可慰藉其思乡之情。制词中说："朕所以待士大夫之心，一也，而于诸僚之旧，尤加厚焉。伐木之情，谁能忘之？况尔万里，久从吾游，奇文高标，朕所以加礼……君臣之好，朕忍忘之？为尔相攸，赣土足乐，往其小憩，毋有还心。"软语温言，情意款款，光宗待杨万里确实不薄。

与任命诏书同时到来的，还有户部停止在江南发行铁钱会子的指挥令。杨万里的札子，有效阻止了铁钱会子祸害江南。但此时的杨万里，去意已决，称疾不肯到赣州赴任，不待朝廷回复，即弃官返回故里。

临行，杨万里作《和渊明归去来兮辞》。诗前小序："予倦游半生，思归不得。绍熙壬子，予年六十有六，自江东漕司移病自免。蒙恩守赣，病不能赴，因和《归去来兮辞》以自慰。"诗中设想归乡场面：

> 月喜予之言归，隤清晖而照颜。山喜予以出迎，相劳苦其平安。江喜予而舞波，击碎雪于云关。纷邻曲之老稚，羌堵墙以来观。沸里巷之犬鸡，亦喜翁之蛋还。惊鬟髻之两霜，尚赳赳而桓桓。归去来兮……

又赋《归去来兮引》，其中写道：

> 念心为形役又奚悲。独惆怅前迷。不谏后方追。觉今未是了，觉昨来非。扁舟轻扬破朝霏。风细漫吹衣。试问征夫前路，晨光小，恨熹微。乃瞻衡宇载奔驰。迎候满荆扉。已荒三径存松菊，喜诸幼、入室相携。有酒盈尊，引觞自酌，庭树遣颜怡。容膝易安栖。南窗寄傲睨……

挂冠封印，扬帆登船，杨万里如出笼白鹤，衣袂飘飘而去。《发赵屯得风宿杨林池是日行二百里》："两岸万山如走马，一帆千里送归舟。出笼病鹤孤飞后，回首金笼始欲愁。"回首一望，那金笼子一样的官邸，是那般令他窒息。

自二十九岁释褐入仕以来，杨万里常有弃官归乡之念。三十岁，他任赣州司户参军，到任才一个月，就因为与上司发生言语摩擦，打算辞官不做，遭到父亲的怒斥和鞭打才放弃此念。此后，蹭蹬失意时，也常在诗文中流露归隐之意。《晚春行田南原》："只愿边头长无事，把耒耕云且吾志。"《都下无忧馆小楼春尽旅怀二首》："不关老去愿春迟，只恨春归我未归。"但扶犁躬耕、村头著书显然不是杨万里的真实心愿。他与前辈张浚、胡铨和同时代大文人陆游、辛弃疾等人一样，志在北伐中原，恢复宋室疆土。《跋丘宗卿侍郎见赠使北诗一轴》："誓取胡头为饮器，尽与遗民解雠骜。"《千虑策》："以图恢复祖宗之业，而澡靖康之耻。"据南宋罗大经《鹤林玉露》，暮年致仕时，杨万里也曾怅然慨叹："吾平生志在批鳞请剑，以忠鲠南迁，幸遇时平主圣。老矣，不获遂所愿矣！"

杨万里在少壮时，屡屡说打算挂冠而去，当然是当不得真的，壮志难酬的愤激之词而已。何况，他对朝廷仍持续寄予希望，家庭境况也让他留恋优厚的俸禄。显见的例子是，乾道年间，因居乡为父亲守丧，服满后久久无官可做，闲居故乡长达五年之久，他渴望做官建功立业，领取俸禄养活家小。其间曾到临安拜访大臣，谋求一官半职。当时所作诗《秋日晚望》云："不应久闲散，便去羡功名。"不过，正如他后来送给苦行僧的诗《送德轮行者》所言："袈裟未著愁多事，著了袈裟事更多。"浮沉宦海许多年，他渐渐清醒地认识到，朝廷一年比一年腐朽，中原永无恢复的可能，感觉这一身官服好比是裹尸布，将自己捆得透不过气来。被贬筠州以后，他归心似箭。又煎熬了四年，才实现归田的夙愿。

故乡湴塘张开怀抱，接纳宦游赤子如初生。绍熙三年（1192）九月十六日，杨万里回到故里。自此至病逝，整整十五年，他安心乡居，再也没有出山。

湴塘村中有一鞭溪，名曰南溪，杨万里的家就在南溪之畔。宅子还是绍兴二十九年（1159）建的，老屋一区，仅蔽风雨而已。徐玑《见杨诚斋》诗说，杨万里"名高身又贵，自住小村深。清得门如水，贫惟带有金"，赞其诗歌文章名扬四海，而持身清正廉洁。杨万里半生为官，以名臣张浚为榜样，励清直之操，归乡时身无长物。

淳熙十六年（1189）召回朝中，行前他将当年尚未领取的俸禄，全部捐作军费。这次在江东任职期间，收到各州县和驻军送给他的礼金共计白银一万八千两，他全部登记在簿，并存放到官库里。弃官时，他将这些银两悉数拨付给淮西军马钱粮司，充作军费。他始终不忘三十三年前在永州初次谒见张浚时，张浚说的话："元符贵人，腰金纡紫者何限？惟邹志完、陈莹中姓名与日月争光。"他的雅号"诚斋"，也因张浚当时勉励他修"正心诚意"之学而取。

　　绍熙四年（1193）三月，朝廷下诏同意杨万里辞去知赣州军州事职务，特授秘阁修撰，提举隆兴府玉隆万寿宫。制词极尽褒美："朝廷之于贤者，用而尽其才，上也；用不尽而勇退，宠其归而尽其高，次也。上焉者，朕之本心；次焉者，非得已也。尔以清节雅道，冠冕一时，高文大篇，追配古作。出入中外，闻望日休。计台丐归，俾守章贡。古郡卧治，庶以优贤。抗章自列，欲留不可。畀真祠之秩，升论撰之华……"休，美也；章贡，指赣州；真祠，提举宫观；论撰，馆职也。唐宋重馆职，谓之清华之选。

　　杨万里终于如愿。

　　归田之后，他在宅子东侧开辟了一个小花园，名之为东园。东园不大，占地仅一亩余，他却在园中开了九条小径，谓之三三径，江梅、海棠、桃、李、橘、杏、红梅、碧桃、芙蓉等九种花木各植一径。周必大曾经来访，其《上巳访杨廷秀》诗说："杨监全胜贺监家，赐湖岂比赐书华。四环自斸三三径，顷刻常开七七花。门外有田聊伏腊，望中无处不烟霞。却惭下客非摩诘，无画无诗只谩夸。"

诗前有小序："上巳访杨廷秀，赏牡丹于御书匾榜之斋。其东园仅一亩，为术者九，名曰三三径，意象绝新。"所谓"御书匾榜之斋"，指杨万里的书房诚斋。诚斋二字，系光宗做太子时，为杨万里亲题。

离宅子不远有一个山谷，杨万里带领家人在谷中遍植花木，称之万花川谷。《好事近·七月十三日夜登万花川谷望月作》："月未到诚斋，先到万花川谷。不是诚斋无月，隔一林修竹。如今才是十三夜，月色已如玉。未是秋光奇绝，看十五十六。"

清风明月之夜，烟霏云敛之夕，雪霁雨止之晨，他踱步于三三径，或流连于万花川谷，拄藤杖，着芒鞋，赏景饮酒，赋诗填词，得葛天氏之乐。《又自赞》："江风索我吟，山月唤我饮。醉倒落花前，天地为衾枕。"好不快活自在！在另一首自赞诗里，他戏言：

> 青白不形眼底，雌黄不出口中。
> 只有一罪不赦，唐突明月清风。

除了偶尔外出访友，杨万里足不出村，专心撰写《易外传》。此老逍遥乡园之风态，八百年后想见，仍可思慕。

他已忘世，世却不忘他。绍熙五年（1194）七月，南宋朝廷发生政变，宗室赵汝愚、外戚韩侂胄等大臣，在太皇太后吴氏的支持下，以光宗有心疾，父亲孝宗崩逝不能主持丧礼，且光宗早有御笔"历事岁久，念欲退闲"为由，逼迫光宗禅位于宁宗。朱熹入朝为焕章阁待制兼侍讲，他来书劝杨万里入朝。杨万里在复信中以老病为由，表示坚不出山，并微讽朱熹，说他吃了有毒的腊肉不自知，还想分点给别人吃。《答朱侍讲》："世有噬腊而遇毒者，归而谂其徒曰：尔欲腊乎？何以异于是。"他料定朱熹立朝不会太久。

果然如他所料，朝中不久再次发生朋党之祸，赵汝愚和韩侂胄各树一党，斗得你死我活。韩侂胄靠裙带关系出入皇宫居中用事，将赵汝愚排挤出朝，贬放永州。赵汝愚在去往永州途中，死于衡州。因朱熹、彭龟年等理学家支持赵汝愚，韩侂胄将凡是与他政见不合者，统统称为"道学之人"，诬陷他们是伪学、伪党，全部赶出朝堂。并发动长达六年之久的"庆元党禁"，"六经"以及《论语》《孟子》《中庸》《大学》等，均列为禁书；同时禁毁《语录》一类理学书籍，科举考试中，稍涉义理之学者，一律不予录取。

但几年后，为巩固自己的权势，韩侂胄以筹划北伐为名，放开了党禁，竭力拉拢主战派和其他知名人士。杨万里深知韩侂胄并非经纶天下的大才，且鄙薄其所作所为，面对韩侂胄的数次召唤，始终岿然不动。

庆元元年（1195）五月，韩侂胄以宁宗的名义，召杨万里入朝，杨万里上札子请求辞免，并致书右丞相余端礼，请他代为说情。朝廷不许，杨万里再上札子辞免。八月又有诏命，不仅不许辞免，还拔擢他为焕章阁待制，提举兴国宫，食从四品俸禄，杨万里再辞。

归乡后，杨万里一直担任着提举宫观的虚职，食半俸，虽然不用实际履行职务，但仍属在册官员。韩侂胄固执相召，让他不胜其扰，也让他十分后悔领取祠禄。悔恨之余，他作《有叹》诗以自嘲：

饱喜饥嗔笑杀侬，凤皇未可笑狙公。

尽逃暮四朝三外，犹在桐花竹实中。

　　诗中的桐花、竹实，指代祠禄。他说自己就像传说中不食人间烟火的凤凰神鸟，貌似比猕猴高明多了，不受豢养者狙公的摆布，实际上还是逃脱不了祠禄这嗟来之食的诱惑。

　　诗写罢，他上章请求退休，辞祠禄。《陈乞引年致仕奏状》："今叨食廪禄，已及半年，恩重命薄，福过灾生。入夏感湿，脏腑之疾大作，服药不痊，惟有纳禄辞荣，庶可缓死。须至哀告君父，敢乞圣慈，施天地生成之仁，推父母鞠育之爱，许臣引年，仍裁减恩数，特与降职名一等，守本官致仕。"

　　圣旨不许致仕。此后，杨万里不断上章固执请退，朝廷非但不允，反而不断给他加官晋爵，并恩荫其第二子杨次公入仕。直到庆元五年（1199）二月十七日，杨万里七十三岁这年，朝廷才同意他以正四品通议大夫、宝文阁待制致仕。

　　至此，杨万里才真正解脱了束缚，悠游田亩，吟啸烟霞，与天地造化独往来，与山川风月作主人。

　　这一年，已晋升为少师、平原郡王的韩侂胄，派人送来一封书札，请杨万里为他刚刚建成的私家园林南园作一篇记，并许以高官。杨万里断然拒绝，说："官可弃，记不可作也。"韩侂胄愤恚难当，但也无可奈何，改请退居山阴（今绍兴）的陆游作记。陆游因给韩侂胄作《南园记》和《阅古泉记》，清誉受损。而杨万里居家的十五年，正是韩侂胄窃权柄国之日，朝廷屡次加官，再三召其入朝，他都坚卧不出。

早已退居建阳考亭（今属福建南平）的朱熹，在给俞庭椿的信札中感叹说："诚斋归袖翩然，令人慨想。"

暮年，杨万里苦于淋疾。据其《辞免召赴行在奏状》，此病发作时"惨痛甚于割烹，呻吟达于邻曲"。所谓淋疾，依其描述的症状，应当是肾结石。痛苦难当时，他曾作绿章向上天祷告："伏念臣年几八十，病已再秋。虽备古来刀锯鼎镬之刑，未足喻此疾痛惨怛之状。三医并手，百药罔功，余生蔑如，濒死数矣。"医生嘱咐他安心静养，切忌作诗劳神。为遵守不作诗的医嘱，他作《淋疾复作医云忌文字劳心晓起自警》诗二首提醒自己。其一：

> 荒耽诗句枉劳心，忏悔莺花罢苦吟。
> 也不欠渠陶谢债，夜来梦里又相寻。

诗人的痴气痴态，着实可怜可爱。古今大文人，或许就是前世欠了无穷文债，要用今生来偿还，劳神焦思，形销骨立，瞑目黄壤而后已。

开禧二年（1206）五月八日，杨万里卒于故园，得年八十。此前的二月，他闻知韩侂胄即将北伐，预感其必败，强支病体作《病中感春》和《落花诗》，讽刺韩侂胄轻率用兵，必将祸国殃民。杨万里是坚定的主战派，但他也和陆游、辛弃疾、陈亮等人一样，主张要事先做好充足的军事准备，有十成的把握，然后等待金国内乱，适时挥师北上，一举统一寰宇。《宋史》本传："侂胄专僭日益甚，万里忧愤，怏怏成疾。家人知其忧国也，凡邸吏之报时政者皆不以告。忽族子自外至，遽言侂胄用兵事。万里恸哭失声，亟呼纸书曰：韩侂胄奸臣，专权无上，动兵残民，谋危社稷。吾头颅如许，报国无路，惟有孤愤！"

　　笔落人逝，永沉蒿里。

把吴钩看了

——隐居带湖和瓢泉的辛弃疾

　　辛弃疾（1140—1207），字幼安，号稼轩，济南府历城（今山东济南历城区）人。南宋词人、将领，有"词中之龙"之誉。二十一岁进士及第，二十三岁归宋，历官江阴签判、建康府通判、滁州知州、江东安抚司参议、仓部郎官、提点江西刑狱、秘阁修撰、京西转运判官、知江陵府兼湖北安抚使、知隆兴府兼江西安抚使、湖北转运副使、知潭州兼湖南安抚使、提点福建刑狱、集英殿修撰、知福州兼福建安抚使、知绍兴府兼江东安抚使、宝文阁待制、知江陵府等。先后三次被黜落职，隐居带湖和瓢泉。著有《稼轩长短句》等。

　　青兕，青色的犀牛，体重千斤，头生独角，毛色纯青，是忠义、勇猛、智慧、灵敏的象征。传说，楚怀王入山射猎，生怕射中青兕，因为射之者三月内必死。又传说，辛弃疾是青兕所化，在他生前身后，有多个奇异事件见诸史传和私家著作。

　　南宋绍兴三十一年（1161），金主完颜亮率兵大举南侵，欲看花洛阳、立马吴山。此时金国大乱，完颜雍在北方称帝，完颜亮更欲扫平江南，再回师杀完颜雍。不料完颜亮为虞允文所败，又在瓜洲渡被其部下所杀。金兵退回北方，国中严重内讧，中原沦陷区的英雄豪杰趁势揭竿反金。起义军大者连城邑，小者保山泽。受祖父的影响，二十二岁的辛弃疾也在故乡济南府历城县树立旗帜，聚集了两千义军。后来他主动接受山东起义军领袖、自封天平军节度使耿京节制，在其麾下任掌书记，并力劝耿京归附南宋。其间，与辛弃疾交好的僧人义端叛变，盗窃帅印投奔金国。耿京大怒，欲杀辛弃疾。辛弃疾请求以三日为期，追还帅印。他料定义端必定直奔金人帅帐，于是邀截于半途，将其一刀斩于马下。《宋史》本传说，义端临死向辛弃疾讨饶："我识君真相，乃青兕也，力能杀人，幸勿杀我。"

咸淳七年（1271），辛弃疾下世已经六十四年，馆阁校勘谢枋得因公来到信州（今江西上饶）铅山县，专程到辛弃疾墓前和祠堂中展拜，当晚住在祠堂边的寺庙里。从黄昏一直到三更，他和寺庙中的数十名僧客，听见有悲愤怨恨的呼号之声在祠堂和寺庙里回旋。更奇怪的是，这声音越接近谢枋得的卧室，就越凄凉，也越清晰。谢枋得认为是辛弃疾的英魂在疾呼，于是连夜作了一篇《祭辛稼轩先生墓记》。祭文中有"公有英雄之才，忠义之心，刚大之气，所学皆圣贤之事……六十年呼于祠堂者，其意有所托乎？枋得倘见君父，当披肝沥胆以雪公之冤，复官、还职、恤典、易名、录后、改正文传、立墓道碑，皆仁厚之朝所易行者。然后录公言行于书史，昭明万世，以为忠臣义士有大节者之劝"等语。《宋史》本传载，谢枋得秉烛作祭文，文章刚刚写成，呼声就消失了。《祭辛稼轩先生墓记》："一寺数十人，惊以为神。"又说："昔公遇仙，以公真相乃青兕也。"

辛弃疾自山东南下，仕于宋，一生坚决抗金，立志收复中原，仕途三起三落，放废期间幽居信州带湖和瓢泉，前后二十年。谢枋得是瓢泉所在地信州弋阳人，其伯父谢征明是辛弃疾的门生。五岁时，谢枋得从谢征明口中听说了辛弃疾的英雄事迹，从此成为辛弃疾的忠实膜拜者。十六岁，他读辛弃疾《美芹十论》《九论》《论阻江为险须藉两淮疏》《议练民兵守淮疏》《论荆襄上流为东南重地疏》等奏章，更加钦服，认为辛弃疾是西汉卫青、霍去病一流人物。他笔下的灵异事件，未必是故弄玄虚，当是风声和心理作用使然。

而遇仙，青兕化身，显然无稽。但辛弃疾确有青兕般的智慧神勇。

二十三岁那年，辛弃疾和诸军都督提领贾瑞受耿京之命，奉表归宋，从沦陷金人之手的山东，来到江南朝见高宗。高宗劳师于建康（今南京），正式任命耿京为天平军节度使，知东平府兼节制京东、河北路忠义兵马。完成使命后，辛弃疾带着诏书回去复命，抵达海州（今江苏连云港市海州区），得知张安国和邵进叛变，已将耿京杀害，并率众投降金国。辛弃疾义愤填膺，与随从商量道："我缘主帅来归朝，不期事变，何以复命？"众人俯首唯唯。于是，他与统制王世隆率领忠义之士五十余人，用计突破重重防卫，进入驻兵数万的金兵营帐。其时，张安国正与金兵将领酣饮，辛弃疾于席上亲手将其擒拿，绑起手脚扔到马上，趁金兵尚未反应过来迅速撤离，一路直奔临安，献给高宗。高宗下令将张安国斩首于闹市。

于万军之中生擒叛徒，辛弃疾一战成名，威震八方，高宗除辛弃疾江阴签判。晚年隐居信州，辛弃疾忆起这段往事，感愤朝廷对金国一味妥协退让，自己以气节自负，以功名自许，却一再遭谗被黜，有志难酬，作《鹧鸪天》词：

> 壮岁旌旗拥万夫，锦襜突骑渡江初。燕兵夜娖银胡䩮，汉箭朝飞金仆姑。
>
> 追往事，叹今吾，春风不染白髭须。却将万字平戎策，换得东家种树书。

英雄老矣，壮怀依旧，心心念念的，仍然是沦陷敌国的中原，仍然是国家大仇未报，奇耻未雪。此时，南宋半壁江山日益板荡，残山剩水毫无气象，朝中君臣却沉湎于暂时的华侈与温柔，一个个甘心做了江南富家翁。他们把国家的耻辱和仇恨抛之脑后，对辛弃疾等仁人志士恢复中原的妙策一再视而不见。吴钩渐朽，雕弓蒙尘，整顿乾坤的宏大理想化为乌有，当年横刀跃马的烈士，成了种树学稼的山中老农，长久做了避世之人。

这不是辛弃疾一个人的悲凉。

人生十六七，情芽初萌，我从邻家借得一本《宋词选》。除夕之夜，窗外飞雪漫天，松竹粉白，我拥炉呵冻，用仿宋体一笔一画逐首抄录。词多伤春，情致缠绵悱恻，正合了无限缱绻的少年心事，似乎那些句子是专门为自己写的。词选中有辛弃疾的《摸鱼儿·更能消几番风雨》，我恭敬地抄写不算，还在"脉脉此情谁诉""斜阳正在，烟柳断肠处"这些句子下面，用浓墨加上着重号。对于这首词，我当年完全当作幽怨艳词来理解，不懂得辛弃疾寄慨遥深，也不明白他当时处境的凶险。

此词作于淳熙六年（1179）。词前小序云："淳熙己亥，自湖北漕移湖南，同官王正之置酒小山亭，为赋。"谢枋得笺注《唐绝句选》卷二说："辛稼轩中年被劾，凡一十六章，不堪谗慝，遂赋《摸鱼儿》云云。"是年三月，知隆兴府兼江西安抚使的辛弃疾，改官湖北转运副使，秋天又改知潭州兼湖南安抚使。比之与他同时代且一样志在恢复大宋的陆游，他的官位要高多了，官运也似乎要亨通许多。何况，他是一个"归正人"，身份尴尬。"归正人"这个词，是右相史浩发明的，意思是投归正统的人，专指从中原沦陷区南下投奔而来者，含轻蔑、歧视之意。

一个归正人，连续担任江西、湖北、湖南三路的方面大员，朝廷待辛弃疾貌似不薄。但事实上，朝廷对他是既用且防的。他本是名将，却从不让他掌兵，任职之处也都远离抗金前线。他有经纶天下之才，统一国家之志，却从未进入过枢府权力核心。南下以来，他一直受到朝臣的妒忌、排挤和谗毁。其原因大致有二：其一，他屡次平叛、救灾有功，治理地方也成绩卓著，年纪轻轻骤然位跻通显，为南宋士大夫所不喜。其二，他一贯反对与金人媾和，坚决主张抗金，好谈天下大略，遇事敢担当，性格又刚直，与朝廷柔靡泄沓之风尤其不相容。

辛弃疾深知自己不容于世，处在危险的境况之中。这一年，在给孝宗的《淳熙己亥论盗贼札子》中，他写道："陛下付臣以按察之权，责臣以澄清之任，封部之内，吏有贪浊，职所当问，其敢废旷，以负恩遇？自今贪浊之吏，臣当不畏强御，次第按奏，以俟明宪。但臣生平则刚拙自信，年来不为众人所容，顾恐言未脱口而祸不旋踵，使他日任陛下远方耳目之寄者，指臣为戒，不敢按吏，以养成盗贼之祸，为可虑耳。"孝宗即位之初，锐意振作国运，但受到太上皇和左相汤思退的掣肘，又历经隆兴元年（1163）的符离之败，一下子畏懦起来，北伐之志全然荡灭。他爱辛弃疾的文武全才，敬辛弃疾的报国之心，却不能大用，将辛弃疾《美芹十论》等奏疏提出的防御、反攻之策束之高阁。

匹马南渡，孤危一身，屡遭谗言诋毁的辛弃疾此时心境十分抑郁，只好借歌词来排解痛苦。《摸鱼儿·更能消几番风雨》：

> 更能消，几番风雨？匆匆春又归去。惜春长怕花开早，何况落红无数。春且住，见说道，天涯芳草迷归路。怨春不语，算只有殷勤，画檐蛛网，尽日惹飞絮。
>
> 长门事，准拟佳期又误，蛾眉曾有人妒。千金纵买相如赋，脉脉此情谁诉？君莫舞，君不见，玉环飞燕皆尘土。闲愁最苦，休去倚危栏，斜阳正在，烟柳断肠处。

词里的"画檐蛛网"，指进谗者百般罗织罪名陷害自己。"尽日惹飞絮"，指被谗言中伤。"长门事，准拟佳期又误，蛾眉曾有人妒"，以汉武帝时被冷落的皇后陈阿娇自比，明言被人忌妒。"君莫舞，君不见，玉环飞燕皆尘土"，正告小人不要猖狂得意，他们的好日子即将到头。"休去倚危栏，斜阳正在，烟柳断肠处"，则暗指宋室国势危殆，如日将落。此词词气飞舞，沉郁跌宕，词意怨而怒，据说，孝宗读后很是不悦，但也没有降罪。

淳熙八年（1181），朝廷再次任命辛弃疾知隆兴府兼江西安抚使，这是他第三次到江西为官。在江西、湖北、湖南之间频繁调动，并非孝宗和执政大臣着意历练辛弃疾，以便日后委以军国重任，而是因为歧视和忌妒辛弃疾的人越来越多，弹劾他的奏章如柳絮纷飞，朝廷不得不限制辛弃疾的进用，将他挪来挪去。再者，两宋以唐末和五代乱局为惩戒，重文抑武，生怕地方官任职过久不好控制，辛弃疾又是威震天下的名将，所至之处，积极组建和训练地方军队，为抗击金国做准备，更是重点防范的对象。

辛弃疾深知个中卯窍，沮丧灰心之余，也强烈预感自己离落职已经不远。在《最高楼·吾衰矣》的序言里，他说："吾拟乞归，犬子以田产未置止我，赋此骂之。"词中则言："富贵是危机。暂忘设醴抽身去，未曾得米弃官归。穆先生，陶县令，是吾师。"因而这次一到江西，他就在信州带湖边择地建造房屋，置办田产，为退隐林下做准备。在唱和右相洪适的词《满庭芳》中，他写道："痴儿。公事了，吴蚕缠绕，自吐余丝。幸一枝粗稳，三径新治。且约湖边风月，功名事、欲使谁知。"词中的"三径"系用典，指代归隐者的家园。三径新治，意即着手建设带湖新居。

江东望镇上饶，古称信州、广信，位于信江上游，有山水之胜、舟车之便、鱼米之利，地理位置显要，离都城临安（今杭州）也不远，所以当时偏安江左的士大夫乐意在这里居住。南宋叶适《徐斯远文集序》："初渡江时，上饶号称贤俊所聚，义理之宅，如汉许下、晋会稽焉。"元末明初危素《广信文献录序》："宋室南迁，中原邦家多侨寓于此，而士习益盛。"带湖则在信州郡治以北一里处的灵山门外，是一个狭长的带形湖泊，洪迈《稼轩记》谓之"三面傅城，前枕澄湖如宝带"。

辛弃疾卜居带湖，不是一时兴起，起念或许早在淳熙二年（1175）提点江西刑狱之时。近年来朝中台谏官对他的交章攻击，让他时刻感到危惧，坚定了他归隐此地的念头。《菩萨蛮》：

> 稼轩日向儿童说，带湖买得闲风月。头白早归来，种花花已开。
> 功名浑是错，更莫思量着。见说小楼东，好山千万重。

他又在《满庭芳·柳外寻春》中说："明日五湖佳兴，扁舟去、一笑谁知。溪堂好，且拚一醉，倚杖读韩碑。"他屡屡警告自己，莫要贪恋爵位，当适时急流勇退，及早抽身。

带湖新居占地一百七十亩，原是一片废沼荒丘，辛弃疾将它买了下来，亲自主持规划设计，画出图纸，施工则由家人带领工匠完成。辛弃疾之前知滁州时，曾建奠枕楼、繁雄馆，后来知绍兴府兼浙东安抚使，又建秋风亭，显然工于园林营造之事。他重视农业，为九个儿子取名，其中八个儿子的名字与禾有关。他曾说："人生在勤，当以力田为先。北方之人，养生之具不求于人，是以无甚富甚贫之家。南方多末作以病农，而兼并之患兴，贫富斯不侔矣。"所以新居的设计理念，是高处建堂筑室，低处辟田开园。亭台楼阁之外，另开垦了一片稻田，稻田上方是书斋稼轩。他计划归隐后过晴耕雨读的日子。

带湖新居动工于春天，秋天时初步建成。主体建筑即将完工时，家人专程赶到豫章（今南昌）来报喜，并请一家之主作一篇上梁文。辛弃疾《新居上梁文》说："百万买宅，千万买邻，人生孰若安居之乐？一年种谷，十年种木，君子常有静退之心。久矣倦游，兹焉卜筑。"又写新居景致和想象中的隐居之乐："青山屋上，古木千章；白水田头，新荷十顷。亦将东阡西陌，混渔樵以交欢；稚子佳人，共团栾而一笑。梦寐少年之鞍马，沉酣古人之诗书。虽云富贵逼人，自觉林泉邀我。"

辛弃疾又请洪迈为新居写一篇文章。洪迈依据辛弃疾提供的图纸和描述，作《稼轩记》，详说带湖新居的地理位置、风水风貌、纵横大小、四周冈阜、主要建筑等。并盛称辛弃疾智勇忠义，将其比作三国周瑜、东晋谢安，对他的处境深表理解和同情："使遭事会之来，挈中原还职方氏，彼周公瑾、谢安石事业，侯固饶为之。此志未偿，因自诡放浪林泉，从老农学稼，无亦大不可欤？"

按《稼轩记》和辛弃疾诗词，带湖新居规模较为宏大，主要建筑有稼轩、集山堂、婆娑堂、雪楼、植杖亭、信步亭、涤砚渚等。书斋稼轩在诸多建构中最具象征意义，学稼之轩，明主人之志也。雪楼对外，为接待和宴饮宾客之所。集山堂对内，是家人居住的地方。婆娑堂为歌舞娱乐而设，婆娑，翩跹起舞之貌也。植杖亭放置农具，信步亭宜于散步及歇息，涤砚渚则是苑囿池沼。各建筑之间遍植花草竹木，西侧又有一大片园林，名为西园。整个新居面朝带湖，一望之间，浩水澄碧，纷红骇绿，四时风色俱佳。

带湖新居落成前一个月，辛弃疾遭遇人生中第一次落职。归隐带湖之后，自号稼轩居士。这一年，他四十二岁。

淳熙八年（1181）底，朝廷除辛弃疾两浙西路提点刑狱，尚未赴任，职务就被罢免。

这次落职，从表面上看，是监察御史王蔺上表弹劾辛弃疾滥用钱、好杀人。《宋史》本传："台臣王蔺劾其用钱如泥沙，杀人如草芥。"罢免制词则综合了诸多台谏官此前对他的弹劾。

制词出自中书舍人崔敦诗之手，其《西垣类稿》卷二收《辛弃疾落职罢新任制》。制词说："淫风殉货，义存商训之明；酷吏知名，事非汉朝之美。岂意公平之世，叨闻残黩之称。罪既发舒，理难容贷。尔乘时自奋，慕义来归，固尝推以诚心，亦既委以方面。曾微报效，遽暴过愆。肆厥贪求，指公财为囊橐；敢于诛艾，视赤子犹草菅。凭陵上司，缔结同类。愤形中外之士，怨积江湖之民。"由此观之，朝廷是借御史和谏官之手，将辛弃疾一脚踢了出去。

制词对辛弃疾的斥责是相当严厉的：残暴好杀，贪污公财，凌越上司，结党营私，以至士愤民怨。无论哪一条都罪不容赦。其实这些罪名多是不实之词，是打击和放黜辛弃疾的借口。说辛弃疾贪黩殉货，却找不到任何证据。说辛弃疾在湖南任上草菅人命，杀人如麻，实际上是他请示孝宗同意，杀掉了一批残害百姓的酷吏。孝宗曾明令辛弃疾："今已除卿帅湖南，宜体此意，行其所知，无惮豪强之吏。"（清代毕沅《续资治通鉴》）说辛弃疾浪费资财，用钱如泥沙，其实是他组建飞虎军，用于防范叛乱，并为北伐中原储备军马。说辛弃疾奸贪凶暴，虐害田里，百姓对他怨声载道，更是污蔑。他初到湖南上任，百姓遮道诉冤；任期内整顿吏治、革除陋习、荐举人才、兴修水利、创建学校，深得百姓拥戴。

孝宗弃用辛弃疾，骨子里应当是担心辛弃疾坐大，将来尾大不掉。当初，辛弃疾上疏请求在湖南组建和训练飞虎军，朝廷意见不一。参知政事周必大明确表示反对，认为辛弃疾过于"轻锐"，孝宗和宰相王淮却原则上表示同意。飞虎军招募兵士共计两千五百人，又建造营栅和堡垒，置办战马和铠甲，花费巨大，超出了朝廷制度的限制。建造营栅期间，因人检举，言官弹劾辛弃疾"聚敛"，孝宗发出御前金字牌（高宗曾用它催促岳飞班师），命他立即停止营建。但辛弃疾性格刚毅，敢于任事，胆子比岳飞大多了，他偷偷藏起金字牌，督促部下在一个月内完成了工事。《宋史》本传："军成，雄镇一方，为江上诸军之冠。"事后他上表谢罪，附上图纸，详述本末，孝宗这才释怀。但这件事在孝宗心里投下了巨大的阴影，一个连御前金字牌都敢视而不见的人，极难驾驭，岂能大用？所以飞虎军组建不久，辛弃疾就被调离湖南，到江西赴任。

辛弃疾第一次落职，放废十年，终孝宗之世，未再起用。

乱世出英雄。南宋不是"英雄无觅"（《永遇乐·京口北固亭怀古》），而是英雄"倾国无媒，入宫见妒"（《满庭芳·和洪丞相景伯韵》）。

用之则行，舍之则藏。达则兼济天下，穷则独善其身。中国古代品行高洁的士大夫，莫不遵从孔孟二夫子的这两条教诲。辛弃疾南下仕宋已经二十年，起初，他把恢复中原的全部希望寄托于南宋朝廷，后来发现自己是可笑的理想主义者：建炎南渡之后，南宋君臣被金国打怕了，极度畏惧金人的铁蹄。孝宗时代曾经北伐，遭遇符离之败后，就像鸵鸟一样把头埋起来，再也不思振作。他们把中原和沦陷区的人民抛之脑后，只顾苟且偷生，贪图眼前的利益和享乐。假如金兵再次南下，他们大不了和高宗一样，从临安逃到海上，溜之乎也。他们不肯听从有识之士的建议，把首都迁到建康，为进取中原早做谋划，原因也正在此。眼见南宋局势一蟹不如一蟹，士气一天衰似一天，自己又不为朝廷所容，辛弃疾深感不如归去。

归去来兮。

初归带湖的辛弃疾，暂脱庙堂，高卧北窗，作词多首抒发退隐之乐。《水调歌头·盟鸥》：

带湖吾甚爱，千丈翠奁开。先生杖履无事，一日走千回。凡我同盟鸥鹭，今日既盟之后，来往莫相猜。白鹤在何处？尝试与偕来。

破青萍，排翠藻，立苍苔。窥鱼笑汝痴计，不解举吾杯。废沼荒丘畴昔，明月清风此夜，人世几欢哀？东岸绿阴少，杨柳更须栽。

这首词无疑是辛弃疾的避世宣言：从今往后，与鸥鹭、白鹤、池鱼、酒杯为朋，与青萍、翠藻、苍苔、明月清风为侣。他决计以陶渊明为榜样，安居山野，再也不问世事，且在诸多作品中以陶令自许。

可他毕竟不是陶渊明，做不到悠然采菊，怡然种豆。放废之后，他以汉武帝时李广也曾被弃置不用来宽慰自己，《八声甘州·故将军饮罢夜归来》："汉开边，功名万里，甚当时健者也曾闲？"他故作心态平和，《兰陵王·赋一丘一壑》："进亦乐，退亦乐。"但更多的词作，显明或者隐晦地表达出忧谗畏讥、怀才不遇、壮志幻灭之苦。《念奴娇·赋雨岩》："休说往事皆非，而今觉是，且把清尊酌。醉里不知谁是我，非月非云非鹤。"《沁园春·老子平生》："此心无有新冤。况抱瓮年来自灌园。但凄凉顾影，频悲往事，殷勤对佛，欲问前因。却怕青山，也妨贤路，休斗尊前见在身。"《水调歌头·白日射金阙》："笑吾庐，门掩草，径封苔。未应两手无用，要把蟹螯杯。说剑论诗余事，醉舞狂歌欲倒，老子颇堪哀。"《水调歌头·寄我五云字》："短灯檠，长剑铗，欲生苔。雕弓挂壁无用，照影落清杯。多病关心药裹，小摘亲锄菜甲，老子政须哀。"夏夜，我捧读稼轩先生这些悲切忧愤的词作，分明看见黄脆的故纸之上，血与泪如菖蒲之露，汨汨而出。

用庸碌而弃贤才，不是天要亡宋，而是南宋要自取灭亡。

十年太长，虽有诗书词酒美貌佳人做伴，楼榭池沼高丘深壑栖身，有绿野风烟养眼，澄湖碧水洗心，幽居的日子依然寂寞。幸好有新知旧雨常相往来，觥筹交错之间诗词酬唱，山水流连之中纵论古今，聊可遣送漫漫放黜生涯。居带湖期间，与辛弃疾时相过从或书札问候的朋友，有韩元吉、陆九渊、陆游、朱熹、陈亮、洪适、汤邦彦、施师点、王佐、杜斿、刘过、郑汝谐、严焕、傅自得诸人。十年之间，故交相继零落殆尽，只剩下朱熹、陆游、刘过等寥寥几个。

辛弃疾居带湖期间，与友朋最著名的两次会面，一次是与陈亮的鹅湖之会，一次是杜斿来晤。

陈亮字同甫，婺州永康（今浙江金华永康市）人，当世著名思想家和词人，创永康学派，以布衣之身五次上书，力主抗金，也因此两次被陷害入狱。《宋史·陈亮传》："生而目光有芒，为人才气超迈，喜谈兵，论议风生，下笔数千言立就。尝考古人用兵成败之迹，著《酌古论》。郡守周葵得之，相与论难，奇之，曰：他日国士也。"淳熙十五年（1188）冬，陈亮从婺州来到信州，本意是想与朱熹、辛弃疾在铅山县会面，共论恢复之事。其时，朱熹住在崇安，其地与铅山相接，辛弃疾在铅山瓢泉养病。三人之前约定，在铅山以南四十里的紫溪相会。但朱熹不知何故竟然爽约。

　　前一年，辛弃疾在离带湖百里之外的铅山县，买下瓢泉，着手建设瓢泉庄园，秋水草堂最先建成，此后他经常来这里小住。瓢泉附近群山错落，主峰名鹅湖，山下有鹅湖寺。鹅湖在铅山县南十五里，是朱熹和陆九龄、陆九渊兄弟的论学之地。淳熙二年（1175）六月，经吕祖谦邀约，朱、陆等人曾在鹅湖相会，就理学和心学展开激烈的哲学辩论，这就是中国古代思想史上著名的鹅湖之会。住在瓢泉时，辛弃疾经常和朋友去鹅湖寺游憩。

　　陈亮在瓢泉逗留十天，与辛弃疾游鹅湖之清荫，极论恢复，酌瓢泉之清水，长歌互答。这次的辛、陈相会，被世人称为第二次鹅湖之会。这是辛弃疾和陈亮首次见面，话头多合，十分投缘。

　　陈亮离开瓢泉后，辛弃疾思之至切，第二天竟然带病骑上快马，冒着大雪去追赶，到了一个叫鹭鸶林的地方，因雪大路滑才怏怏回返。半夜，投宿在吴氏人家，听见邻人吹笛，乐曲十分悲伤，辛弃疾作《贺新郎》以寄意。词中慨叹："剩水残山无态度，被疏梅料理成风月。两三雁，也萧瑟。"前一句，暗指宋室国势阽危；后一句，指陈亮和自己。五天后，陈亮来信索求新作，辛弃疾将这首词寄去。陈亮很快寄来和词，辛弃疾再次酬答，陈亮复又唱和。他们的这几首酬唱词作，主旨落在"补天裂"三个字，意思是北伐中原，统一南北。

　　陈亮来访后不久，婺州兰溪人杜斿，也慕名从家乡赶来相见。杜斿字叔高，长于《楚辞》之学，曾问道于朱熹，也是坚定的主战派。辛、杜二人在信州盘桓多日，饮酒赋诗，谈时论世。分别时，辛弃疾作《上西平》词相送，称赞杜斿的人品、诗才和豪气："尊如海，人如玉，诗如锦，笔如神。"又表达希望重聚之意："何时重与细论文。"在赠予杜斿的另一首《贺新郎》中，辛弃疾以薄命佳人自比："自昔佳人多薄命，对古来、一片伤心月。"指责朝中大臣如同东晋的王衍（字夷甫），不务实政，祖尚清谈，误国误民，"叹夷甫、诸人清绝"。卒章悲叹"南共北，正分裂"。

隐居期间，辛弃疾与朱熹频繁交游。朱、辛二人已相识多年，相互仰慕。朱熹《答辛幼安启》盛赞辛弃疾："卓荦奇才，疏通远识，经纶事业，有股肱王室之心；游戏文章，亦脍炙士林之口。"杜斿访问辛弃疾后，朱熹在给杜斿的书信中说："辛丈相会，想极款曲。今日如此人物，岂可易得。"辛弃疾则称朱熹为帝王师，《寿朱晦翁》诗云："先心坐使鬼神伏，一笑能回宇宙春。历数唐尧千载下，如公仅有两三人。"辛弃疾居信州前后二十年，与朱熹的会面，有明确记载的共四次，分别是淳熙八年（1181）的带湖之会，淳熙九年（1182）的南岩之会，淳熙十五年（1188）的瓢泉之会，庆元六年（1200）的武夷山之会。

豪杰惜豪杰。有三五知己，人间不至于太寂寞。尤其是对于一个怀抱宏才大略，胸存补天雄志，却在鼎盛之年被长久放黜的人。

绍熙二年（1191），也即孝宗禅位于光宗的第二年，福建农民起义频繁爆发，声势浩大，当地诸多官员因"捕盗不力"被处分，仍无济于事。冬天，朝廷想起数次平叛有功的辛弃疾，下诏起用，除提点福建刑狱，代理福建安抚使。

接到起复诏命，已经放废十年的辛弃疾非但没有喜形于色，反而怏怏不乐，迟迟不肯赴任。他并非甘心幽居终老，而是志不在此。他的心愿是引兵北上，统一中原，是"了却君王天下事，赢得生前身后名"（《破阵子·醉里挑灯看剑》）。但报国之途行路难，朝廷反其意而行之，仍然让其南下，在远离前线的福建为官。显然，朝廷对他依旧既用且防。

第二年春，辛弃疾万分不情愿地告别瓢泉，去福州赴任。在《浣溪沙·细听春山杜宇啼》中，他嘲笑自己就像南朝孔稚珪《北山移文》中的假隐士，贪恋功名，一召即起，愧对陶渊明、郑朴这样的真隐士："对郑子真岩石卧，趁陶元亮菊花期。而今堪诵北山移。"

抵达福州不久，他更加懊悔复出。《添字浣溪沙·三山戏作》：

> 记得瓢泉快活时。长年耽酒更吟诗。蓦地捉将来断送，老头皮。
>
> 绕屋人扶行不得，闲窗学得鹧鸪啼。却有杜鹃能劝道，不如归。

回忆起幽隐瓢泉的闲适时光，他想，这回恐怕要将老命断送了。此词忠实反映了他内心的双重痛苦：请缨无路，出山无奈。

词中杜鹃于稼轩，真是知己。

帅闽虽然非其所愿，辛弃疾还是恪守职责，努力为朝廷和百姓做事。其时，朱熹在建阳考亭闲居，辛弃疾经常问政于朱熹。朱熹针对辛弃疾驭下过严、宽民不足的缺陷，赠他十二个字："临民以

宽，待士以礼，驭吏以严。"又为辛弃疾的书斋题了两幅字，一为
"克己复礼"，一为"夙兴夜寐"。

辛弃疾完全接受这些忠告。他上任第一件事，就是深入调查民
生疾苦，上《论经界钞盐札子》，论述漳、泉、汀这三个州经界（土
地的分界）、钞盐（官盐只能在指定区域销售）的利害，以及官吏和
豪强对人民的压榨和盘剥，反对土地兼并，力推钞法。朝廷很快批
复，准予施行。但由于朝中重臣和地方豪绅多方阻挠，这些抑强扶
弱的利民政策最终夭折。

绍熙四年（1193）春，光宗召见辛弃疾。辛弃疾赴临安觐见之
前，罢职家居的原给事中陈端仁设宴为其饯行，辛弃疾趁着酒意，
于席上作《水调歌头·壬子三山被召陈端仁给事饮饯席》。词中说：
"门外沧浪水，可以濯吾缨。"又说："富贵非吾事，归与白鸥盟。"
意思是无意仕进，想回信州养老。

面君时，辛弃疾上《论荆襄上流为东南重地疏》，请求光宗重视
荆襄上流防务。他说，历史上的南北之分，北兵南下，由两淮渡江，
不败则死；但由上流而下江，其事必成。所以荆襄上流是东南重地，
应当加强守备。他的建议未得到光宗重视。软弱的南宋朝廷认为，
加强荆襄上流防务会引起金国猜疑，金人可能以此为借口南下侵宋。
后来，韩侂胄发动开禧北伐，荆襄防备极度空虚，一击即溃，印证
了辛弃疾的预判。

奏对之后，光宗留辛弃疾在朝中做了半年太府卿。当年秋，迁
大理少卿，加集英殿修撰，除知福州兼福建安抚使，再次来到福建。

　　在福建前后三年多期间，辛弃疾宽厚抚民，亲决疑狱，释放了众多被冤入狱的囚犯。建备安库，充实库藏，储备粮食，有效缓解了福建的粮荒。整顿州学，以礼待士，当地学风大盛。楼钥评价他说："养迈往之气，日趋于平；晦精察之明，务归于恕。"同时，辛弃疾严刑处置为非作歹的官吏，属下对他十分敬惮。真德秀《真西山集》说他："历威严，轻以文法绳下，官吏惴栗，惟恐奉教条不逮得遣。"

　　后期，辛弃疾又准备了一万具盔甲，拟招募壮丁，组建和训练军队。这一计划因为朝廷猜忌，不了了之。这个时候，朝臣又开始了对他的新一波弹劾和攻击。

　　绍熙五年（1194）七月，谏官黄艾率先弹劾辛弃疾，罪名是"严酷贪婪，奸赃狼藉"。辛弃疾因此被免去福建安抚使。九月，御史中丞谢深甫又弹劾辛弃疾"交结时相，敢为贪酷，虽已黜责，未快公论"。辛弃疾被降两级，由集英殿修撰改为秘阁修撰。攻击者仍不罢休，庆元元年（1195）八月，辛弃疾第二次被罢职，主管建宁府武夷山冲佑观，放归田里。这一年，他五十六岁。

　　从福州返回信州之前，他在《行香子·三山作》中说："恨夜来风，夜来月，夜来云。"朝政至暗如漆夜，连风、月、云都让他憎恨。

　　失意的英雄再次归来，颜已苍，发已花，而溪山依旧绿，鸥鹭依旧白。那些"盟友"纷纷飞来迎接，欢叫之声又似乎在嘲笑自己的愚忠。快到铅山期思村，他作《柳梢青·三山归途代白鸥见嘲》：

白鸟相迎，相怜相笑，满面尘埃。华发苍颜，去时曾劝，闻早归来。

而今岂是高怀。为千里、莼羹计哉。好把移文，从今日日，读取千回。

他提醒自己，要把《北山移文》放在案头，每天读一千遍，从此决然断掉出山的念头。并和友人约法三章，禁谈功名之事。

回到瓢泉，他又作了一首《满庭芳·和昌父》。此词下阕，写自己在瓢泉颓然自放，以酒自遣："无穷身外事，百年能几，一醉都休。恨儿曹抵死，谓我心忧。况有溪山杖屦，阮籍辈、须我来游。还堪笑，机心早觉，海上有惊鸥。"词中的儿曹指谗陷自己的人，惊鸥指惊惶不安的自己。他预料到，自己虽已罢职乡居，但朝中那些政敌一定还会继续攻讦。

果然，当年十月，御史何澹弹劾辛弃疾，罪名是"酷虐裒敛，掩帑藏为私家之物。席卷福州，为之一空"。辛弃疾落秘阁修撰。接着，台谏官又弹劾他"贪污恣横，唯嗜杀戮。累遭白章，恬不少悛"。更有甚者，说辛弃疾"旦夕望端坐闽王殿"，也就是诬蔑他想做福建王，密谋造反。第二年九月，其主管冲佑观的祠职也被剥夺。至此，辛弃疾各种职衔被褫夺干净，如同一介白衣。

如此密集且刀刀致命的攻讦，自然是有主谋、有组织、有策划的，欲置辛弃疾于死地。辛弃疾心如死灰，他对朝廷已经彻底绝望。

在《永遇乐·烈日秋霜》中，他曾以戏谑的语气调侃自己的姓氏："细参辛字，一笑君听取。艰辛做就，悲辛滋味，总是辛酸辛苦。更十分，向人辛辣，椒桂捣残堪吐。"忠肝义胆、一心为国的辛弃疾，因秉性刚烈辛辣，又力主抗金，一再忤逆朝中那一帮蝇营狗苟之辈，终生不见容于世。

大才不用，弃之如敝屣，江山板荡，残山剩水最终也归入他人版图。听评书落泪，替古人担忧。南宋已经亡国数百年，深夜读书至此，我为南宋子民痛，我为北方沦陷区百姓惜。

白发归耕，辛弃疾这一次贬放，又是八年。

辛弃疾传世词作六百多首，其中二百二十五首作于瓢泉。隐居带湖和瓢泉，是其歌词创作的两个高峰期。

瓢泉至今仍存，位于上饶市铅山县稼轩乡横坂村蒋家峒，在铅山县东二十五里，距上饶市五十五里。蒋家峒今有十数户居民，均绕瓢泉而居，汲瓢泉而饮。此泉有二井，一如碓臼，一如水瓢，中间有人工沟漕相通，形制与古籍记载和宋人诗词所咏无大差别。清同治版《铅山县志》："泉为辛弃疾所得，因而名之。其一规圆如臼，其一规直若瓢。周围皆石径，广四尺许，水从半山喷下，流入臼中，而后入瓢。其水澄可鉴。"也就是说，泉水从半山腰喷下来，先流入臼，经自然沉淀滤去泥沙后，再流入瓢，因而既清且静。

第一次落职居带湖时，辛弃疾曾经四处寻访佳山水。淳熙十二年（1185），在铅山县奇狮村瓜山之下，访得周氏泉。当时作《洞仙歌·访泉于奇狮村得周氏泉为赋》："飞流万壑，共千岩争秀。孤负平生弄泉手。"他依其形状改名瓢泉，又改奇狮村为期思村。期思与奇狮谐音，也是向春秋时期的楚国令尹孙叔敖致敬。孙叔敖辅佐楚庄王，主持建设期思陂和芍陂等大型水利工程，成就了楚国霸业。又作《沁园春·有美人兮》，词前小序："期思旧呼奇狮，或云棋狮，皆非也。余考之荀卿书云：孙叔敖，期思之鄙人也。期思属弋阳郡，此地旧属弋阳县。虽古之弋阳、期思，见之图记者不同，然有弋阳则有期思也。桥坏复成，父老请余赋，作《沁园春》以证之。"

辛弃疾极爱瓢泉，在《水龙吟·题瓢泉》中称赞其水质"绕齿冰霜，满怀芳乳"。更爱瓢泉周遭风景。与信州城边的带湖相比，这里地处武夷山脉西北麓，丘壑盈虚，烟霏空翠，涧水西来，山水妩媚可爱。初见瓢泉，他就有了在此地安居的想法。《洞仙歌·访泉于奇狮村得周氏泉为赋》："便此地、结吾庐，待学渊明，更手种、门前五柳。"淳熙十四年（1187），他买下瓢泉和四围青山，着手经营瓢泉庄园，于庆元元年（1195）二度落职前竣工。第一次落职归隐带湖后期，他经常到瓢泉小住。自福建再次罢归的第二年，带湖新居被一把火焚毁，他于是把家搬到了瓢泉。

瓢泉庄园的主要建筑有秋水观、停云堂、松菊堂等，与带湖新居相比，瓢泉庄园的建筑相对要朴素简单许多。

秋水观又名秋水草堂，是瓢泉庄园最先完工的一座建筑，为听泉观水而建，也是辛弃疾读书会客之所，功能近似带湖新居的稼轩。堂侧有瓢泉，堂前有清溪，名字取自《庄子·秋水篇》。辛弃疾《哨遍·秋水观》词云："谁与齐万物，庄周吾梦见之。正商略遗篇，翩然顾笑，空堂梦觉题秋水。"又说："此堂之水几何其。但清溪一曲而已。"他的《祝英台近·水纵横》，写的就是与宾客在秋水观听水。词前小序："与客饮瓢泉，客以泉声喧静为问，余未及答。或以'蝉噪林逾静'代对，意甚美矣。翌日，为赋此词褒之也。"

停云堂建在瓜山之上，名字出自陶渊明《停云》诗。《贺新郎·甚矣我衰矣》词序："邑中园亭，仆皆为赋此词。一日，独坐停云，水声山色竞来相娱。意溪山欲援例者，遂作数语，庶几仿佛渊明思亲友之意云。"词中说："我见青山多妩媚，料青山、见我应如是。"可知此堂是为登览观景、舒畅怀抱、思念亲友而设。

松菊堂的名字也来自陶渊明。陶渊明《归去来兮辞》："三径就荒，松菊犹存。"辛弃疾《水调歌头·赋松菊堂》："渊明最爱菊，三径也栽松。何人收拾，千载风味此山中。"松菊堂四周，遍植松菊等花木，不少是辛弃疾亲手栽种。

此外，瓢泉庄园还有鹤鸣亭、池沼等配套建筑和设施。

十余年间，辛弃疾接连营造带湖新居和瓢泉庄园，花费自然不菲。他家中还有众多子女、妻妾、侍女、仆役，日用开销也不小。台谏官屡次弹劾他贪污，也是有原因的。但辛弃疾并未贪赃枉法，其经济来源，除了优厚的俸禄（宋代高薪养廉，孝宗时代，官吏俸禄已经超过北宋鼎盛时期），还有带湖和瓢泉两处田产的田租，以及创办书院和课徒的收入。宋室南渡之后，偏安久之，上自帝王将相下至州府官吏，渐渐以华侈相尚，甲第高门镶金嵌玉，锦衣纨绔饫甘餍肥。相较之下，四次担任州府长官兼安抚使的大员辛弃疾，其住宅在当时江南诸多富家翁中，只是中等。当然，比起罢职闲居山阴三山的好友陆游，他的家境要殷实多了。据说，他曾打算为陆游建造新舍，不过陆游没有接受。

自五十六岁二度落职，到六十四岁再次起复，这八年间，除了偶尔外出旅行访友，辛弃疾一直在瓢泉安住。他此间的田园隐士生活，看上去比带湖时期更为闲适潇洒。读老庄，研佛经，攻长短句，种树莳花灌园，与士大夫和学子纵情山水放怀酒杯，这些是他的主要生活内容。但他的很多作品写到痛饮、酣醉、忧愁、长叹、怨恨，由此可知其内心时常愤懑痛苦。《浪淘沙·山寺夜半闻钟》："身世酒杯中，万事皆空。"《水调歌头·即席和金华杜仲高韵》："万事一杯酒，长叹复长歌。"《西江月·遣兴》："醉里且贪欢笑。"《丑奴儿·近来愁似天来大》："近来愁似天来大，谁解相怜。"《兰陵王·恨之极》："恨之极，恨极销磨不得。"他的恨和愁，是自身放废之恨、幽居之愁，更是国家偏安之恨、衰败之愁。

庆元四年（1198），朝廷恢复了辛弃疾集英殿修撰之职，仍主管冲佑观。这是权臣韩侂胄的主意。韩侂胄借助宫廷政变，扶宁宗登基，因拥立之功逐步掌控了朝政。他意欲收揽时望，拉拢主战人士，策划北伐，借此巩固自己的权势和地位。辛弃疾不喜欢韩侂胄，作《鹧鸪天·戊午拜复职奉祠之命》来回应："老退何曾说著官。今朝放罪上恩宽……此身忘世浑容易，使世相忘却自难。"集英殿修撰和主管宫观都非实职，只支取俸禄，不用赴任，所以辛弃疾仍然避世瓢泉。

庆元六年（1200）三月，朱熹在武夷山中去世。韩侂胄向来痛恨朱熹，称其学说为"伪学"，发动长达六年的"庆元党禁"，列朱熹等五十九人入"伪党"名单，禁止其学说。此时党禁正严，韩侂胄下令禁止吊唁朱熹。辛弃疾无视禁令，亲往武夷山祭奠。祭文称道朱熹："所不朽者，垂万世名。孰谓公死，凛凛犹生。"

辛弃疾本是出将入相之才，如谢枋得《祭辛稼轩先生墓记》所言，若是生在宋初太祖、太宗时代，"必旬日取宰相"。如今长期废居深山，"却将万字平戎策，换得东家种树书"（《鹧鸪天·有客慨然谈功名因追忆少年时事戏作》）。英雄已老，壮志未酬，谁能理解辛弃疾的满腹辛酸？

瓢泉澄澈，瓜山无言，唯有门前溪涧叮咚复叮咚，日复一日，夜复一夜。

嘉泰三年（1203）六月，太师韩侂胄定议伐金前一年，朝廷第三次起用辛弃疾，知绍兴府兼浙东安抚使。虽然看不惯韩侂胄专权，但辛弃疾认为这是自己实现宏愿的最后机会，因而立即赴任。是年他六十四岁。

不久，宁宗召其入朝觐见。到临安之前，辛弃疾专程到山阴看望陆游，共论抗金大业。他们都是坚定的主战派，同时都认为北伐要做好充足准备，等待最佳时机，切不可鲁莽行事，否则就是误国误民。临别，陆游赋长诗《送辛幼安殿撰造朝》相赠，劝辛弃疾放下与政敌的旧怨，携手同心对抗金国；提醒他北伐大事一定要慎重，不可操之过急；同时告诫他要提防小人，以免再次被谗陷。

翌年正月面君时，在宁宗面前，辛弃疾表示赞同北伐，说金人必乱、金国必亡、北伐必胜。同时提出，应当把恢复重任交给元老大臣，北伐之前要做好战争的充分准备。宁宗很欣赏辛弃疾，加宝谟阁待制，提举佑神观，奉朝请。三月，令辛弃疾出知镇江府，又赐其金带，以示荣宠。

六十五岁高龄出守抗金重地，辛弃疾仍然慷慨激昂，收复中原之志依旧坚如磐石。《南乡子·登京口北固亭有怀》：

> 何处望神州，满眼风光北固楼。千古兴亡多少事，悠悠，不尽长江滚滚流。
>
> 年少万兜鍪，坐断东南战未休。天下英雄谁敌手？曹刘，生子当如孙仲谋。

在镇江府任上，辛弃疾积极配合韩侂胄的北伐作战计划，出重金向北方沦陷区派出多路间谍，刺探敌情和虚实。他建议韩侂胄在淮河南北两面分屯驻军，作为进军主力，且利于左右应援；在边境招募兵丁加以训练，因为这些人既熟悉地形又英勇善战；在沿江各军事要塞驻军，壮大声威。他还建议，北伐准备尚未完成，时机也未到来，要有足够的耐心，千万不能轻率。韩侂胄听取了辛弃疾的部分意见，但急于成就伟业，不愿备兵教士迁延时日。因此两人之间的分歧越来越大，韩侂胄对辛弃疾越来越不满意。辛弃疾预感这次北伐将以大败告终，麋鹿将游于姑苏之台。

开禧元年（1205）六月，或许是韩侂胄指使，言官再次弹劾辛弃疾。这次的罪名，一是"谬举"，也就是举荐人才不当；二是"好色贪财，淫刑聚敛"。辛弃疾被降为朝散大夫、提举冲佑观，第三次免职还乡。韩侂胄则于是年任平章军国事，总揽军政大权。

第二年五月，南宋下诏伐金。不出辛弃疾所料，因准备不足，仓促兴兵，南宋军队屡遭败衄，全无斗志。此时，朝廷内部和议再起，有人密谋除掉韩侂胄。韩侂胄再次想起辛弃疾，加宝文阁待制，又进龙图阁待制，知江陵府，召其到临安议事。辛弃疾早已看透韩侂胄面目，鄙薄其为人，坚决不肯赴任。他把韩侂胄比作曹操，对知己说："侂胄岂能用稼轩以立功名者乎？稼轩岂肯依侂胄以求富贵者乎？"

开禧三年（1207）秋，金国索取韩侂胄的头颅，作为议和的条件，韩侂胄大怒，再次对金用兵。他请辛弃疾出山帮助自己，除兵部侍郎，迁枢密院都承旨，令其赴朝奏事。危难关头，朝廷终于肯让辛弃疾参与军事决策。但这年八月，辛弃疾身染重病，此时已经卧床不起，只好上表请辞。

> 贤愚相去，算其间能几。差以毫厘缪千里。细思量义利，舜跖之分，孳孳者，等是鸡鸣而起。
>
> 味甘终易坏，岁晚还知，君子之交淡如水。一饷聚飞蚊，其响

如雷，深自觉、昨非今是。羡安乐窝中泰和汤，更剧饮，无过半醺而已。

　　这首《洞仙歌·丁卯八月病中作》，是辛弃疾的绝笔。"昨非今是"一语，曾频繁见于其旧日词作，而今濒死之际再作如是慨叹，何其痛楚！

　　二十九岁时，辛弃疾通判建康府，曾作《水龙吟·登建康赏心亭》。其中词云："落日楼头，断鸿声里，江南游子。把吴钩看了，栏干拍遍，无人会，登临意。"这是辛词中我最爱的一首，少年时曾多次书写赠予他人，以为虽然词意忧愁，辛弃疾笔下的自己，却堪比苏子笔下羽扇纶巾、雄姿英发的周郎。李贺《南园》诗云："男儿何不带吴钩，收取关山五十州。请君暂上凌烟阁，若个书生万户侯。"辛弃疾南下四十六年，矢志不渝收复中原，一年年看取弓刀，一遍遍把吴钩看了，却终生不能上阵杀敌，施展其安邦定国之才，最终赍志以殁。谢枋得《祭辛稼轩先生墓记》："公没，西北忠义始绝望，大仇必不复，大耻必不雪。"

　　开禧三年（1207）九月初十，辛弃疾去世，得年六十八。逝前怒目疾呼："杀贼！杀贼！杀贼！"声震屋瓦，三呼而绝。

参考文献

1. 脱脱. 宋史. 北京：中华书局，1985.

2. 司马光. 资治通鉴. 胡三省，音注. 北京：中华书局，2011.

3. 李焘. 续资治通鉴长编. 北京：中华书局，2004.

4. 司义祖. 宋大诏令集. 北京：中华书局，2009.

5. 司马光. 涑水记闻. 北京：中华书局，2018.

6. 罗大经. 鹤林玉露. 上海：上海古籍出版社，2012.

7. 释文莹. 玉壶野史. 北京：中国书店出版社，2018.

8. 释文莹. 玉壶清话. 南京：凤凰出版社，2009.

9. 释文莹. 湘山野录续录. 北京：中华书局，1984.

10. 赵与时，徐度. 宾退录·却扫编. 上海：上海古籍出版社，2012.

11. 叶梦得. 石林燕语. 西安：三秦出版社，2004.

12. 魏泰，李裕民. 东轩笔录. 北京：中华书局，1983.

13. 欧阳修. 六一诗话. 北京：中华书局，2014.

14. 胡仔编撰. 苕溪渔隐丛话. 北京：人民文学出版社，1999.

15. 释惠洪，费衮. 冷斋夜话·梁溪漫志. 上海：上海古籍出版社，2012.

16. 苏轼. 东坡志林. 北京：中华书局，2007.

17. 陆游，柴舟. 入蜀记·老学庵笔记. 上海：上海远东出版社，1996.

18. 释惠洪，吕有祥. 禅林僧宝传. 郑州：中州古籍出版社，2014.

19. 秦观. 宋本淮海集. 北京：国家图书馆出版社，2018.

20. 苏辙，陈宏天，高秀芳. 苏辙集. 北京：中华书局，2017.

21. 张邦基. 墨庄漫录. 北京：中华书局，2002.

22. 周密. 浩然斋雅谈. 沈阳：辽宁教育出版社，2000.

23. 黄寿祺，张善文. 周易. 上海：上海古籍出版社，2007.

24. 归有光. 归有光全集. 上海：上海人民出版社，2015.

25. 蔡上翔. 王荆公年谱考略. 上海：上海人民出版社，1973.

26. 梁启超. 王安石传. 上海：商务印书馆，2021.

27. 崔铭. 王安石传. 天津：天津人民出版社，2021.

28. 王水照. 苏轼选集. 上海：上海古籍出版社，2014.

29. 林语堂. 苏东坡传. 张振玉，译. 西安：陕西师范大学出版社，2009.

30. 黄宝华. 黄庭坚选集. 上海：上海古籍出版社，2016.

31. 陈文新. 日记四种. 武汉：湖北辞书出版社，1997.

32. 陈郁. 山谷先生年谱. 北京：文物出版社，1992.

33. 程效. 黄庭坚传. 广州：广东人民出版社，2013.

34. 王延梯. 王禹偁诗文选. 北京：人民文学出版社，1996.

35. 潘守皎. 王禹偁评传. 济南：齐鲁书社，2009.

36. 沈文倬. 苏舜钦集. 上海：上海古籍出版社，1981.

37. 许晓轫. 沧浪翁苏舜钦. 北京：国际文化出版公司，2014.

38. 李勇先，刘琳，王蓉贵. 范仲淹全集. 北京：中华书局，2020.

39 崔旭. 范仲淹传. 北京：中国书籍出版社，2018.

40. 陈新，杜维沫. 欧阳修选集. 上海：上海古籍出版社，2016.

41. 王水照，崔铭. 欧阳修传. 北京：人民文学出版社，2019.

42. 周義敢，程自信，周雷. 秦观集编年校注. 北京：人民文学出版社，2001.

43. 许伟忠. 秦观传. 北京：中华书局，2020.

44. 吴则虞. 辛弃疾选集. 上海：上海古籍出版社，2014.

45. 钱东甫. 辛弃疾传. 北京：作家出版社，1955.

46. 程继红. 带湖与瓢泉——辛弃疾在信州日常生活研究. 济南：齐鲁书社，2016.

47. 周汝昌. 杨万里选集. 上海：上海古籍出版社，2012.

48. 聂冷. 花红别样：杨万里传. 北京：作家出版社，2014.

49. 朱东润. 陆游选集. 上海：上海古籍出版社，2013.

50. 朱东润. 陆游传. 武汉：华中科技大学出版社，2021.